高校社科文库 | 教育部高等学校
University Social Science Series | 社会科学发展研究中心

汇集高校哲学社会科学优秀原创学术成果
搭建高校哲学社会科学学术著作出版平台
探索高校哲学社会科学专著出版的新模式
扩大高校哲学社会科学科研成果的影响力

涂涛涛／著

开放经济条件下中国产业结构优化升级研究

Research on the Upgrading and Optimizing of Industrial Structure in China Under Open Economy

光明日报出版社

图书在版编目（CIP）数据

开放经济条件下中国产业结构优化升级研究 / 涂涛涛著． -- 北京：光明日报出版社，2013.7（2024.6重印）
（高校社科文库）
ISBN 978-7-5112-4693-6

Ⅰ.①开… Ⅱ.①涂… Ⅲ.①中国经济—产业结构优化—研究②中国经济—产业结构升级—研究 Ⅳ.①F121.3

中国版本图书馆 CIP 数据核字（2013）第 123729 号

开放经济条件下中国产业结构优化升级研究
KAIFANG JINGJI TIAOJIANXIA ZHONGGUO CHANYE JIEGOU YOUHUA SHENGJI YANJIU

著　　者：涂涛涛	
责任编辑：朱　然	责任校对：傅泉泽
封面设计：小宝工作室	责任印制：曹　净

出版发行：光明日报出版社
地　　址：北京市西城区永安路 106 号，100050
电　　话：010-63169890（咨询），010-63131930（邮购）
传　　真：010-63131930
网　　址：http://book.gmw.cn
E - mail：gmrbcbs@ gmw.cn
法律顾问：北京市兰台律师事务所龚柳方律师
印　　刷：三河市华东印刷有限公司
装　　订：三河市华东印刷有限公司
本书如有破损、缺页、装订错误，请与本社联系调换，电话：010-63131930

开　　本：165mm×230mm	
字　　数：195 千字	印　　张：13
版　　次：2013 年 8 月第 1 版	印　　次：2024 年 6 月第 2 次印刷
书　　号：ISBN 978-7-5112-4693-6-01	

定　　价：65.00 元

版权所有　　翻印必究

目 录

第一章 导 论 / 1
  一、选题背景与意义 / 1
  二、国内外相关研究综述 / 2
  三、研究思路与方法 / 21

第二章 产业结构升级内涵再解析——基于产业间关联视角 / 23
  一、基于 SAM 的乘数理论和数据 / 25
  二、基于 SAM 乘数理论行业间关联性的分析 / 30
  三、基于 SAM 乘数产业升级核心产业的界定 / 40
  四、基于能耗利用率视角核心产业的构建 / 58
  五、小结 / 64

第三章 外商直接投资、中国经济增长与产业结构变动的分析 / 68
  一、FDI 与中国经济增长的因果关系：基于 Bootstrap 方法的检验 / 68
  二、FDI 与中国产业结构变动的动态关系 / 75
  三、小结 / 83

第四章　FDI 对中国工业部门的外溢效应：基于分位数回归法　/ 85
一、模型设定与方法　/ 86
二、数据描述　/ 89
三、计量结果与分析　/ 91
四、小结　/ 106

第五章　FDI 对中国工业部门的外溢效应：行业内与行业间溢出　/ 109
一、研究方法　/ 110
二、模型设定、指标构建与数据　/ 116
三、计量结果与分析　/ 124
四、小结　/ 128

第六章　FDI 对中国工业部门的外溢效应：微观数据的进一步研究　/ 130
一、模型方法与数据　/ 132
二、实证结果与分析　/ 140
三、小结　/ 160

第七章　中国汽车产业升级的案例分析　/ 162
一、跨国汽车公司在中国的技术转移过程　/ 162
二、汽车行业 FDI 的技术溢出　/ 164
三、全球价值链嵌入模式与汽车产业升级　/ 172
四、小结　/ 177

第八章　结论与研究展望　/ 181
一、研究结论　/ 181
二、政策建议　/ 182
三、本书创新与研究展望　/ 185

参考文献　/ 187

第一章

导 论

一、选题背景与意义

1979~2009年期间,中国实际利用外商直接投资金额总计9426.46亿美元,同期GDP也由1979年的4062.6亿元增加到2009年的340506.9亿元。然而,中国现有发展模式也呈现出许多问题:中国产业处于全球价值链分工的低端;产业技术升级过度依赖外来技术,缺乏自主创新能力;产业的发展主要依赖资金、能耗以及低廉劳动力的大量投入。现在的问题是,中国境内存在大量外商直接投资,为什么这些外资促进中国GDP的增加,但却没有改善中国经济的产业结构呢?

对于发展中国家而言,由于跨国公司与当地企业间存在着巨大技术差距,外商直接投资对当地企业的技术溢出是促进东道国企业创新和产业结构升级的重要渠道。① 显然,对FDI溢出机制的探讨是理顺FDI与中国产业结构升级关系的关键所在。然而,FDI溢出发生的机制更有可能是通过行业间而非行业内(Ethier和Markusen,1996;Kugler,2001)。因此,区分行业内与行业间溢出,并从水平联系和垂直联系的视角来分析中国工业部门的FDI溢出具有重要的现实意义。

同时,Hirschman(1977)、Singer(1979)、Hwa(1988)、Vogel(1994)、Rattso和Torvik(2003),以及Blunch和Verner(2006)等学者的研究表明,

---

① 技术溢出是技术转移的一种非自愿形式。外商直接投资的技术溢出效应指的是,跨国公道国设立子公司而引起当地技术或生产力的进步而其子公司又无法获取全部收益的情形。

不同行业间存在着关联性。因此，基于产业间的关联性研究产业结构现状与升级是可行的。

二、国内外相关研究综述

1. 产业结构演变的理论

早在17世纪，英国经济学家威廉·配第（William Petty，1676）就发现世界各国的国民收入水平差异和其形成不同的经济发展阶段的关键在于产业结构的不同。他注意到，在大部分人口从事制造业和商业的荷兰，其人均收入要比当时欧洲大陆其它国家高的多。这种产业间相对收入的差距，会导致劳动力从低收入产业向高收入产业移动。通过考察，配第得出：工业比农业，服务业比工业的附加值高。科林·克拉克（Colin Clark，1940）在配第发现的基础上根据费希尔（Fisher，1935）提出的三次产业的主张，对产业结构演进趋势进行了考察。克拉克的研究表明：随着经济的发展，人均国民收入水平的提高，劳动力首先由第一产业向第二产业转移；当人均国民收入水平进一步提高时，劳动力便向第三产业转移。劳动力在三大产业间的分配为什么及如何受人均收入增长的影响，克拉克认为这是由需求因素和效率因素两方面决定的。这一产业结构演变的基本趋势人们称之为"配第－克拉克定理"。

库兹涅茨（Kuznets，1971）对57个国家和地区的数据进行了考察。根据人均国内生产总值从横向、纵向考察总产值结构变动和劳动力分布结构变动，库兹涅茨揭示了产业结构变动的总方向，进一步证明了克拉克的发明，用事实说明了具有普遍意义的产业结构变动的一般趋势。即在国民生产总值不断增长和按人口平均国民生产总值不断提高的情况下，不论是产值结构还是劳动力结构都会有所变动，其变动的趋向是：农业部门的相对比重，无论是在产值结构方面还是在劳动力结构方面，都处于不断下降之中。工业部门的产值相对比重和劳动力相对比重是趋向上升的，但其上升速度不一致。与产值的相对比重相比，劳动力的相对比重显得基本稳定或上升相当缓慢。在服务业方面，无论是产值的相对比重还是劳动力的相对比重，与工业部门一样都具有上升的趋向，但在上升的速度上，劳动力的相对比重要大于产值的相对比重。

钱纳里（Chenery，1975）运用库兹涅茨的统计归纳法，对产业结构变动的一般趋势进行了深入研究。通过以工业化不同阶段中人均国民生产总值不同的基准水平为划分标准，钱纳里根据国民生产总值中各产业市场占有率建立了工业化的"标准结构"。这对于揭示产业结构研究的一般变动方向具有很大的考察价值，成为观察分析各国产业结构变动趋势常用的一种方法。后来，钱纳里等人为了提高标准产业结构模型分析准确性，改进了国民生产总值的市场占有率模型，建立了三组标准产业结构分析模型。这些模型进一步揭示了产业结构变动过程中大量相互关联情形，并能描述不同类型的国家产业结构变动过程的特征及差异性，大大深化了对产业结构变动及其一般趋势的认识。

以上学者主要是从三次产业间的结构变动来考察产业结构的演变规律。实际上，在现代经济发展中，不仅会发生产业间的结构变动，在产业部门内部也会存在一定的变动规律。早期的学者主要集中于工业部门内部之间结构变动的考察。例如，德国经济学家霍夫曼（Hoffman，1931）将工业划分为消费品产业与资本品产业，并考察了两者之间的关系。他发现，消费品产业的净产出与资本品产业的净产出之比（霍夫曼比率）随着经济的发展而下降，即霍夫曼法则。根据这一比率，霍夫曼将工业化过程划分为四个阶段：第一阶段是消费品产业占绝大比重，资本品产业尚未发达的时期；第二阶段是资本品产业开始发展的时期；第三阶段是消费品产业与资本品产业的比率趋于接近、两者均衡发展的时期；第四阶段是与消费品产业相比，资本品产业显著扩大的时期。霍夫曼对工业化阶段的划分揭示了一般工业结构存在由轻纺工业占优势向重化工业占优势，再向技术密集型产业演化占优势的演进规律。

在产业结构调整理论中，影响较大的还有刘易斯（Lewis，1955）的二元结构转变理论、赫希曼（O. Hirschman，1958）的不平衡增长理论、罗斯托（Rostow，1962）的主导部门理论和筱原三代平（1957）的两基准理论。刘易斯创立了二元结构转变理论，认为发展中国家普遍具有经济的二元结构，即整个社会分为两大经济部门：传统部门和现代部门。刘易斯认为，生产要素从劳动生产率低的传统部门向生产率高的现代部门聚集，是经济增长的重要推动力。既然传统部门的边际生产力约为零值，存在着劳动力过剩，那么从该部门抽出劳动力将不会减少其产出，加上资本家把利润转化为资本的行为，进一步增加了现代部门从传统部门吸收劳动力的能力。经济的发展就表现在劳动力从农村部门向城市部门的转移过程和现代部门产量及就业量的增长两个方面。这既是经济的发展过程，也是农村人口的城市化过程，同时也是一个不发达经济中二元经济向同质经济转化的过程。赫希曼的不平衡增长理论认为，由于发展中国家资源的稀缺性，全面投资和发展一切部门几乎是不可能的，只能把有限的资源有选择地投入到某些行业，以使有限资源最大限度地发挥促进经济增长的效果。赫希曼认为，有限的资本在社会资本和直接生产资本之间的分配具有替代性，因而有两种不平衡增长途径：一是"短缺的发展"，二是"过剩的发展"。罗斯托的主导部门理论是，根据技术标准把经济成长阶段划分为传统社会、为起飞创造前提、起飞、成熟高额群众消费、追求生活质量这5个阶段，每个阶段的演进是以主导产业部门的更替为特征的，经济成长的各个阶段都存在相应的起主导作用的产业部门，主导部门通过回顾、前瞻、旁侧三种影响带动其他部门发展，主导部门序列不可任意变更，任何国家都要经历由低级向高级的发展过程。筱原三代平的两基准理论是指收入弹性基准和生产率上升基准，收入弹性基准要求把积累投向收入弹性大的行业或部门；生产率上升基准要求把积累投向生产率上升最快的行业或部门。该理论成立的前提是：基础产业相当完善，不存在瓶颈制约，或者即便存在一定程度的瓶颈制约，但要素具有充分的流动性，资源能够在短期内迅速向瓶颈部门转移，尽快缓解瓶颈状态；产业发展中不存在技术约束；不存在资金约束。

2. 产业结构优化升级

产业结构优化升级包括结构合理化和高度化两个方面。

产业结构合理化是指产业结构由不合理向合理发展的过程。即要求在一定的经济发展阶段上，根据消费需求和资源条件，对初始不理想的产业结构进行有关变量的调整，理顺结构，使资源在产业间合理配置并有效利用。对产业结构合理化方面研究有：结构协调论（如李京文，郑友敬，1989）；结构功能论（如周振华，1992；王述英，1999）；结构动态均衡论（如苏东水，2000）；资源配置论（如史忠良等，1998）。

所谓产业结构高度化，是指产业结构系统从较低级形式向较高级形式的演变过程，也叫产业结构升级。影响产业结构优化升级的因素研究主要从四个方面展开：需求、供给、国际贸易、产业政策。马斯洛（Maslow，1943）将需求划分为五个层次，恩格尔定律等从需求角度揭示需求变化导致产业结构的变化；刘易斯（Lewis，1955）从二元经济探讨劳动力供给；赫希曼（O. Hirschman，1958）提出将有限资金投入到那些能产生最大引致投资的部门或产业等。李嘉图（Ricardo，1817）的比较成本学说，赤松（Kaname Akamatsu，1932）的"雁行产业发展形态论"等从国际贸易角度探讨产业结构优化升级。产业政策的执行则是时代久远，如重商主义、自由贸易理论、保护贸易理论、新保护贸易理论等均从不同的侧面论述如何根据本国发展的实际来发展本国产业。

产业结构的合理化和高度化有着密切的联系。产业结构的合理化为产业结构的高度化提供了基础，而高度化则推进了产业结构在更高层次上实现合理化。

在当今开放条件下，跨国公司的对外直接投资已变得十分普遍。因此，在发展中国家的产业结构升级中，必须考虑外商直接投资的影响。

3. 外商直接投资与工业结构升级

（1）宏观：国际产业转移的视角

在当今开放条件下，跨国公司的对外直接投资已变得十分普遍。因此，在发展中国家的产业结构升级中，必须考虑外商直接投资的影响。从宏观层面来看，探讨外商直接投资与东道国产业结构的理论主要是从国际产业转移的角度来分析的。以此为背景的产业理论大致分为两个类别。第一个类研究是从资金输出国的角度来研究外商直接投资与产业升级之间的关系，这种研究所涉及的是国际经济中跨国公司利用对外投资保持自身的产业高度优势、技术优势的战略，如弗农（Vernon，1966）的产品生命周期理论和小岛清（Kiyoshi Kojima，1978）的边际产业转移理论；第二类研究是从资金输入国的角度来研究发展中国家利用外资推进产业升级的现实，如日本经济学家赤松（Kaname Akamatsu，1932）的雁行模式理论和小泽辉智（Teretomo Ozawa，1992）的"增长阶段模式"理论。

弗农（Vernon，1966）的产品周期理论指出了企业为了顺应产品周期的变化，规避某些产品生产的比较劣势，在产品成熟阶段和标准化阶段逐步向国外低成本地区转移产业，从而引起投资国和东道国产业结构变动和升级。小岛清（Kiyoshi Kojima，1978）的边际产业转移理论则主张，对外直接投资应从投资国的边际产业依次进行。所谓边际产业，是指按照比较成本原则，一个国家的某些在本国已经或即将失去发展空间的产业，而这些产业在另一些国家可能正处于优势地位或潜在的优势地位。通过这种方式，投资国就可实现规避产业劣势，转换和优化产业结构的目的。赤松（Kaname Akamatsu，1932）的雁行模式（Flying - geese Paradigm）理论则指出，一国产业成长要经历引进产品、进口替代、出口增长、成熟、再进口五个阶段，而产业结构升级依次分为劳动和资源密集、技术密集和资本密集三个梯级。随着外资的进入及一国工业化的发展，某一产业会逐渐衰落，并将转移到低一个梯级的国家和地区，新的外资会进入并形成新的产业，从而通过产业转移形成产业替代，推动产业升级。"增长阶段模式"（Stages of Growth Paradigm）理论是小泽辉智（Teretomo Ozawa, 1992）在雁行模式的基础上引入跨国公司与直接投资因素发展出来的。该模型引入跨国公司和国际直接投资因素，认为各国经济发展水平具有阶梯形的等级结构，这种阶梯等级结构为发达国家创造了转移知识和技术的机会，为发展中国家和欠发达国家提供了赶超机会，跨国公司的直接投资使得东道国在经济发展的初期会同时出现一般消费品的生产和资本技术密集型产品的生产，从而有利于东道国建立自己有竞争力的产业，缩短东道国向技术密集型产业升级换代的时间，成为东道国产业结构调整的助推器。

从以上理论的分析可知，外国直接投资所引发的产业国际转移既是发达国家调整产业结构、实现全球战略的重要手段，也是发展中国家改造和调整产业结构、实现产业升级和技术进步的重要途径。外国直接投资所带来的各种资源，尤其是技术资源和管理技能，不仅有助于东道国建立新兴产业，还能使传统产业升级，使内向型产业向出口导向型、更具国际竞争力的产业演进。如果没有外国直接投资，东道国的新兴产业的产生和传统产业的改进或许不会发生，或许会相当缓慢，并且要付出相当的代价。然而，以上研究主要是从国际产业转移的趋势来分析一国产业结构的转移。

（2）微观：外商直接投资溢出效应视角

从微观机制而言，外商直接投资对东道国产业结构的影响是通过对当地企业的影响发生作用的。对于发展中国家而言，外商直接投资对当地企业的溢出效应是东道国产业结构升级的重要渠道。技术溢出是技术转移的一种非自愿形式。外商直接投资的溢出效应它指的是跨国公道国设立子公司而引起当地技术或生产力的进步而其子公司又无法获取全部收益的情形。外商直接投资通过技术溢出促进了东道国企业的管理与技术水平，改进本土企业的产品质量和竞争力，从而可能会推动产业结构优化升级。

按照溢出的方向，技术溢出可以分为行业内溢出（水平溢出）和行业间溢出（垂直溢出）。行业内溢出指的是那些在相同部门或区域的企业间非自愿的技术知识的扩散，传导的渠道有示范效应（Swan, 1973）、竞争效应（Wang 和 Blomstrom, 1992）、员工的培训和劳动力流动（Gerschenberg, 1987;

Pack, 1993) 等。

通过示范效应, 外国企业可以刺激东道国企业的进入, 此时, 东道国的企业家可以观察并学习外国企业的经验教训。通过对外企新技术、新产品、生产流程的模仿和学习, 国内企业提高了自身的技术水平, 从而促进了相同行业内国内企业的发展。竞争效应对东道国产业的发展具有双面的作用: 一方面, 跨国公司进入导致的竞争加剧会降低市场价格, 从而减少了东道国企业的利润, 并挤出了部分东道国企业; 另一方面, 跨国公司的进入促进了东道国企业提高投资效率和技术水平的动机。面对市场竞争的加剧, 国内企业不得不加大研发投入, 加速生产技术、生产设备的更新升级, 从而提高其生产效率与竞争力。并且, 跨国公司对当地员工, 尤其是管理人才、研发人才的培训投入提升了当地人力资本存量。当这些人才后来为当地企业雇用或者自办企业时, 可能把由此获得的技术、营销、管理知识扩散出去。通过以上这些因素, 外商直接投资都可以影响到相同行业内东道国企业的技术水平, 从而影响到了该行业的发展。

行业间溢出通常由买方和卖方之间的联系产生, 即外资企业通过与国内企业上、下游产业的前后向联系带动了当地企业的技术进步 (Rodriguez - Clare, 1996; Markusen 和 Venables, 1999)。其中, 外商企业在与供应商的联系中发生知识溢出被称为后向联系渠道的技术溢出; 外商企业在与客户的联系中发生知识溢出被称为前向联系渠道的技术溢出。后向联系与前向联系是联系效应发生作用的两种机制。

对现有理论的回顾表明, FDI 溢出发生的机制更有可能是通过行业间而非行业内。

首先, 探讨跨国公司最优决策的文献表明, 跨国公司管理层决策的一个重要特征是最小化模仿的可能。跨国公司通过组织生产最大化了模仿时滞, 从而减轻了由行业内技术溢出导致的技术知识的租金消散 (Ethier 和 Markusen, 1996)。对于跨国公司而言, 相同行业内的溢出意味着损失, 故跨国公司会限制技术的水平溢出。同时, 其它部门制造商成本的降低并不会造成其租金损失。如果潜在上游供应商的效率得到提高, 这对于跨国公司而言是十分有利的。因此, 跨国公司对补充性和非竞争部门的产业间溢出可能性更大 (Kugler, 2001)。

其次, 一些关于后向联系的文献强调了跨国公司对当地中间投入品需求增加的静态效应（Rivera-Batiz 和 Rivera-Batiz，1990）。最近的许多模型则强调了随着中间投入和服务的需求扩张所产生的对东道国生产率的动态效应。中间品需求的扩张不仅会使上游部门已有的制造商获益，还会促进东道国新的行业的发展。因此，跨国公司的经营可促进当地新的中介服务和中间品的产生，从而是 FDI 渗透与下游制造商生产率提高的纽带（Markusen 和 Venables，1999）。由于跨国公司的进入导致了新的中间投入品的供给，下游本地企业的生产率也会由于专业化程度的增加得到提高（Romer，1994；Rodriguez-Clare，1996）。

最后，FDI 的潜在收益能否实现将取决于东道国的市场结构（Kugler，2006）。当东道国的市场需求由于替代品的减少而缺乏弹性时，FDI 会为跨国公司产生较高的收益。在其它条件相同的情形下，跨国公司会选择行业内直接竞争较少，而上游行业充分竞争的国家或地区进行投资。由于 FDI 通常面临的直接竞争者很少，故产业内溢出是十分有限的。

后向联系作为有效溢出渠道是基于以下思想，即企业为了保证其投入品的质量，通常愿意将知识技术转移给其供应商。与此同时，企业还会施加严格的质量要求和质量控制，从而迫使供应商升级技术和管理能力（Kugler，2000；Moran，2001）。具体而言，供应商与客户之间的联系是基于信息交换和协调生产的需要。它们需要了解已有的和所需要的产品数量与质量、合作伙伴的可靠性以及产品的技术特点。在发展中国家，企业间的联系尤其重要，因为在这些国家中，技术能力通常比较落后，同时市场无法提供满足技术与管理要求的潜在供应商。因此，为了满足产品和工艺需要，跨国公司通常会向其供应商提供各种类型的技术支持（Dicken，1998；Dunning，1993）。Lall（1980）指出，后向联系渠道的技术转移可通过以下方式发生：跨国公司帮助潜在供应商建立生产能力；提供技术支持和信息，从而提高供应商产品质量及促进创新；在管理和组织上提供培训和帮助。

垂直前向溢出指的是技术由供应商向其客户的转移。实际上，我们假定一个企业的技术和专门知识可以反映在产品质量上。当这些产品被其它企业作为投入品时，它们的质量会有利于企业生产率的提高。换句话说，通过产品质量，供应商的技术和知识被转移到了其客户。Markusen 和 Venables（1999）对前向联系进行了建模。其中，生产中间品的外资企业通过增加竞争对投入品价格形成下降压力，而更低的投入品价格可能促使其它国内消费品制造商的出现。进一步的，下游行业东道国企业的发展又会增加对上游行业东道国企业中间品的需求，从而促进了上游行业东道国企业的发展。

接下来，本节将从供求分析角度考察垂直联系对东道国产业发展的影响①。对于跨国公司而言，其进入东道国既可选择下游行业（后向联系），也可选择上游行业（前向联系）。

（1）FDI 在下游行业进行投资

当 FDI 在下游行业进行投资时，存在两种效应，即初始的生产效应与反馈效应（feedback effect）。其中，初始的生产效应包括以下几个方面：该项目的产出；由于竞争导致的当地企业产出的改变（挤出效应）；供给行业产出的改变，因为这些行业中的企业面临着产出需求的变化。反馈效应指的是上游行业的变化反过来影响了下游部门，其原因在于，上游行业企业的进入或退出会改变中间品的种类以及竞争度。

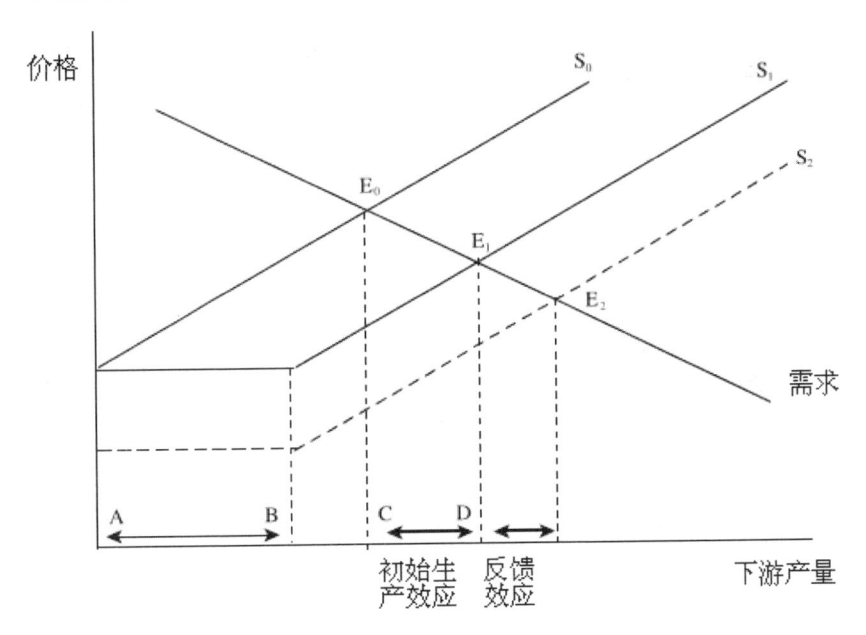

图 1.1　下游行业的供给与需求

资料来源：Matouschek, N. and Venables, A. J. Evaluating investment projects in the presence of sectoral linkages. Economics of Transition, 2005, 13 (4), p. 580.

---

① 本节下文对垂直联系与产业发展关系的探讨借鉴了 Matouschek 和 Venables (2005) 的分析框架。

在图 1.1 中，我们将关注于国内市场，并假设不存在国际贸易。因此，对于下游行业而言，需求曲线就是国内需求。其中，初始的供给曲线为，并且，此时不存在 FDI 的进入。假设外商投资项目对国内市场的供给量为 AB。那么，供给曲线会移至，并且，下游行业会形成新的均衡点。此时，产出只增加了 CD。显然，CD 小于 AB，其原因就在于 FDI 对当地产出的挤出效应。此时，初始的生产效应体现为 CD（下游行业总产出的增加）以及上游行业产出的改变。

而上游行业产出的变化会导致价格改变，从而影响了下游行业的成本乃至供给曲线。在图 1.1 中表现为供给曲线由移至，即下游行业产出成本的降低。也就是说，通过反馈效应，上游行业的扩张（后向联系）最终对下游行业产生了正向影响（前向联系）。

（2）FDI 在上游行业进行投资

当 FDI 在上游行业进行投资时，此时的分析仍可分为两个阶段。首先是初始生产效应，然后是行业间联系的反馈效应。

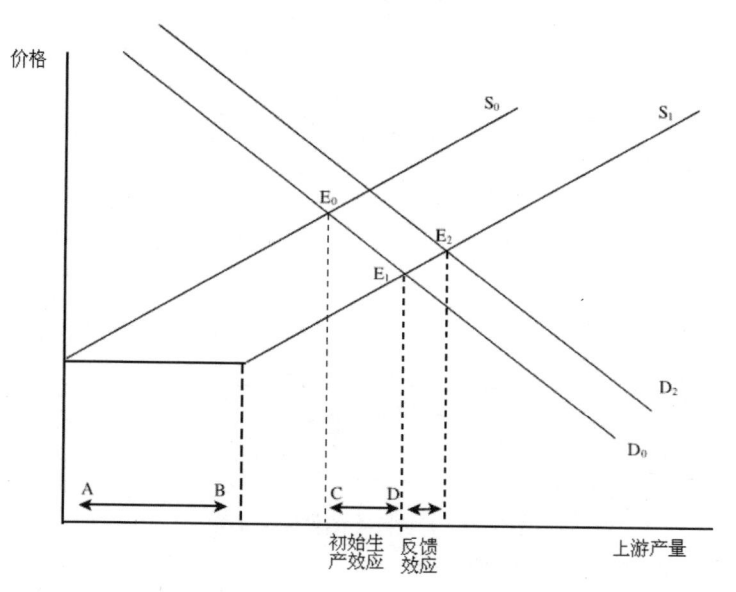

图 1.2　上游行业的供给与需求

资料来源：Matouschek, N. and Venables, A. J. Evaluating investment projects in the presence of sectoral linkages. Economics of Transition, 2005, 13 (4), p.591.

当FDI在上游行业进行投资时，供给曲线由移至。在给定上游产出需求曲线的情形下，均衡点会由移至，从而产生了初始生产效应。在下游行业企业数不变的前提下，上游行业企业的数量会由于这种初始生产效应而改变。与此相关，上游行业的产出价格会下降，从而下游行业对上游产品的使用会增加（在图1.2中，这体现为沿着需求曲线的移动）。因此，此时的初始生产效应体现为CD（上游行业总产出的增加）以及下游行业产出的变化。

上游行业产品价格的下降会增加下游行业的利润，而这会吸引下游行业企业的进入（在图1.2中，这体现为需求曲线由向的移动），反过来，这又进一步促进了上游行业的扩张（反馈效应）。

因此，通过水平联系与垂直联系渠道，外商直接投资促进了东道国产业的发展（见图1.3）。

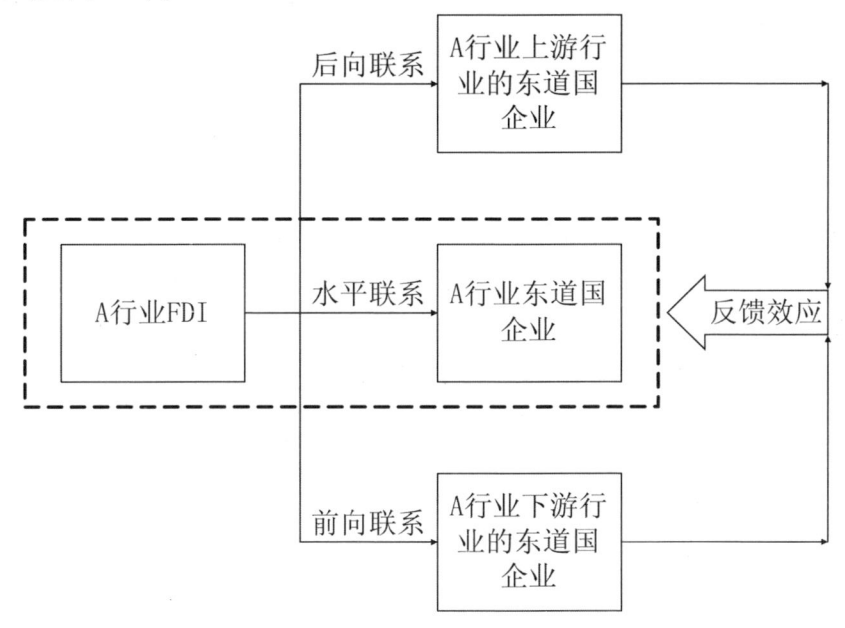

图1.3　FDI溢出与东道国产业发展

就行业内而言，FDI通过水平联系会影响东道国企业的发展；就行业间而言，FDI会通过后向联系与前向联系分别影响上游行业与下游行业东道国企业的发展。作为反馈效应，上游行业和下游行业中东道国企业的发展又会进一步影响 FDI 所进入行业的发展，从而间接地产生了水平效应①。

当然，FDI 行业内溢出（水平溢出）和行业间溢出（垂直溢出）正向效应的发挥都会受到跨国公司异质性和东道国因素两方面的影响。就跨国公司因素而言，跨国公司的投资动机、投资模式、经营时间长度、跨国分公司的自主权等都会影响到行业间溢出的效果；同时，东道国的各种因素，如内外资企业的技术差距、国内企业的出口导向、联系成本、东道国金融市场的发展状况等也会影响到行业间溢出的效果。

（1）跨国公司的投资动机

研究表明，市场导向型的外国企业会从当地购买更多的投入品（Belderbos 等，2001）。针对东道国市场的产品质量和技术要求可能会较低，因而，本土的供应商会发现，对东道国市场导向型的 FDI 提供产品更为容易。同时，当地供应商也更了解当地消费者的偏好，从而可以帮助跨国公司改良产品和适应当地市场（Belderbos 等，2001）。与此相反，出口导向型的 FDI 对投入品的质量要求更严格，而本土的供应商通常很难满足这些要求，因而更倾向于从国外购买投入品（O'Farrell 和 O'Loughlin，1981）。实际上，跨国公司的投资动机是其经营策略的一种具体体现。Hansen 等（2007）认为，采取全球一体化策略的跨国公司更倾向于选择内部化，因为当地的企业会破坏其全球价值链，从而损害其全球的品牌与名声；另一方面，采取迎合当地市场策略的企业更倾向于培育联系。

（2）跨国公司的投资模式

研究表明，跨国公司的投资模式会影响联系形成。相对于新建项目，合资企业或并购成立的外国分公司与当地供应商之间的联系更强（Scott – Kennel 和 Enderwick，2001）。原因在于，新建项目需要时间和精力来构建联系，而合资企业则可利用以前企业建立起来的供应关系（Belderbos 等，2001；Chen 等，2004）。与之相反，外商独资企业则更倾向于从海外采购投入品，因为它们更有能力管理跨境供应链，从而更倾向于全球采购策略。

（3）经营时间长度

研究表明，随着跨国公司经营时间的延长，联系的程度会逐渐增强。

---

① 正如前面分析指出的，后向联系与前向联系是 FDI 行业间溢出的重要渠道。而水平联系是 FDI 行业内溢出的重要渠道。

Kiyota 等（2007）对日本跨国公司的研究发现，在东南亚国家和中国，日本跨国公司的经验（以经营时间的长短来度量）对其当地采购具有正向且非线性的影响。也就是说，随着日本跨国公司在当地经营经验的积累，它们会进一步发展本地后向联系。在建立早期，跨国公司较少从当地进行采购的原因在于，它们在东道国缺乏现成的网络。但是，随着不断发展，跨国公司会雇佣更多的当地经理人，并收集了关于当地供应商的更多信息。此时，它们才开始考虑东道国的供应商。而同时，通过观察和仿效外国企业的活动，当地供应商逐渐形成了提供投入品的能力（Scott - Kennel，2004）。

随着时间的延长，同样也会产生集聚效应。正如最近的经济地理理论所表明的，临近会产生集聚效应（Head 等，1995；Krugman 和 Venables，1995）。集聚不仅会导致技术溢出和形成专业技能工人的共同市场，还会促进该地区专业化投入和服务的发展。作为结果，跨国公司有动机增加本地采购。这意味着集聚会强化本地化效应。由于本地化效应和集聚效应需要时间发挥作用，因此，可以预期跨国分公司本地采购的程度会随着经营时间的延长而增加。

（4）跨国分公司的自主权

跨国分公司自治的程度也会影响到联系的程度。更多的自主权通常有利于更高水平的后向联系，而较少的自主权使得跨国分公司更多地依赖进口（Williams，1997；Giroud 和 Mirza，2004）。

（5）来源国的影响

跨国公司来源国的不同也会影响联系效应。实际上，联系程度的不同反映了跨国公司母国商业惯例与文化的差异。Belderbos 等（2001）对日本跨国公司的研究表明，隶属日本垂直行业组织的企业会更多地从日本供应商进行采购。日本企业会更为强调本国企业间的紧密合作，故很难在国外建立当地联系。但是，一旦日本企业与当地企业建立起了供应联系，则联系的程度会更深远。在马来西亚，相比日本企业，美国分公司更多地依赖于当地的供应（WIR，2001）。

（6）外国企业的规模大小

与较大规模的企业相比，较小的外国企业会更多地从当地进行采购。可能的原因是，较小的外国企业更为灵活，且在组织能力上较弱，从而更需要当地企业的支持（Chen 和 Chen，1998）。因此，较小的外国企业更容易与当地建立联系；另一方面，较大规模的外国企业更容易在国际市场找到合适的供应商，从而会采取全球采购策略（Turok，1993）。

（7）跨国公司的技术和市场地位

跨国公司的技术和市场地位也会决定联系程度的大小（WIR，2001）。由于供应商的数量较多，生产标准产品（成熟的非专利技术）的外国企业倾向于外部一次性的采购，而不会与特定的供应商建立联系；对于生产专业化程度和技术水平较高产品的外国企业而言，它们更倾向于内部生产，或者与特定的供应商保持合作关系。

（8）跨国公司所处行业技术工艺的特点

联系的程度也会随着行业不同而有所差异。只有当技术可被分解成独立的阶段或服务时，跨国公司才更倾向于外部采购（WIR，2001）。例如，第一产业的生产过程通常为连续和资本密集型的，外国企业与东道国供应商之间的联系余地不大；制造业的联系活动会随着行业不同而有所差异。在食品加工行业，外国企业与当地原材料和包装供应商间存在广泛的联系。而纺织品和服装行业则表现出较少的本地联系；对于金融、贸易、旅游和公用事业等第三产业，产品被划分成不同阶段的余地通常十分有限。当然，有些服务行业，如零售业和建筑业则有很大的联系潜力。

以上研究都是从跨国公司的角度探讨FDI行业间的溢出，实际上，东道国的自身因素也会起着非常重要的影响作用。

（9）内外资企业的技术差距

Smarzynska（2002）对立陶宛的研究表明，只有当上游产业内外资企业的技术差距适中时，后向联系的溢出才会发生。一方面，如果本地企业远远滞后于国际技术标准，那么学习的能力将十分薄弱，此时，跨国公司将可能选择进口中间品；另一方面，如果技术差距不存在或者国内企业更加先进，那么东道国企业从外国企业那里学习的余地将十分有限。因此，只有当国内企业与外国企业的技术差距适中时，后向联系的溢出才最有可能发生。正如一些研究指出的，在许多发展中国家，本土高效率企业的缺乏是本地联系构建的主要障碍（WIR，2001）。为了促进本地联系的发生，本土企业必须具备一定的技术水平和吸收能力。

（10）内外资企业谈判能力的差距

内外资企业谈判能力的差距也会影响本土企业从联系中获益的多少。由于规模及实力的差距，跨国公司通常比东道国企业更具谈判能力。在这种情形下，本土企业很难充分地享受外国企业的联系效应所带来的收益（Graham 等，1999）。

（11）国内企业的出口导向

Smarzynska（2002）发现，具有较少出口经验的东道国企业通过后向联系溢出得到的收益更大。可能的原因是，东道国的本土出口企业已经从与国外客户的联系中获益颇多，而本土非出口企业学习国外技术知识的渠道则十分有限。因此，本土非出口企业从联系中获得收益的潜力更大。

（12）联系成本的影响

跨国公司为寻找当地供应商及培育新的网络关系而发生的成本为联系成本。东道国贸易体制的限制性程度、地理距离和社会差异都会影响联系成本的大小（WIR，2001；Deardorff，1984；Hsing，1996）。

当跨国公司在东道国进行投资时，它们倾向于引入已有网络的供应商。原因在于，这些供应商更了解其技术、质量和成本需求，并且有能力保持先进的技术和适应跨国公司快速的市场反应策略（WIR，2001）。然而，进口投入品使得跨国公司需要承担额外的贸易成本。一般而言，东道国的贸易体制限制越多，贸易成本就越高，从而跨国公司会更倾向于当地投入品的购买。类似的，运输距离越远，联系成本越低，则跨国公司越倾向于当地采购（Deardorff，1984）。Hsing（1996）指出，联系成本会随着跨国公司母国和东道国之间的社会差异而变化。相似的文化背景将使得跨国公司更容易与东道国政府和企业建立互信关系，从而降低联系成本并促进当地生产网络的形成发展。

（13）东道国金融市场的完善程度

Alfaro 等（2006）探讨了 FDI 技术溢出的另一种机制，即强调了东道国的金融市场在促进 FDI 后向联系中的重要性。在小型开放经济中，外国企业和东道国企业都进行最终品的生产，并且在熟练劳动力、非熟练劳动力和中间品上相互竞争。为了在中间品部门进行经营，企业家必须开发一种新的中间品，而这需要事先大量的资本投资。东道国的金融市场越发达，则受信贷约束的企业家越容易创办自己的企业。此时，中间投入品种类的增加会对最终品部门产生正向溢出。作为结果，金融市场使得外国企业与东道国企业间的后向联系转化为了 FDI 溢出。

4. 基于全球价值链的产业升级

（1）全球价值链的内涵

价值链理论最早由哈佛商学院的迈克尔·波特（Michael Porter）1985年在《竞争优势》一书中首先提出。波特教授认为，每一个企业都是用来进行设计、生产、营销、交货以及对产品起辅助作用的各种活动的集合。所有这些活动都可以用价值链表示出来。一个企业的价值链和它所从事的单个活动的方式反映了其历史、战略、推行战略的途径以及这些活动本身的根本经济效益。

波特把企业内外价值增加的活动分为基本活动和支持性活动。基本活动是涉及产品的物质创造及其销售、转移给买方和售后服务的各种活动。支持性活动是辅助基本活动并通过提供外购投入、技术、人力资源以及各种公司范围的职能以相互支持。基本活动和支持性活动在公司价值创造过程中是相互联系的，由此构成公司价值创造的行为链条，这一链条就称为价值链。不同的企业参与的价值活动中，并不是每个环节都创造价值，实际上只有某些特定的价值活动才真正创造价值，这些真正创造价值的经营活动，就是价值链上的"战略环节"。

然而，波特的公司价值链理论强调的是公司内部的不同生产环节之间的价值联系，即公司内的价值链。在这一背景下，格里菲等（Gereffi and Korzeniewicz，1994）在对美国零售业价值链研究的基础上，将价值链分析法与产业组织研究结合起来，提出全球商品链分析法，并区分了两类全球商品链：购买者驱动型和生产者驱动型。购买者驱动型商品链是指大型零售商，经销商和品牌制造商在散布于全球的生产网络（特别是奉行出口导向的发展中国家）的建立和协调中起核心作用的组织形式。生产者驱动型商品链是指大的跨国制造商在生产网络的建立和调节中起核心作用的垂直分工体系。

由于全球商品链无法解释许多已有典型网络组织形式，没有抓住价值链的主要特征，全球商品链已被全球价值链所替代。斯特恩（Sturgeon，2000）从组织规模、地理分布和生产性主体三个维度来界定全球价值链。从组织规模看，全球价值链包括参与了某种产品或服务的生产性活动的全部主体；从地理分布来看，全球价值链必须具有全球性；从参与的主体看，有一体化企业、零售商、领导厂商、交钥匙供应商和零部件供应商。

（2）基于全球价值链模式的产业转移

国际产业转移与承接是落后国家提升产业水平的重要途径之一。第二次世界大战至今，国际产业转移经历了三个阶段（张少军，2009）。第一个阶段为20世纪50年代至60年代，美国将纺织、钢铁等传统产业转移到日本和西德，自己则集中力量发展半导体、通讯和电子计算机等技术密集型产业。由此导致了日本继英国、美国之后，成为第三个"世界工厂"。第二个阶段为20世纪70年代至80年代，日本先是将纺织等劳动密集型产业转移给东亚"四小龙"，接着又将资本密集型产业转移出去，最终催生了东亚奇迹。前两个阶段基本上可以采用产品生命周期理论进行解释，体现的是产品在不同国家的生产转移。

第三个阶段是20世纪90年代，此次国际产业转移的显著特征是，全球化的主导者跨国公司，为了获得全球竞争力，将附加值低的产品生产工序外包给他国，或到它国投资设厂进行生产，自己只保留产品的研发、设计和营销等附加值高的工序。本质是不同国家（或地区）依据自身的成本优势对价值链的不同环节进行承接和重整，是国际生产环节的转移。显然，这一阶段的产业转移需要新的理论进行解释，而这一理论便是全球价值链。

在开放条件下，如何使得中国顺利承接第三次国际产业转移是中国提升产业结构的关键所在。显然，基于产品内分工的产业转移模式（即基于全球价值链模式的产业转移）在当今世界显得尤为重要。

那么，中国顺利承接国际产业转移的影响因素有哪些呢？张少军和李东方（2009）指出，在封闭经济条件下，全球价值链模式的产业转移在东部和中西部地区之间能否实现取决于两地商务成本结构的对比。而在开放经济条件下，为了避免产业外移到其他发展中国家，中国则应该立足于在位优势和大国优势构建国内价值链，以充分发挥学习曲线的效应，摆脱低端锁定和区域发展失衡的双重困境。中国只有利用大国优势所形成的产业梯度和在位优势所形成的学习效应，充分发挥国内市场规模的巨大和层次的多样性的作用，才可能助推产业升级。

刘志彪和张少军（2008）也进一步分析了交易成本对产业转移的影响。他们认为，随着要素成本上升和贸易摩擦增加等挑战，东部地区的国际代工企业目前正面临着产业内迁还是外移的重要抉择，一旦以外资为主体的国际代工者选择产业外移而不是向内地迁移的方式，除了对东部沿海地区会产生较大的冲击之外，更会对中西部地区的经济发展产生消极作用。为了在动态的竞争中实现价值链的攀升和区域经济良性互动，较为可行的政策途径是，在东部沿海地区已有的全球价值链基础上，着力延伸和大力发展国内价值链，通过产业内迁和产业链的延伸，构建以本土企业为主体的国内价值链。而这一切的关键，在于能不能千方百计地降低中西部地区的交易成本，形成有利于本土企业和其他劳动密集型企业健康发展的产业生态环境。

需要指出的是，基于全球价值链模式的产业转移对东道国的影响是双向的。一方面，通过嵌入全球价值链，东道国企业可以根据各自比较优势合理配置资源，从而发挥规模经济和比较优势；另一方面，跨国企业通常会把自身与代工企业的技术关联限制在安全的范围内，以阻碍其功能升级和链条升级。因此，融入全球价值链并不一定意味着产业结构的升级。

（3）全球价值链"低环嵌入"与产业升级

大量本土企业的全球价值链"低环嵌入"是当今国际分工条件下中国实行开放经济的重要伴随性现象。然而，以不适当的方式加入全球商品价值链，容易被锁定在低附加价值的低端路径，从而出现"贫困的增长"（刘志彪，2007）。

陶拯和钱钢（2007）对苏南地区电子信息产业的分析也证实了以上观点。他们的研究表明，苏南电子信息产业的快速发展与频繁的外部联系分不开，2005年该区域电子信息产品出口额达到430亿美元，占该区域电子信息产业全年销售额的50%以上。通过嵌入全球价值链，该区域电子信息产业也经历了初创期的快速成长阶段，产业发展具备了一定的规模。苏南主要电子信息产品制造商基本上实现了"工艺升级"和"产品升级"，生产工艺水平和产品质量得到了显著提高。在完成了"工艺升级"和"产品升级"后，苏南地区必然力图向"功能升级"和"链的升级"攀登。然而全球价值链中那些具有先发优势的领先企业，在完成了产业的全球性布局之后，已经利用各种手段在其"战略性环节"对落后地区地方产业网络内的企业设置了进入价值链高附加值环节的壁垒，试图将其"锁定"在价值链低端。

如何才能摆脱这种"依附经济"关系呢？刘志彪（2007）认为，关键在于增加对产业部门的高级生产要素的投入，即要在产业生产领域增加知识资本、人力资本、技术资本密集的高级生产者服务的投入，把价值链转化为具有促进产业升级功能的学习链和创新链。

一些学者（周煜和聂鸣，2007；杨东进，2008）则进一步区分自主全球价值链和嵌入全球价值链两种模式，比较了两种不同模式对汽车产业发展的影响。其中，自主全球价值链模式指的是，一些国家或国内的一批汽车企业，坚持自主创新，树立自主品牌，在模仿的基础上，整合全球资源，进行联合开发和"干中学"，利用自主研发平台使技术知识和经验成为组织内尘的技术能力，通过占领价值链中附加值最高的战略环节，构建由自己领导的全球价值链。而嵌入全球价值链模式指的是国有汽车企业集团通过和跨国汽车公司成立中外合资企业，嵌入跨国汽车公司领导的全球价值链中的生产环节，希望按照"引进——消化——创新"的模式在国有汽车企业集团内部产生技术外溢效应和学习效应，逐步实现产业升级和自主品牌汽车的生产（杨东进，2008）。杨东进（2008）指出，自主全球价值链模式在自主品牌建设方面的实际绩效优于嵌入全球价值链模式。

（4）产业集群嵌入全球价值链的方式与产业升级

根据全球价值链上不同主体间权力对称程度的不同，Humphrey 和 Schmitz（2002）把价值链治理模式分为四种类型：①市场型（Arm's length market relations），购买者和供应者之间不存在密切关系，不同主体之间的交易完全按照市场规则进行运作；②网络型（Networks），价值链上的主体之间彼此合作、互相依赖、有相互补充的能力而不存在控制与被控制关系；③准科层型（Quasi hierarchy），这种链上存在着主导公司，由于能力上的差异，它能对链上的其他企业实施高度控制；④科层型（Hierarchy），价值链存在于垂直一体化公司内部，表现为母公司控制它的附属公司。

根据这四种价值链治理模式，地方产业集群嵌入全球价值链的方式也被分为四种：①市场嵌入，经济行为主体通过货币直接买卖各种商品或服务的形式嵌入全球价值链，各方权力完全对称，只需通过价格机制进行交易，如通过国际贸易方式直接把货物销售到海外市场；②网络嵌入，一方行为主体凭借其他行为主体所需要的互补优势嵌入全球价值链，各方权力对称，但经常通过非价格机制对一些活动进行协调；③准科层嵌入，一方行为主体凭借某些优势成为链上的主导者，其它行为主体则处于从属地位，比如通过 OEM、ODM 等方式嵌入全球价值链；④科层嵌入，即一方行为主体完全被另一方行为主体所控制或者是完全控制另一方行为主体，如通过并购或被并购的方式嵌入全球价值链。

Humphrey 和 Schmitz（2002）将产业集群的升级分为了四种模式：①工艺升级（Process upgrading），通过对生产体系进行重组或采用更优良的技术提高投入产出率；②产品升级（Product upgrading），引进更先进的生产线，比对手更快地推出新产品或改进老产品；③功能升级（Functional upgrading），获取新功能或放弃现存功能，如从生产环节向设计和营销等利润丰厚的环节跨越；④

部门间升级（inter-sectoral upgrading），即集群企业转而从事新的生产性活动。例如，通过生产电视获得的知识可以用于生产显示器和其它电脑设备，最典型的例子便是台湾的电子产业。

全球价值链中产业集群升级的前景因价值链类型的不同而不同（Humphrey 和 Schmitz，2002）。Humphrey 和 Schmitz（2002）认为，嵌入准科层链对集群的工艺和产品升级非常有利，但限制功能升级；在市场嵌入型模式下，集群的工艺和产品升级较慢，而功能升级则空间很大；网络型价值链提供了理想的升级机会，但由于这种链对参与者有较高的互补能力要求，所以对发展中国家的集群来说不太可能实现。

我国学者中的许多学者也从全球价值链视角对集群升级进行了研究。王凤荣和王慧（2007）将集群升级区分为了显性升级与隐性升级。其中，显性升级是企业集群在全球价值链 u 型曲线上从低附加值环节向高附加值环节的位置攀升，是技术导向性的升级模式；而企业集群隐性升级本质上是企业集群治理效率的提升，倚重于集群网络资本的生成与整合。与显性升级相比，全球价值链分工和我国产业格局现状决定了现阶段我国企业集群采取隐性升级模式更具可行性。毛宽和曾刚（2008）认为，在经济全球化的背景下，嵌入全球价值链为产业集群的升级创造了机会。然而，传统的内生型地方产业集群或产业区由于过分强调中小企业和地方性网络在集群发展中的作用，忽视了集群关键企业对外联系对集群升级的影响，造成了集群无法利用集群外的溢出知识而实现向价值链的更高端跨越。构造以集群关键性企业为枢纽，连接价值链高端的跨国公司、其它地方性产业集群与集群内接点企业的知识溢出网络是实现内生型产业集群升级的必然选择。戴勇（2009）指出，影响外生型集群企业升级的主要因素包括集群嵌入的全球价值链治理模式、集群产业特征与价值链驱动模式、企业竞争能力及其在集群中的地位等几个方面。根据这个三维框架，该文提出集群企业的主要升级策略选择，包括实施 OEM、ODM 及 OBM 的动态组合；从单纯组装到模块化的升级策略；从制造外包向服务外包的升级；通过产业融合，同时实现工艺、产品、功能和链的升级。对于政府来说，应从全球价值链的视角有针对性地制定集群发展政策，大力发展各种现代服务业特别是生产者服务业，培育和扶植本国品牌的市场基础，并放松对相关行业的管制，促进企业升级。

三、研究思路与方法

由前面综述可知，外商直接投资是影响东道国产业发展的重要因素，而在发展中国家，外商直接投资对当地企业的溢出效应是东道国产业结构升级的重要渠道。通过水平联系与垂直联系渠道，外商直接投资的技术溢出促进了东道国产业的发展（见图 1.3）。同时，FDI 溢出发生的机制更有可能是通过行业间而非行业内（Ethier 和 Markusen，1996；Kugler，2001）。然而，长期以来，我国对外商直接投资溢出效应的研究仅仅局限于行业内的溢出或总量的分析（即不考虑行业内溢出与行业间溢出的区别），这种研究视角的局限性显然不利于我们对 FDI 溢出效应的全面理解。近几年来，我国的一些学者也意识到了行业间联系的重要性，分别从技术差距（姜瑾和朱桂龙，2007）、知识产权（李平和随洪光，2007）和市场竞争（许和连等，2007）的角度考察了垂直溢出效应。然而，所有这些研究只是从宏观层面考察了垂直溢出，而缺乏对垂直溢出的系统分析。结合国内外现有的研究成果，笔者将系统地从产业和企业微观层面探讨 FDI 的水平溢出和垂直溢出，以期对 FDI 溢出在中国发生的机制有更深入的了解。同时，考虑到产业间的关联性，从产业关联视角探讨产业结构升级的内涵具有重要意义。具体而言，本书将致力于探讨以下问题：

（1）如何从产业关联视角解构产业结构升级的内涵？

（2）外商直接投资与中国产业结构升级之间的关联性如何？

（3）在不区分溢出方向的情形下，FDI 对中国工业部门的溢出具有怎样的特征？

（4）如果区分了行业内溢出与行业间溢出，哪种类型的溢出更为显著？

（5）各种因素对行业间溢出的影响是怎样的？

具体而言，第二章从产业关联的视角探讨了产业结构升级的内涵，并从垂直联系、对劳动力就业拉动和居民增收视角解析了产业结构升级的核心产业。第三章则从宏观视角解析了外商直接投资、中国经济增长与产业结构变动的动态关联。第四章未区分行业内与行业间溢出，从产业层面探讨了 FDI 对中国工业部门的外溢效应①。为了与前人的研究相区别，此章采用了分位数的分析方法。第五章和第六章对行业内溢出与行业间溢出进行了区分，并分别从行业层面和企业微观层面考察了 FDI 对中国工业部门的外溢效应。其中，第五章为行业层面的分析，而第六章为企业微观层面的分析。第七章以汽车行业为分析对象，考察了该行业的 FDI 溢出与产业结构升级。在本书中，行业层面的 FDI 溢出被定义为 FDI 对内资工业部门产量增加发生的间接影响；企业微观层面的 FDI 溢出被定义为 FDI 对内资企业创新能力的间接影响。

就研究方法而言，本书采用了分位数、bootstrap 仿真、投入产出分析、社会核算矩阵乘数、logit 模型、面板数据等分析方法。其中，第二章利用 SAM 乘数相关理论与方法，测度了不同产业间的关联性，并试图解构升级中国产业结构的核心产业；第三章中 bootstrap 仿真的优点在于，在小样本的情形下仍可得到稳健的分析结果，从而使得研究的结论更为可靠；第四章采用的分位数分析方法，可以获取因变量条件分布不同位置（分位数）的充分信息，就可避免对经济问题或现象的片面判断；第五章采用投入产出模型构建了行业间相互联系的后向联系与前向联系等指标；第六章的企业层面微观数据分析中，则采用了微观计量的经典模型 logit 模型。通过该模型，就可以从微观层面考察各种因素对垂直联系发生概率以及垂直联系对技术溢出发生概率的影响，这对行业层面的分析是一个有益的补充。

---

① 关于 FDI 技术溢出的经验研究得出了不一致的结论。一些学者试图从东道国吸收能力的角度来解释 FDI 技术外溢假设检验结果的差异（Borensztein 等，1998；Keller，2004）；部分学者则认为，目前关于技术溢出的研究存在定位错误，他们认为，垂直联系渠道的溢出更有可能发生（Smarzynska，2002；Kugler，2001）。

第二章

产业结构升级内涵再解析——基于产业间关联视角

中国过去数十年的高速经济增长是建立在高投入、高能耗、低效率的基础之上。然而，这种粗放式发展模式显然无法应对未来的可持续发展，具体可体现在能耗率低、土地和劳动力资源匮乏等方面。

由世界银行《世界发展指标2011》可知，1990~2009年期间，中国单位能耗GDP（即每千克标准石油产出的以美元计价的GDP）在1.4至3.7之间波动，且在2009年达到3.7的最大值。即使在2009年，中国单位能耗效率不仅低于澳大利亚、英国、法国、美国、日本等发达经济体，甚至低于印度、马来西亚、苏丹等发展中经济体。就土地资源而言，中国可用耕地呈蜕化趋势，耕地占土地使用的比重从1990年的13.3%下降到2009年的11.8%。与此同时，中国人口的老龄化势必导致中国生产性人口比例的下降。国务院办公厅2011年印发的《社会养老服务体系建设规划（2011-2015年）》指出，预计到2020年，中国老年人口将达到2.43亿，约占总人口的18%。老龄化趋势导致的中国人口红利丧失，势必会对未来中国劳动力供给造成负面冲击。对于当前中国经济而言，改变粗放的高能耗、高投入经济发展模式，通过产业结构升级来实现可持续发展成为了当务之急。

现有研究表明，一国的第一、二、三产业间具有关联性。Hirschman（1977）的研究表明，任何行业均会通过从其它行业购买投入品或提供投入品而发生关联，从而奠定了此研究领域的基础。Singer（1979）、Hwa（1988）、Vogel（1994）、Rattso和Torvik（2003），以及Blunch和Verner（2006）进一步验证并强调了农业与工业发展的关联性。其中，Rattso和Torvik（2003）揭示了撒哈拉以南非洲地区对农业的歧视可能会降低经济增长速度以及工业技术优势。Blunch和Verner（2006）对科特迪瓦、加纳、津巴布韦的研究表明，不同行业之间存在着外部性或溢出，从而导致行业间的同向变动。产业间关联性的这一特征意味并决定着：核心产业的构建对一国整体产业结构的调整与升级具有显著的拉动力。

纵观国内学者对我国核心产业选择的实证研究，主要采用主成份分析法（王青，2005）、偏离-份额分析法（童江华等，2007）、产业关联分析法（朱洪倩和耿弘，2007；李敦瑞，2011）以及因子分析法（蔡兴，2010）等方法。具体而言，王青（2005）选择包含感应度系数、影响力系数、净出口率、部门增加值占 GNP 比重及其变化率和成本利税率的六项指标，并基于主成份分析法测算了中国第二产业的主导产业。利用偏离-份额分析方法且基于份额偏离、结构偏离和竞争力偏离三个基准，童江华等（2007）从发展前景、现状基础和区域竞争力三个视角对南京市制造业的主导产业进行了研究。利用浙江省投入产出表，朱洪倩和耿弘（2007）从产业关联视角测算了浙江制造业的主导产业。利用 2007 年中国投入产出表，李敦瑞（2011）从产业关联视角测算了中国现代服务业的主导产业。需要指出的是，上述研究在选择基准指标体系时，均忽视了资源约束的影响。针对这一局限性，蔡兴（2010）引入了低碳经济指标（产业能耗水平、污染程度和排放量），并基于因子分析法测算了低碳经济背景下中国的主导产业。这一研究对于探讨资源约束下核心产业的界定具有重要启示。然而，主成份与因子分析法均属于综合评价方法，其局限性在于：将若干个指标数值综合成一个数值时，损失了原有指标的信息，结果较抽象，且难以解释其经济意义。

简而言之，现有关于核心产业界定的研究要么忽视了资源与能耗约束，要么在研究方法上存在导致原始信息扭曲的局限性。针对这一现状，本章将利用社会核算矩阵（SAM）和投入产出乘数分析方法，通过测度不同产业间的关联性并引入资源约束条件和能耗利用率，探讨资源约束和能耗利用率影响下的核心产业构建。与因子分析等综合评价方法相比，本文构建的指标将充分考虑资源约束影响，同时尽可能保留原始指标的信息。

具体而言，本章内容结构如下：第一部分介绍 SAM 乘数相关理论和数据；第二部分为农林牧渔业、制造业、服务业关联性的分析；第三部分为基于 SAM 乘数理论核心产业的界定；第四部分为基于能耗利用率视角核心产业的构建；第五部分为本章小结。

一、基于 SAM 的乘数理论和数据

SAM 乘数可以衡量外生账户冲击对内生账户的影响大小，却无法解释具体的影响传导过程（Skountzos，1988）。与 SAM 乘数分析不同，结构路径分析能够量化经济系统中外生冲击对内生账户影响的传导机制（Defourny 和 Thorbecke，1984）。本章将采用 SAM 乘数和结构路径分析等方法，系统地对产业间的关联性与核心产业的界定进行分析。

1. 无资源约束下的 SAM 乘数和结构路径分析

SAM 乘数和结构路径分析的数据基础是 SAM 表，该表比较完整地描述了一国国民经济活动中收入流和支出流的全貌。SAM 表中的元素数值代表各账户之间的交易量，行代表账户的收入，列代表账户的支出（Breisinger et al.，2009）。具体见表 2.1 中对简化 SAM 表的结构描述。

表 2.1　区分内生账户和外生账户的简化 SAM

		支出				合计
		内生	小计	外生	小计	
收入	内生	T_{nn}	n	T_{nx}	x	y_n
	外生	T_{xn}	l	T_{xx}	t	y_x
合计		y_n		y_x		

资料来源：Defourney, J., and Thorbecke, E. Structural Path Analysis and Multiplier Decomposition within a Social Accounting Matrix Framework. The Economic Journal, 1984, 94 (373): 111~136.

在表 2.1 中，所有账户被分为内生账户和外生账户两大类。其中，表示内生账户的收入列向量，Tnn 表示内生账户之间的交易矩阵，n 为内生账户交易矩阵 Tnn 的行和向量，Tnx 表示外生账户到内生矩阵的注入矩阵，x 为矩阵 Tnx 的行和向量。令表示内生变量的平均支出倾向矩阵，其元素的值通过 Tnn 中的每个元素除以其所在列的合计值得到。

根据 Defourney 和 Thorbecke（1984），下列两个方程将成立

$$y_n = n + x \tag{2.1}$$

$$n = A_n y_n \tag{2.2}$$

由方程（2.1）和（2.2）可得到标准的乘数矩阵

$$y_n = A_n y_n + x = (1 - A_n)^{-1} x = Mx \qquad (2.3)$$

为了分析外生账户冲击在 SAM 框架中的传导机制，Defourney 和 Thorbecke（1984）将不同账户间的影响分为三类：直接影响（direct influence）、完全影响（total influence）和总体影响（global influence）。

始点 i 沿着基础路径对终点 j 的直接影响是指在其他账户收入不变的情形下，账户 i 的收入（或产出）变动 1 单位对账户 j 收入（或产出）的影响。

$$l^D_{(i \to j)_p} = a_{jn} \cdots a_{mi} \qquad (2.4)$$

其中，a_{ji} 为内生变量的平均支出倾向矩阵 A_n 的第 j 行、第 i 列元素。

始点 i 沿着基础路径（i, …, j）对终点 j 的完全影响表示的是该路径的直接影响与基于该路径上所有间接影响之和。

$$I^T_{(i \to j)_p} = I^D_{(i \to j)_p} M_p \qquad (2.5)$$

其中，M_p 表示路径乘数，它反映了沿着基础路径传递的直接影响通过反馈回路被扩大的程度。

始点 i 沿着基础路径（i, …, j）对终点 j 的总体影响则综合了始点和终点之间所有路径产生的效应，即方程（2.3）中乘数矩阵 M 第 j 行、第 i 列元素。

2. 无资源约束下前向联系、后向联系的定义

如方程（2.3）所示，标准的乘数矩阵为

$$M = (I - A_n)^{-1} \qquad (2.6)$$

令 V 表示乘数矩阵 M 所有元素之和，即

$$V = \sum_i \sum_j M_{ij} \qquad (2.7)$$

其中，M_{ij} 表示乘数矩阵 M 的 i 行、j 列元素。令 $M_{i\cdot}$ 和 $M_{\cdot j}$ 分别表示乘数矩阵 M 的 i 行和与 j 列和，则部门 i 的 Hirschman - Rasmussen 后向联系可定义为

$$BL_i = m M_i / V \qquad (2.8)$$

部门 i 的 Hirschman - Rasmussen 前向联系可定义为

$$FL_i = m M_i / V \qquad (2.9)$$

其中，m 为内生账户的个数。

Hirschman - Rasmussen 后向联系大于 1 的部门表示，该部门对内生账户中

其它部门的总体拉动作用较显著；反之，则不显著。Hirschman–Rasmussen 前向联系大于1的部门表示，该部门受到其它部门总体需求拉动的影响较显著；反之，则不显著。

需要指出的是，上述后向联系与前向联系的定义并未考虑不同部门在国民经济中的相对重要性。为了区分不同部门在国民经济中重要性的差异，本章采用 Cuello 等（1992）构建的加权后向联系（WBL）与加权前向联系指标（WFL）如下：

$$WBL_i = mWM_i/WVB \quad (2.10)$$
$$WFL_i = mWM_{\cdot i}/WVF \quad (2.11)$$

其中，$WM_{i\cdot} = \sum_{k}^{k} \alpha_k M_{ik}$，$WM_{\cdot j} = \sum_{k}^{k} \alpha_k M_{kj}$，$WVB = \sum_i \sum_j \alpha_i M_{ij}$，$WVF = \sum_i \sum_j \alpha_j M_{ij}$。$\alpha_i$ 为 i 部门产出在所有内生账户加总中所占的比重。

3. 资源约束下的混合乘数矩阵和垂直联系定义

上述乘数分析和结构路径分析的前提假设是所有部门和生产要素为完全弹性供给，即所有部门的生产不存在资源约束限制。然而，现实经济体中往往存在资源供给约束限制。当存在供给约束时，Lewis 和 Thorbecke（1992）对方程（2.6）中乘数矩阵进行了修正，并定义了混合乘数矩阵如下

$$d\begin{bmatrix}y_{nc}\\x_c\end{bmatrix} = \begin{bmatrix}(I-C_{nc}) & 0 \\ -R & -I\end{bmatrix}^{-1}\begin{bmatrix}I & Q \\ 0 & -(I-C_c)\end{bmatrix}d\begin{bmatrix}x_{nc}\\y_c\end{bmatrix} = M d\begin{bmatrix}x_{nc}\\y_c\end{bmatrix} \quad (2.12)$$

其中，y_{nc} 为不受约束部门的总产出向量；x_c 为供给约束部门内生最终需求向量；C_{nc} 为非约束部门间的支出倾向矩阵；R 为非约束部门对供给约束部门产出的支出倾向矩阵；Q 为供给约束部门对非约束部门的支出倾向矩阵；C_c 为供给约束部门间的支出倾向矩阵；x_{nc} 为对非约束部门的外生最终需求向量；y_c 为供给约束部门的外生产出向量；I 和 0 为相应的单位矩阵和零矩阵；M 即为存在供给约束条件时的混合乘数矩阵。

利用混合乘数矩阵，可对上述 Hirschman–Rasmussen 后向联系和前向联系指标修正如下：

$$BL_i' = mM_i'/V' \quad (2.13)$$
$$FL_i' = mM_i'/V' \quad (2.14)$$

其中，和分别表示存在资源供给约束时 i 部门的 Hirschman–Rasmussen 后向联系与前向联系；V' 为混合乘数矩阵 M 所有元素之和；$M_{i\cdot}'$ 和 $M_{\cdot j}'$ 分别为混

合乘数矩阵 M 的 i 行和与 j 列和。

类似的，对 Cuello 等（1992）的指标进行修正，并定义存在资源供给约束时 i 部门的加权后向联系（WBL_i'）与加权前向联系指标（WFL_i'）如下：

$$WBL_i' = mWM_{\cdot i}'/WVB' \tag{2.15}$$

$$WFL_i' = mWM_{i\cdot}'/WVF' \tag{2.16}$$

其中，$WM_{i\cdot}' = \sum_k a_k M_{ik}'$，$WM_{\cdot j}' = \sum_k a_k M_{kj}'$，$WVB' = \sum_i \sum_j a_i M_{ij}'$，$WVF' = \sum_i \sum_j a_j M_{ij}'$。$a$ 为 i 部门产出在所有内生账户加总中所占的比重。

4. 2007 年中国 SAM 表

本章使用 Diao et al.（2011）给出的 2007 年中国 SAM。为了行文清晰，对 SAM 表中各项重新界定，即六大部门 61 个行业。行业分布具体见表 2.2。

表 2.2　2007 年细分行业中国 SAM 表的构成

六大部门	行业构成
农林牧渔业 （AGR）	水稻（rice），小麦（wheat），玉米（maize），其它谷物（ogrn），豆类（bean），油料作物（foil），棉花（cotton），糖类（sugar），蔬菜（vegt），水果（fruit），其它作物（ocrp），猪肉（pork），牛肉（beef），羊肉（mult），禽（poul），其它畜产品（oliv），林业（fore），木材及竹材采运业（fopr），渔业（fish），农、林、牧、渔服务业（agsr）
采　矿　业 （MINE）	煤炭开采和洗选业（coal），石油和天然气开采业（petr），金属矿采选业（mine），非金属矿采选业（onim）
制　造　业 （MAN）	食品制造及烟草加工业（food），纺织业（text），服装皮革羽绒及其制品业（clth），木材加工及家具制造业（wood），造纸印刷及文教用品制造业（pape），石油加工、炼焦及核燃料加工业（oilp），化学工业（chem），非金属矿物制品业（nmtl），金属冶炼及压延加工业（mtal），金属制品业（mtlp），通用、专用设备制造业（gmch），交通运输设备制造业（tmch），电气、机械及器材制造业（ecmc），通信设备、计算机及其他电子设备制造业（elmc），仪器仪表及文化办公用机械制造业（ofmc），其他制造业（omfc），废品废料（wast）
电力、燃气及水的生产和供应业（HGWS）	电力、热力的生产和供应业（heat），燃气生产和供应业（gass），水的生产和供应业（wats）
建　筑　业 （CNST）	建筑业（cnst）

续表

六大部门	行业构成
服 务 业（SER）	交通运输及仓储业（trns）、邮政业（post）、信息传输、计算机服务和软件业（info）、批发和零售贸易业（trde）、住宿和餐饮业（hotl）、金融保险业（fina）、房地产业（rest）、租赁和商务服务业（cerm）、科学研究事业（scie）、综合技术服务业（tech）、水利、环境和公共设施管理业（envi）、居民服务和其他服务业（oser）、教育（educ）、卫生、社会保障和社会福利事业（heal）、文化、体育和娱乐业（cult）、公共管理和社会组织（pser）

为了进行 SAM 乘数和结构路径分析，需要对 SAM 账户进行内生和外生账户的划分。具体而言，活动、商品、劳动力、资本、土地、企业和居民被归入内生账户，政府、资本账户和国外账户被归入外生账户（见表 2.3）。其中，活动和商品账户包含表 2.2 中的所有部门（或行业）；劳动力账户被分为非熟练劳动力和熟练劳动力；居民账户被分为农村居民和城市居民。在外生账户中，政府账户包含了政府、直接税、进口关税和生产税；资本账户则包括了储蓄投资与存货变动账户。

表 2.3　内生账户与外生账户的划分

账户属性		构成
内生账户	活动	包含表 2 中的所有部门（或行业）
	商品	包含表 2 中的所有部门（或行业）
	劳动力	非熟练劳动力（flabusk），熟练劳动力（flabsk）
	资本	资本（fcap）
	土地	土地（flnd）
	企业	企业（ent）
	居民	农村居民（hrur），城市居民（hurb）
外生账户	政府	政府（gov），直接税（dtax），进口关税（mtax），生产税（atax）
	资本账户	储蓄投资（s-i），存货变动（dstk）
	国外	国外（row）

二、基于 SAM 乘数理论行业间关联性的分析

1. 无资源约束下农林牧渔业、制造业、服务业关联性的分析

为了从总体上考察三次产业之间的关联性,本节对 61 行业中国 SAM 表进行了合并,最终合并为农林牧渔业(AGR)、采矿业(MINE)、制造业(MAN)、电力、燃气及水的生产和供应业(HGW)、建筑业(CNST)、服务业(SER)六大部门(见表2.2)。考虑到不同部门在国民经济中所占的地位、覆盖的行业范围与广度,本节侧重于探讨农林牧渔业、制造业、服务业三者的关联性。分析的核心假设是所有部门和生产要素为完全弹性供给,即所有部门的生产不存在资源约束限制。

三者关联性 SAM 结构路径分析的结果详见表 2.4 所示。在表中显示了不同部门产出增加对农林牧渔业、制造业、服务业的影响,其经济含义为,当始点账户的外生需求增加 1 个单位时,终点账户产量增加的幅度。其中,1~5 行是其它部门对农林牧渔业最终产出的影响,6~10 行是其它部门对制造业最终产出的影响,11~15 行是其它部门对服务业最终产出的影响。

表 2.4 农林牧渔业、制造业、服务业关联性的结构路径分析

始点账户	终点账户	总体影响	基础路径	直接影响	路径乘数	完全影响	完全影响占总体影响百分比(%)
AMINE	CAGR	0.1198	AMINE / CMAN / AMAN / CAGR	0.0102	3.1325	0.0321	26.7674
			AMINE / fcap / ent / hurb / CAGR	0.0069	1.7863	0.0124	10.3207
AMAN	CAGR	0.2053	AMAN / CAGR	0.0506	2.9467	0.1492	72.6588
			AMAN / flabusk / hrur / CAGR	0.0044	3.0895	0.0135	6.5723

续表

始点账户	终点账户	总体影响	基础路径	直接影响	路径乘数	完全影响	完全影响占总体影响百分比（%）
AHGW	CAGR	0.1201	AHGW / CMAN / AMAN / CAGR	0.0111	3.3171	0.0367	30.5804
			AHGW / fcap / ent / hurb / CAGR	0.0050	1.8807	0.0093	7.7533
ACNST	CAGR	0.1703	ACNST / CMAN / AMAN / CAGR	0.0203	2.9687	0.0602	35.3425
			ACNST / CAGR	0.0145	1.3625	0.0198	11.6365
ASER	CAGR	0.1415	ASER/CMAN/ AMAN / CAGR	0.0098	4.1408	0.0406	28.6667
			ASER / CAGR	0.0096	2.1364	0.0206	14.5323
			ASER/flabusk/ hrur / CAGR	0.0089	2.1986	0.0195	13.8186
AAGR	CMAN	1.1431	AAGR / CMAN	0.2048	2.9467	0.6035	52.7922
			AAGR / flabusk / hrur / CMAN	0.0394	3.0895	0.1217	10.6508
			AAGR / flabusk /hurb / CMAN	0.0295	3.3082	0.0975	8.5327
AMINE	CMAN	1.0625	AMINE / CMAN	0.2363	2.4818	0.5865	55.2029
			AMINE/ CSER / ASER / CMAN	0.0304	3.5096	0.1067	10.0421

续表

始点账户	终点账户	总体影响	基础路径	直接影响	路径乘数	完全影响	完全影响占总体影响百分比（%）
AHGW	CMAN	1.1424	AHGW / CMAN	0.2556	2.6294	0.6722	58.8393
			AHGW / CSER / ASER / CMAN	0.0295	3.6935	0.1090	9.5387
ACNST	CMAN	1.5048	ACNST / CMAN	0.4683	2.3519	1.1014	73.1921
			ACNST / CSER / ASER / CMAN	0.0308	3.3152	0.1021	6.7852
ASER	CMAN	1.0819	ASER / CMAN	0.2262	3.3118	0.7490	69.2258
			ASER / fcap / ent / hurb / CMAN	0.0201	3.3680	0.0678	6.2672
AAGR	CSER	0.5652	AAGR / CSER	0.0657	2.1364	0.1403	24.8245
			AAGR / flabusk / hurb / CSER	0.0448	2.2538	0.1011	17.8820
			AAGR/CMAN/AMAN / CSER	0.0189	4.1408	0.0782	13.8418
AMINE	CSER	0.5760	AMINE / CSER	0.1400	1.8041	0.2526	43.8444
			AMINE / CMAN /AMAN/CSER	0.0218	3.5096	0.0765	13.2843

续表

始点账户	终点账户	总体影响	基础路径	直接影响	路径乘数	完全影响	完全影响占总体影响百分比（%）
AMAN	CSER	0.5891	AMAN / CSER	0.1079	3.3118	0.3572	60.6262
			AMAN / fcap / ent / hurb / CSER	0.0145	3.3680	0.0488	8.2855
AHGW	CSER	0.5914	AHGW / CSER	0.1359	1.8944	0.2574	43.5165
			AHGW / CMAN / AMAN / CSER	0.0236	3.6935	0.0871	14.7292
ACNST	CSER	0.6393	ACNST / CSER	0.1418	1.6453	0.2333	36.4990
			ACNST / CMAN / AMAN / CSER	0.0432	3.3152	0.1432	22.4042

从上表可知：

第一，制造业、服务业、农林牧渔业受到其它部门影响的程度依次减弱。其中，制造业最终产出受其它部门产出增加的影响在 1.06~1.50 间波动，服务业最终产出受其它部门产出增加的影响在 0.57~0.64 间波动，农林牧渔业最终产出受其它部门产出增加的影响在 0.12~0.21 间波动。之所以制造业、服务业、农林牧渔业受到其它部门影响的程度不同，原因就在于，制造业、服务业、农林牧渔业三者的前向联系依次减弱（见图 2.1）①。

---

① 前向联系表示的是某一产业通过供给关系与国民经济所有前向部门发生的关联，故前向联系较大部门受到其它部门需求拉动的影响较大。

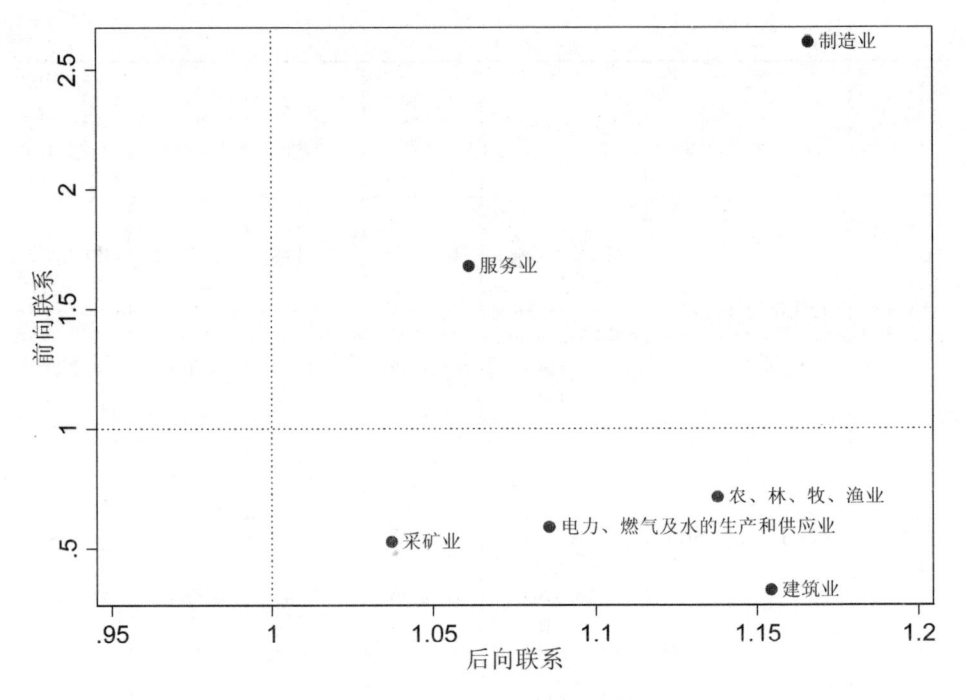

图 2.1 六大部门的后向联系与前向联系

第二，对农林牧渔业产出的影响制造业作用显著。对农林牧渔业产出影响由大至小的其它部门分别是制造业，建筑业，服务业，电力、燃气及水的生产和供应业，采矿业。当这些部门的外生需求增加 1 单位时，农林牧渔业产出分别增加 0.2053、0.1703、0.1415、0.1201、0.1198 单位。其中，制造业对农林牧渔业的总体影响中大约 72.7% 是沿着"AMAN/CAGR"这条直接路径传递，换句话说，制造业外生需求的增加对农林牧渔业的直接拉动作用十分显著；制造品外生需求增加 1 单位时，会直接增加对农林牧渔业投入品的需求，从而导致农产品产量增加 0.1492 单位。同时，从表 2.4 可知，其它部门对农林牧渔业的拉动作用无法离开制造业部门。建筑业，服务业，电力、燃气及水的生产和供应业，采矿业对农林牧渔业的拉动作用主要是通过制造业这一中间渠道。以建筑业为例，建筑业对农林牧渔业的总体影响中大约 35.3% 是沿着"ACNST/CMAN/AMAN/CAGR"这条路径传递；也就是说，当建筑业外生需求增加 1 单位时，会增加对制造品的需求，从而间接带动农林牧渔业产出的增加。

34

第三，对制造业、服务业产出的影响其他部门的贡献均显著，仅存在着排序差异。其中，对制造业产出影响由大至小的其它部门分别是建筑业，农林牧渔业，电力、燃气及水的生产和供应业，服务业，采矿业；对服务业产出影响由大至小的其它部门分别是建筑业，电力、燃气及水的生产和供应业，制造业，采矿业，农林牧渔业。进一步的分析表明，其它部门对制造业或服务业的直接拉动作用均非常显著。以制造业为例，其它部门对制造业的总体影响中至少 52.8% 是通过对制造品的直接需求而发生作用。

由前面分析可知，农林牧渔业、制造业、服务业三者之间存在着产业关联性。任何一个产业需求的扩张都会对其它产业产生影响。然而，这种影响的程度却并不一定对称（见图 2.2）。

（1）制造业、服务业、农林牧渔业受到其它部门外生影响的程度逐渐减弱，这主要是由制造业、服务业、农林牧渔业三者的前向联系依次减弱所导致；

（2）制造业对农林牧渔业的拉动作用（0.2053）大于服务业对农林牧渔业的拉动作用（0.1415），农林牧渔业对制造业的拉动作用（1.1431）要大于服务业对制造业的拉动作用（1.0819），制造业对服务业的拉动作用（0.5891）要大于农林牧渔业对服务业的拉动作用（0.5652），这主要是由制造业、农林牧渔业、服务业三者的后向联系依次减弱所导致；

（3）农林牧渔业对服务业的拉动作用（0.5652）要大于服务业对农林牧渔业的拉动作用（0.1415），服务业对制造业的拉动作用（1.0819）要大于制造业对服务业的拉动作用（0.5891），农林牧渔业对制造业的拉动作用（1.1431）要大于制造业对农林牧渔业的拉动作用（0.2053）。其原因在于，制造业、服务业、农林牧渔业三者的前向联系依次减弱，且制造业、农林牧渔业、服务业三者的后向联系依次减弱。

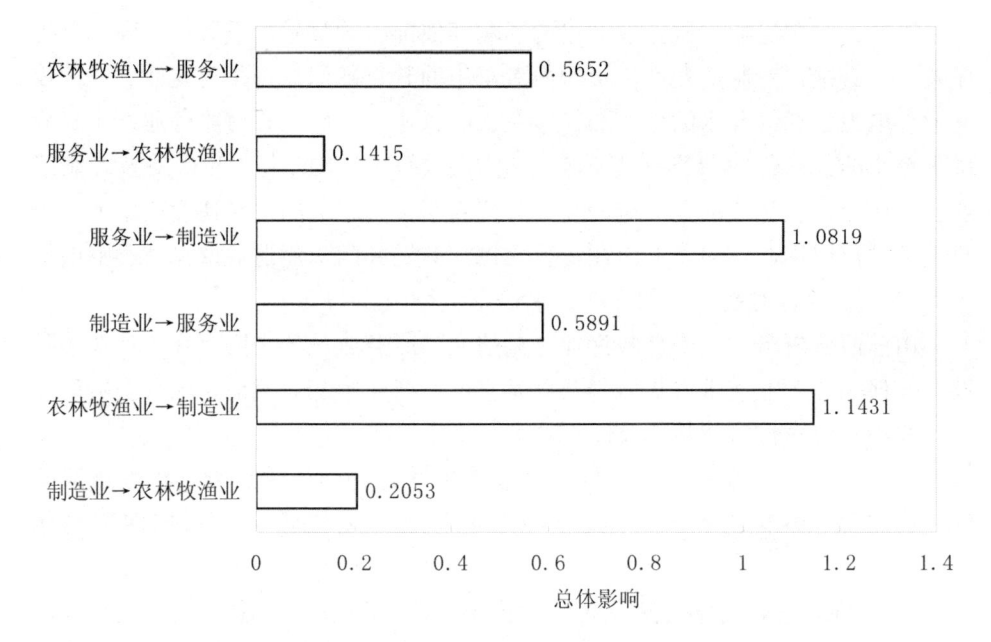

农林牧渔业→服务业　　0.5652
服务业→农林牧渔业　　0.1415
服务业→制造业　　1.0819
制造业→服务业　　0.5891
农林牧渔业→制造业　　1.1431
制造业→农林牧渔业　　0.2053

图 2.2　农林牧渔业、制造业、服务业三者关联性

2. 资源约束下农林牧渔业、制造业、服务业关联性的分析

上述分析的核心假设之一是所有行业和生产要素为完全弹性供给，换句话说，所有行业的生产不存在资源约束限制。然而，现实中，这一假设通常不符合实际。因此，有必要考察资源约束条件下农林牧渔业、制造业、服务业三者的关联性。本节将分别考虑五种类型的资源供给约束条件：（1）非熟练劳动力约束；（2）熟练劳动力约束；（3）非熟练劳动力与与熟练劳动力约束；（4）土地约束；（5）非熟练劳动力、熟练劳动力、土地约束。在此基础上，本节将分析上述约束对农林牧渔业、制造业、服务业三者关联性的影响。

表 2.5　资源约束下农林牧渔业、制造业、服务业三者关联性分析

始点账户	终点账户	总体影响（无约束）	总体影响（约束1）	总体影响（约束2）	总体影响（约束3）	总体影响（约束4）	总体影响（约束5）
AAGR	CAGR	0.3621	0.2655	0.3536	0.2615	0.3338	0.2392
AMINE	CAGR	0.1198	0.0723	0.1100	0.0658	0.1174	0.0647
AMAN	CAGR	0.2053	0.1533	0.1952	0.1466	0.2012	0.1442

续表

始点账户	终点账户	总体影响（无约束）	总体影响（约束1）	总体影响（约束2）	总体影响（约束3）	总体影响（约束4）	总体影响（约束5）
AHGW	CAGR	0.1201	0.0766	0.1095	0.0694	0.1177	0.0682
ACNST	CAGR	0.1703	0.1032	0.1558	0.0935	0.1669	0.0919
ASER	CAGR	0.1415	0.0851	0.1226	0.0716	0.1386	0.0704
AAGR	CMAN	1.1431	0.7197	1.0959	0.6962	1.0381	0.617
AMINE	CMAN	1.0625	0.8544	1.0083	0.8166	1.0536	0.8126
AMAN	CMAN	1.5592	1.3313	1.5028	1.2923	1.544	1.2835
AHGW	CMAN	1.1424	0.952	1.0835	0.9094	1.1335	0.9052
ACNST	CMAN	1.5048	1.2104	1.4242	1.1535	1.4921	1.1479
ASER	CMAN	1.0819	0.835	0.9771	0.7558	1.0714	0.7514
AAGR	CSER	0.5652	0.2903	0.5302	0.2724	0.5052	0.2289
AMINE	CSER	0.576	0.4409	0.5359	0.4122	0.5709	0.41
AMAN	CSER	0.5891	0.4411	0.5473	0.4115	0.5804	0.4067
AHGW	CSER	0.5914	0.4677	0.5477	0.4354	0.5863	0.4331
ACNST	CSER	0.6393	0.4481	0.5795	0.4049	0.6321	0.4018
ASER	CSER	0.6700	0.5097	0.5923	0.4495	0.664	0.4471

由表2.5可知，当要素存在资源供给约束时，农林牧渔业、制造业、服务业三者的关联性会减弱；且随着约束条件数量逐步增加，三者关联性也会逐渐减弱。从而说明，随着资源匮乏因素的增加，不同行业间的交互作用将越来越不显著。另外，从约束类型来看，非熟练劳动力约束对总体影响的负面影响要大于熟练劳动力约束。具体在表2.5中表现为：约束1下的总体影响值均小于约束2下的总体影响值。这反映出当前中国产业结构水平不高的现状，即不同行业间的联系主要是通过非熟练劳动力相关联。

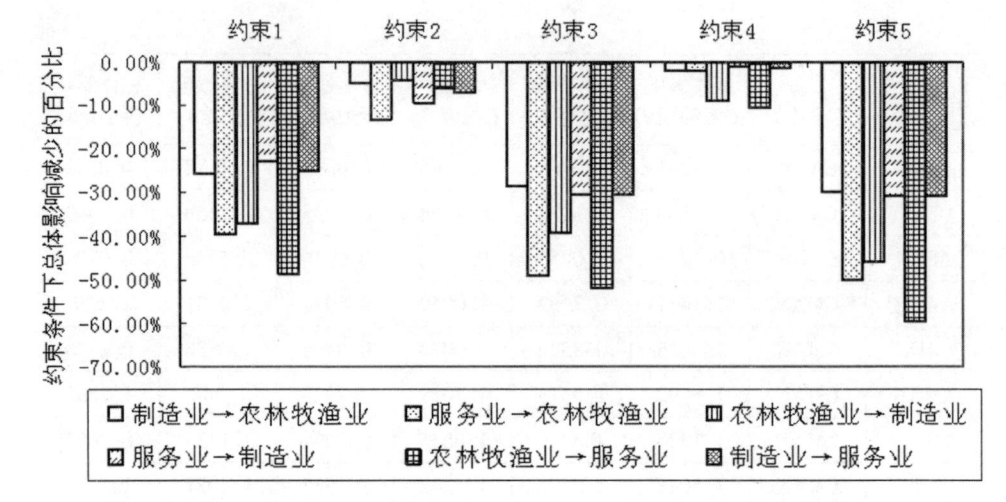

图 2.3 资源约束对农林牧渔业、制造业、服务业三者关联性的影响

图 2.3 显示的是五类资源约束对农林牧渔业、制造业、服务业三者关联性影响程度的比较。可知：

当非熟练劳动力不足时，"农林牧渔业→服务业"、"服务业→农林牧渔业"、"农林牧渔业→制造业"三条渠道总体影响下降的幅度最大，均超过 30%。以"农林牧渔业→服务业"为例，当存在非熟练劳动力的资源供给约束时，农林牧渔业对服务业的拉动作用比无约束时减少了 48.64%。换句话说，如果未来中国的非熟练劳动力供给不足，那么，通过农林牧渔业拉动服务业和制造业，以及通过服务业拉动农林牧渔业的效果将大不如前。

当熟练劳动力不足时，"服务业→农林牧渔业"渠道总体影响下降的幅度最大。与无约束时相比，存在熟练劳动力供给约束时服务业对农林牧渔业的拉动作用要减少 13.36%。换句话说，如果未来中国的熟练劳动力供给不足，那么，试图通过服务业拉动农林牧渔业的效果也将大不如前。

当同时存在非熟练劳动和熟练劳动力的供给约束时，农林牧渔业、制造业、服务业三者的关联性被进一步削弱：制造业对农林牧渔业和服务业的拉动作用比无约束时分别减少了 28.59% 和 30.15%；服务业对农林牧渔业和制造业的拉动作用比无约束时分别减少 49.4% 和 30.14%；农林牧渔业对制造业和服务业的拉动作用比无约束时分别减少 39.10% 和 51.8%。

当土地供给不足时，"农林牧渔业→制造业"、"农林牧渔业→服务业"二条渠道总体影响下降的幅度较大，并且，这两条渠道总体影响下降的幅度分别为9.19%和10.62%。换句话说，当土地资源不足时，试图通过农林牧渔业拉动制造业和服务业的渠道受到的负面冲击较大，并且，效果会比无约束时有较大程度的削弱。

需要指出的是，上述分析考察的是约束条件对总体影响变化率的影响，而变化率并不等价于总体影响的绝对值变化。为此，有必要对不同供给约束条件下的总体影响进行比较。

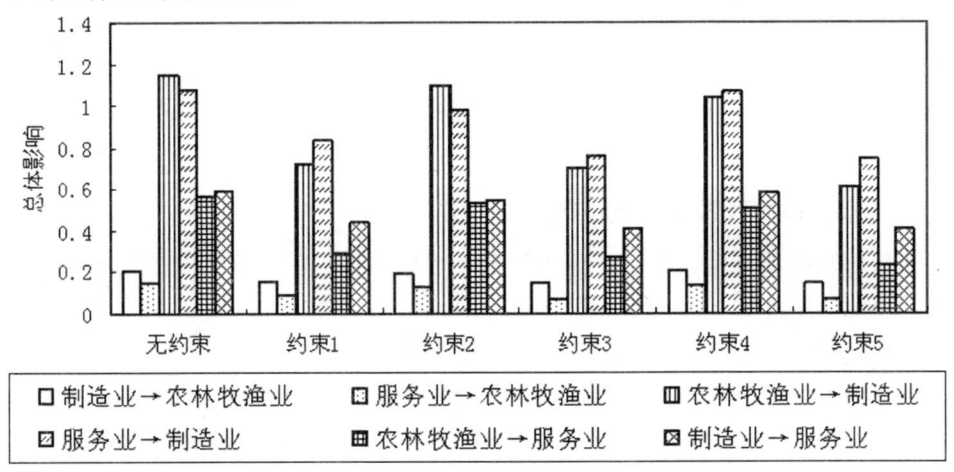

图2.4 无资源约束与存在资源约束时总体影响的比较

图2.4显示的是无资源约束及存在资源约束条件时总体影响的结果。由图2.4可知，在六种情形下，"农林牧渔业→制造业"、"服务业→制造业"这两条途径的总体影响均排名前两位。这表明，在制造业的发展过程中，农林牧渔业和服务业的拉动作用非常显著。然而，当存在着要素供给约束时，农林牧渔业和服务业对制造业的拉动作用则表现出差异性：当非熟练劳动力存在供给约束时，服务业对制造业的拉动作用要大于农林牧渔业对制造业的拉动作用；当存在熟练劳动力供给约束时，农林牧渔业对制造业的拉动作用要大于服务业对制造业的拉动作用；当存在着土地供给约束时，服务业对制造业的拉动作用要大于农林牧渔业对制造业的拉动作用。这表明，与"服务业→制造业"相比，"农林牧渔业→制造业"路径作用的发挥更离不开非熟练劳动力和土地要素；与"农林牧渔业→制造业"相比，"服务业→制造业"路径作用的发挥更离不开熟练劳动力要素。

简而言之，由于农林牧渔业、制造业、服务业三者的交互关联性，产业结构升级的研究必须结合考虑三者，同时也要考虑资源供给的有限性。

三、基于 SAM 乘数产业升级核心产业的界定

具备何种特征属性的行业被确定为产业结构升级的核心产业，这是需要解决的关键问题。本小节将结合无资源供给约束与存在资源供给约束的对比分析，揭示出资源供给约束条件影响下的核心产业解构问题。本节先在无资源约束的前提下，拟从垂直联系、对劳动力就业带动以及对家庭增收影响等三个视角界定核心产业，随之引入资源供给约束条件并探讨其对核心产业界定的影响。

1. 基于垂直联系视角核心产业的选择

从垂直联系视角，核心产业被定义为后向联系与前向联系同时大于 1 的产业。由图 2.1 可知，制造业和服务业的 Hirschman–Rasmussen 前向联系与后向联系均大于 1，故制造业和服务业在本节中被视为核心产业[①]。但需要指出的是，图 2.1 的结果是基于六大部门分析得出的结论，为准确对核心产业进行界定，需要更为细化的 SAM 账户。为此，本节对表 2.2 中的部分行业进行合并，煤炭开采和洗选业、石油和天然气开采业、金属矿采选业、非金属矿采选业四个行业合并为采矿业，电力、热力的生产和供应业，燃气生产和供应业，水的生产和供应业三个行业合并为电力、燃气及水的生产和供应业，从而得到最终包含 56 个行业的 SAM 表。

---

① 即使采用 Cuello 等（1992）构建的加权后向联系与前向联系指标，加权前向联系与后向联系同时大于 1 的部门仍然为制造业与服务业。

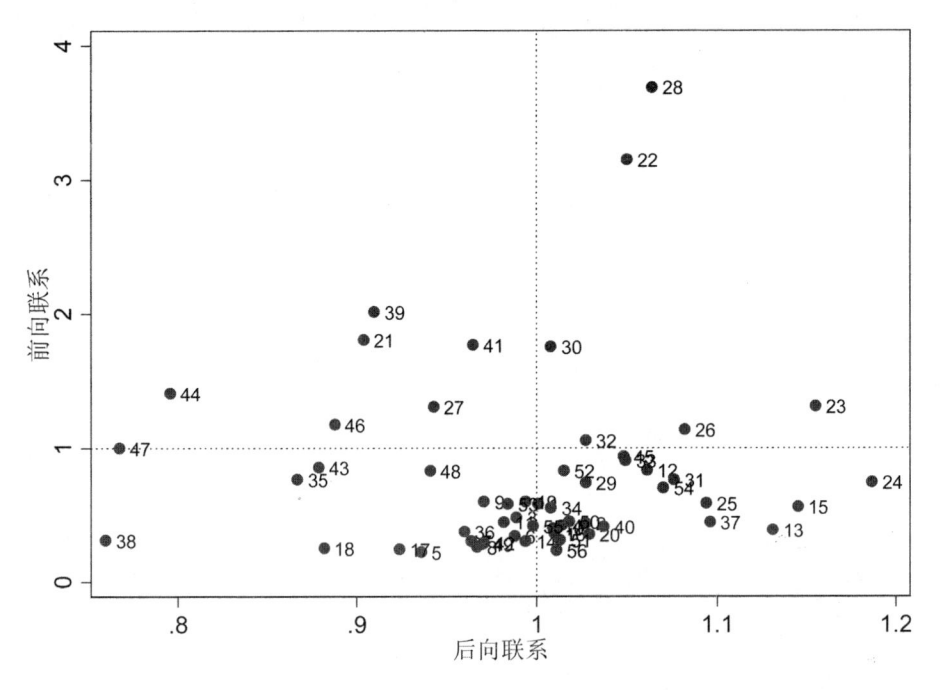

图 2.5　56 个细分行业的后向联系与前向联系

注：图中序号为 56 个部门的编号。

图 2.5 显示的是合并后 56 个行业的 Hirschman – Rasmussen 前向联系与后向联系散点图。图中有化学工业、食品制造及烟草加工业、金属冶炼及压延加工业、纺织业、通用与专用设备制造业、造纸印刷及文教用品制造业等六个行业的 Hirschman – Rasmussen 前向联系与后向联系均大于 1。为此进一步确定这六个行业为核心产业，但本质上此六个行业隶属于原制造业部门。然而，Hirschman – Rasmussen 指数并未考虑不同行业在国民经济中的相对重要性，进一步采用 Cuello 等（1992）构建的加权后向联系与前向联系指标进行分析，得到 56 个行业的加权前后向联系，见图 2.6。

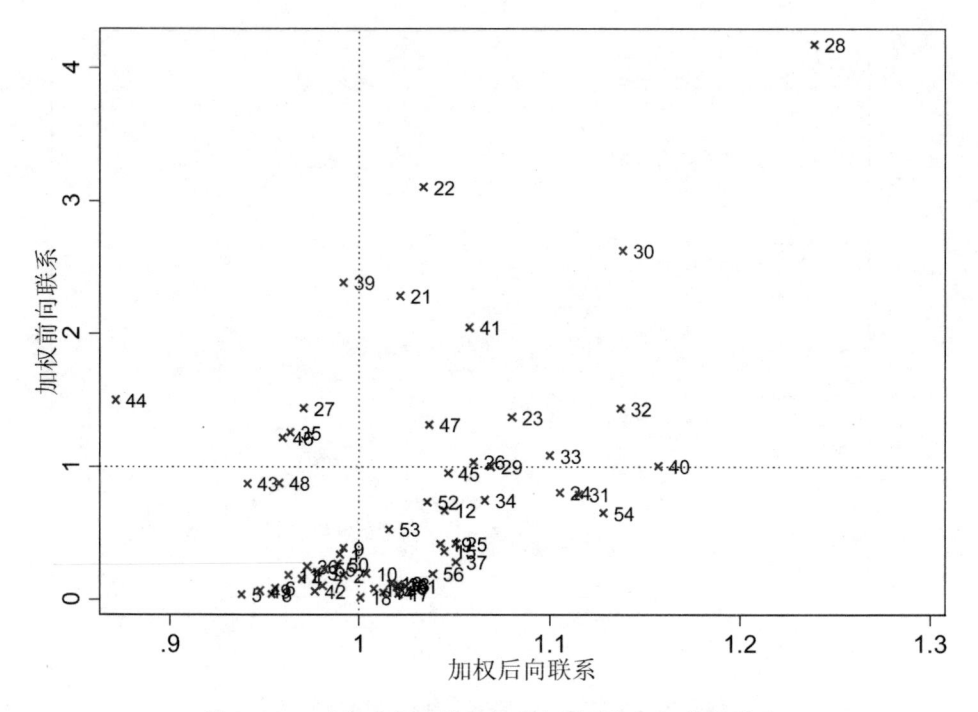

图 2.6 56 个细分行业的加权后向联系与加权前向联系

由图 2.6 可知，一旦考虑到不同行业在国民经济中的相对重要性，后向联系与前向联系发生了较大程度的改变。此时，加权后向联系与加权前向联系同时大于 1 的行业为采矿业，食品制造及烟草加工业，纺织业，造纸印刷及文教用品制造业，化学工业，非金属矿物制品业，金属冶炼及压延加工业，通用、专用设备制造业，交通运输设备制造业，建筑业，交通运输及仓储业，房地产业这 12 个行业。换句话说，若考虑到不同部门在国民经济中相对重要性的差异，核心产业的数量相对 Hirschman – Rasmussen 垂直联系指标而言有所增加。此时，核心产业的范围包括了第二产业和第三产业（即服务业）的部门，且主要以第二产业中的制造业为主。

2. 基于劳动力就业视角核心产业的选择

从劳动力就业视角，核心产业被定义为对熟练劳动力与非熟练劳动力就业的影响均大于行业中位数的行业。具体可从两个层面考虑：①对熟练劳动力与非熟练劳动力的总体影响均大于行业中位数；②对熟练劳动力与非熟练劳动力直接路径的完全影响均大于行业中位数。其中，第一层面的核心产业定义考虑的是不同行业对劳动力的总体影响；第二个层面核心产业的定义考虑的是不同行业对劳动力的直接影响，显然，第二个层面的影响隐含了传递速度的考虑。

（1）基于总体影响的核心产业选择

图2.7显示的是56个行业对熟练劳动力与非熟练劳动力就业的总体影响，依据核心产业的界定标准，图2.7被中位数划分的四个象限中，位于右上角象限的部门应为核心产业。即林业，木材及竹材采运业，农、林、牧、渔服务业，纺织业，服装皮革羽绒及其制品业，建筑业，邮政业，批发和零售贸易业，住宿和餐饮业，公共管理和社会组织。这些行业对熟练劳动力与非熟练劳动力的综合影响较大。

具体而言，对非熟练劳动力影响最大的10个行业均为农产品部门：羊肉、棉花、蔬菜、其它畜产品、猪肉、豆类、糖类、油料作物、水果、玉米。当这些行业的产量因为外生需求增加1单位时，非熟练劳动力的收入或工作机会分别增加 0.8653、0.8387、0.8006、0.7859、0.7751、0.7704、0.7624、0.7540、0.7354、0.7326单位。对熟练劳动力影响最大的10个行业分别为教育，公共管理和社会组织，农、林、牧、渔服务业，卫生、社会保障和社会福利事业，金融保险业，科学研究事业，综合技术服务业，文化、体育和娱乐业，信息传输、计算机服务和软件业，建筑业。当这些行业的产量因为外生需求增加1单位时，熟练劳动力的收入或工作机会分别增加0.4073、0.2721、0.2461、0.2458、0.1989、0.1733、0.1613、0.1496、0.1430、0.1098单位。换句话说，对熟练劳动力影响最大的行业主要是隶属服务业的相关行业。综合比较可知，非熟练劳动力受56个行业影响的平均程度要大于熟练劳动力，这表明，当前中国的产业投入中主要是以非熟练劳动为主，熟练劳动力的构成比重仍然较低。

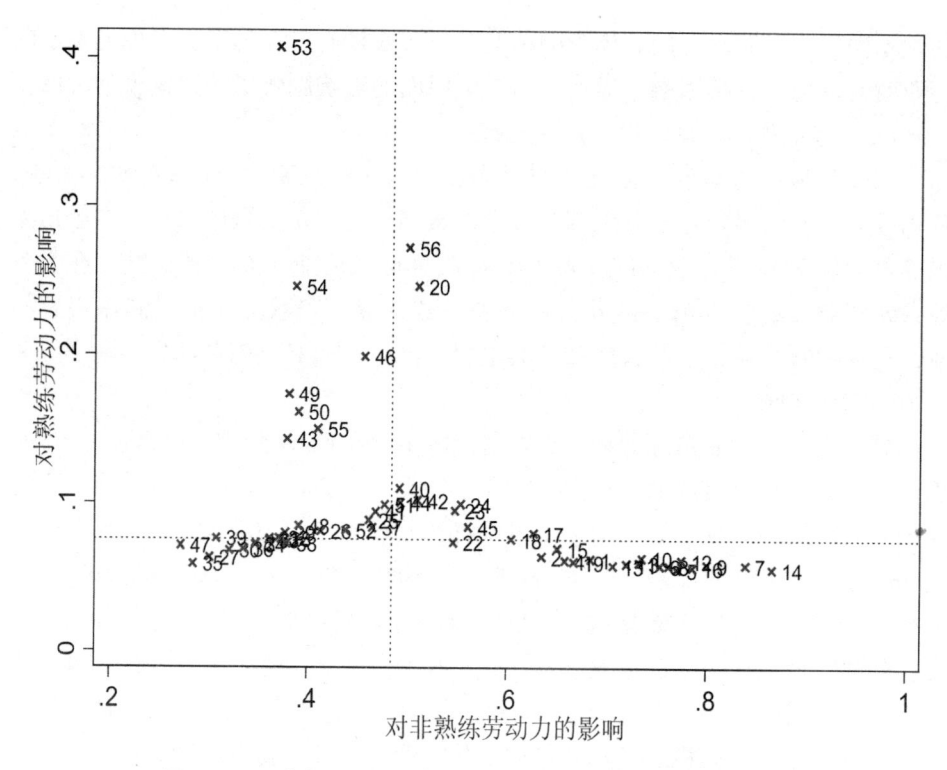

图 2.7　56 个部门对熟练劳动力与非熟练劳动力的总体影响

进一步的，位于图 2.7 右上角象限的核心产业分别为林业，木材及竹材采运业，农、林、牧、渔服务业，纺织业，服装皮革羽绒及其制品业，建筑业，邮政业，批发和零售贸易业，住宿和餐饮业，公共管理和社会组织。这些行业对熟练劳动力与非熟练劳动力的综合影响较大。

需要指出的是，上述分析考察的是不同行业对劳动力的总体影响，而总体影响又是由不同路径的完全影响加总而成。显然，考虑直接路径的影响将有利于发掘速度较快的传递机制。

（2）基于直接路径完全影响的核心产业选择

图 2.8 显示的是 56 个行业对熟练劳动力与非熟练劳动力就业的直接路径影响，依据核心产业的界定标准，被中位数划分的四个象限中，位于右上角象限的部门应为核心行业。即分别为林业，木材及竹材采运业，农、林、牧、渔服务业，废品废料，建筑业，交通运输及仓储业，邮政业，批发和零售贸易业，金融保险业，水利、环境和公共设施管理业，公共管理和社会组织。这些

44

行业对熟练劳动力与非熟练劳动力的综合直接影响较大。

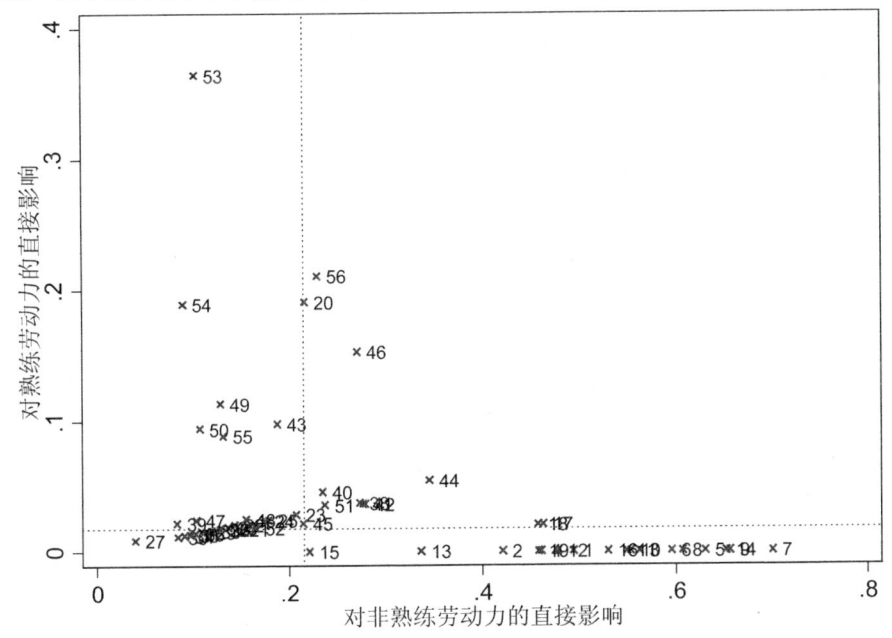

图2.8　56个部门对熟练劳动力与非熟练劳动力的直接路径影响

由图 2.8 可知，对非熟练劳动力直接影响最大的 10 个行业仍然为农产品部门：棉花、蔬菜、羊肉、豆类、糖类、油料作物、玉米、水果、其他作物、其它畜产品。当这些行业的产量因为外生需求增加 1 单位时，这些行业的非熟练劳动力的收入或工作机会分别直接增加 0.7006、0.6563、0.6524、0.6305、0.6067、0.5955、0.5617、0.5526、0.5489、0.5292。对熟练劳动力直接影响最大的 10 个行业分别为教育，公共管理和社会组织，农、林、牧、渔服务业，卫生、社会保障和社会福利事业，金融保险业，科学研究事业，信息传输、计算机服务和软件业，综合技术服务业，文化、体育和娱乐业，批发和零售贸易业。当这些行业的产量因为外生需求增加 1 单位时，这些行业的熟练劳动力的收入或工作机会分别直接增加 0.3641、0.2106、0.1908、0.1893、0.1525、0.1130、0.0977、0.0939、0.0886、0.0540。换句话说，对熟练劳动力就业直接带动作用最大的行业仍然是隶属服务类的行业。

3. 基于家庭增收视角核心产业的选择

从家庭增收视角而言，核心产业被定义为对农村居民与城市（城镇）居民的影响均大于行业中位数的行业。从结构路径分析的结果表明，不同行业对居民的影响主要是通过增加要素报酬，从而间接增加居民的收入。因此，与上面分析不同的是，不同行业对居民的影响不存在直接路径影响，即所有影响都是间接发生的。

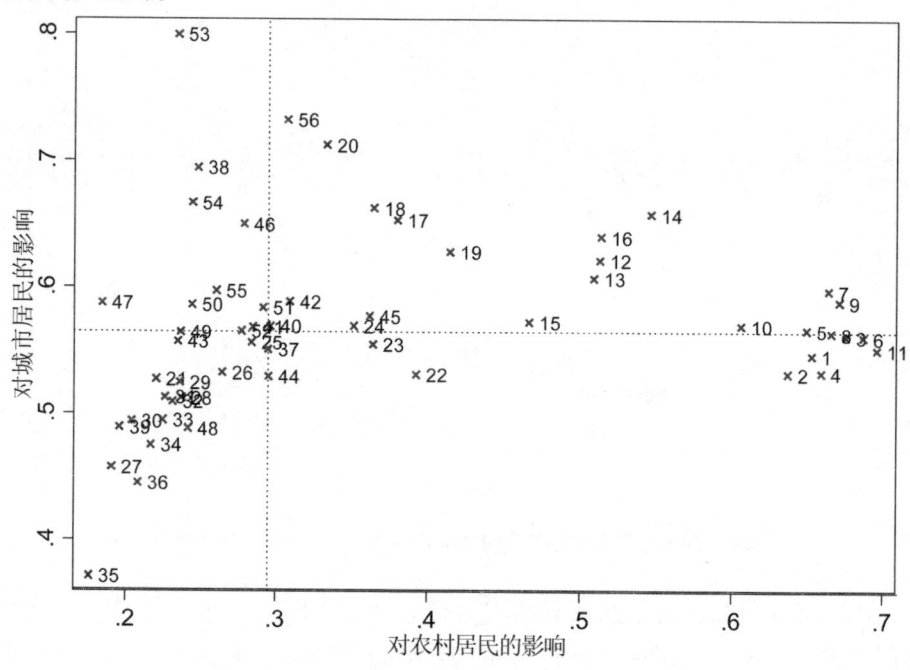

图 2.9 56 个部门对农村和城市居民的总体影响

图 2.9 显示的是 56 个行业对农村和城市居民的总体影响。由图 2.9 可知，对农村居民影响最大的 10 个行业均隶属农产品行业：其他作物，油料作物，玉米，蔬菜，糖类，棉花，其它谷物，水稻，豆类，小麦。当这些行业的产量因为外生需求增加 1 单位时，农村居民收入分别增加 0.6959、0.6869、0.6756、0.6711、0.6655、0.6637、0.6589、0.6524、0.6490、0.6368 单位。对城市居民影响最大的 10 个行业为教育，公共管理和社会组织，农、林、牧、渔服务业，废品废料，卫生、社会保障和社会福利事业，木材及竹材采运业，羊肉，林业，金融保险业，其它畜产品。当这些行业的产量因为外生需求增加 1 单位时，城市居民收入分别增加 0.7997、0.7322、0.7124、0.6944、0.6664、0.6624、0.6579、0.6530、0.6497、0.6400 单位。

进一步的，位于图2.9右上角象限的核心产业分别为豆类，棉花，蔬菜，水果，猪肉，牛肉，羊肉，禽，其它畜产品，林业，木材及竹材采运业，渔业，农、林、牧、渔服务业，服装皮革羽绒及其制品业，建筑业，邮政业，住宿和餐饮业，公共管理和社会组织。

然而，对城市居民影响的结构路径分析表明：农林牧渔业类部门对城市居民的影响主要通过非熟练劳动力这一中介传递，即通过增加非熟练劳动力收入而间接增加城市居民收入。以豆类为例，豆类对城市居民收入的总体影响中有59.06%是通过"abean／flabusk／hurb"路径传递。换句话说，豆类外生需求的增加会加大对非熟练劳动力的需求，从而间接导致城市居民收入的增加。需要指出的是，农林牧渔业类部门使用的非熟练劳动力通常为农村居民，而这些农村居民的要素收入不大可能形成城市居民的收入。也就是说，农林牧渔业部门通过非熟练劳动力中介间接影响城市居民收入的路径并不存在。因此，为了相对准确地度量农林牧渔业部门对城市居民收入的影响，需要从中剔除类似"abean／flabusk／hurb"的含有非熟练劳动力路径的影响。

由图2.10可知，经过修正后的数据表明，对城市居民影响最大的10个行业为教育，公共管理和社会组织，废品废料，卫生、社会保障和社会福利事业，金融保险业，农、林、牧、渔服务业，文化、体育和娱乐业，邮政业，房地产业，综合技术服务业。当这些行业的产量因为外生需求增加1单位时，城市居民收入分别增加0.7997、0.7322、0.6944、0.6664、0.6497、0.5976、0.5973、0.5886、0.5875、0.5863单位。修正后的数据表明，对城市居民收入影响最大的部门主要集中在服务业。

47

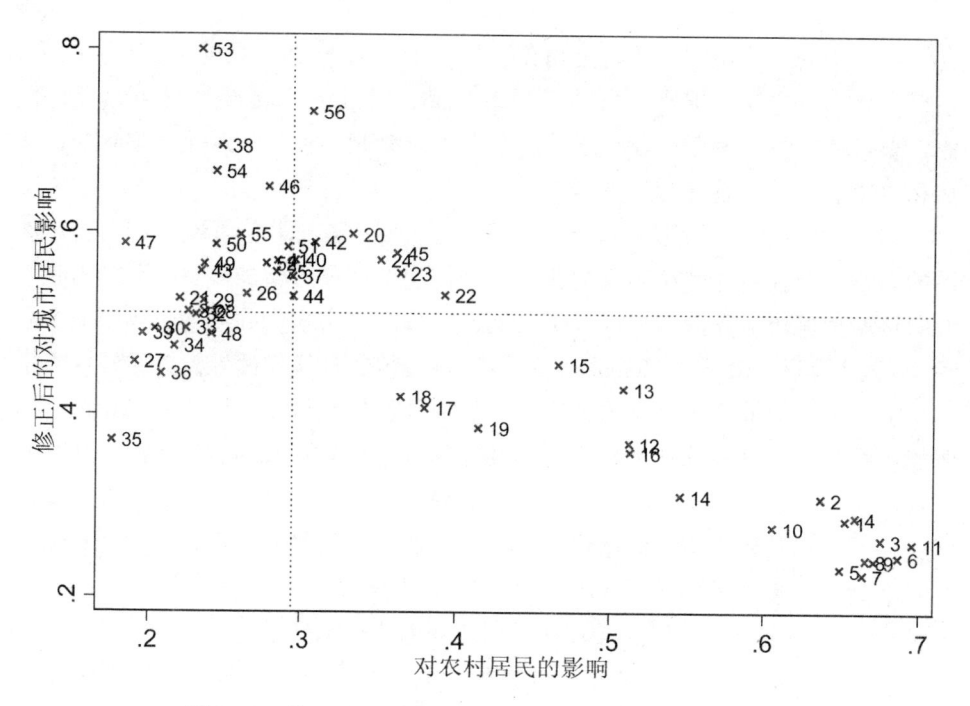

图 2.10　修正后 56 个部门对农村和城市居民的总体影响

进一步的，位于图 2.10 右上角象限的核心产业分别为农、林、牧、渔服务业，食品制造及烟草加工业，纺织业，服装皮革羽绒及其制品业，建筑业，邮政业，批发和零售贸易业，住宿和餐饮业，公共管理和社会组织。这些行业对农村居民和城市居民的综合影响较大。

需要指出的是，上述三种核心产业界定的方法均是基于不存在资源约束的假设。然而，现实中往往存在特点资源的有限性，因此，有必要考察资源供给约束对核心产业界定的影响。接下来，将侧重分析资源供给约束对垂直联系定义下核心产业的影响。

4. 资源约束下核心产业的选择：基于垂直联系视角

本节将继续沿用上文所涉及的五种类型的资源供给约束条件，并把在资源约束下垂直联系的定义分为 Hirschman - Rasmussen 垂直联系和加权垂直联系两类。为此，分别考察资源供给约束下基于不同垂直联系定义时核心产业的选择。为了从总体上探讨资源约束对核心产业的影响，研究对象回归到六部门SAM 表。

（1）资源约束下核心产业的选择：基于 Hirschman – Rasmussen 垂直联系

根据方程（2.13）和（2.14）的定义，计算存在资源供给约束时的 Hirschman – Rasmussen 后向联系与前向联系，见表 2.6。

表 2.6　资源约束下基于 Hirschman – Rasmussen 垂直联系视角核心产业的界定

		农林牧渔业	采矿业	制造业	电力、燃气及水的生产和供应业	建筑业	服务业
无约束	前向联系	0.7124	0.5268	2.6100	0.5857	0.3245	1.6755
	后向联系	1.1378	1.0373	1.1662	1.0859	1.1544	1.0612
约束 1	前向联系	0.8057	0.6660	2.9069	0.7305	0.4301	1.8107
	后向联系	0.7953	1.0399	1.1797	1.1370	1.0462	1.0036
约束 2	前向联系	0.7399	0.5561	2.6755	0.6149	0.3465	1.6926
	后向联系	1.1561	1.0380	1.1733	1.0833	1.1260	0.9911
约束 3	前向联系	0.8398	0.7037	2.9908	0.7683	0.4585	1.8345
	后向联系	0.8064	1.0408	1.1884	1.1356	1.0104	0.9213
约束 4	前向联系	0.7170	0.5373	2.6314	0.5970	0.3325	1.6893
	后向联系	1.0305	1.0535	1.1775	1.1034	1.1689	1.0760
约束 5	前向联系	0.8467	0.7182	3.0207	0.7839	0.4696	1.8527
	后向联系	0.6768	1.0599	1.2020	1.1567	1.0255	0.9367

由表 2.6 可知，五种资源约束对六个部门前向联系的影响均不显著：无资源约束时，仅仅只有制造业和服务业的前向联系大于 1；存在资源约束时，仍然只是制造业和服务业的前向联系大于 1。然而，不同资源约束对于后向联系的影响存在差异：①当非熟练劳动力供给不足时，农林牧渔业的后向联系受到了较大负面影响，其后向联系由 1.1378 变为 0.7953，此时农林牧渔业变成弱势行业，核心产业仍然为制造业和服务业；②当熟练劳动力供给不足时，服务业的后向联系由 1.0612 变为 0.9911。此时仅制造业的后向联系与前向联系同时大于 1，即仅制造业为核心产业；③当同时存在非熟练劳动力与熟练劳动力的供给不足时，农林牧渔业与服务业后向联系同时受到较大负面影响，其后向联系均变为小于 1 的值，此时仅制造业为核心产业；④土地约束对后向联系没

有本质性影响，从而也未改变核心产业的构成；⑤当同时存在非熟练劳动力、熟练劳动力、土地约束时，仅制造业为核心产业。

（2）资源约束下核心产业的选择：基于加权垂直联系

表2.7 资源约束下基于加权垂直联系视角核心产业的界定

		农林牧渔业	采矿业	制造业	电力、燃气及水的生产和供应业	建筑业	服务业
无约束	加权前向联系	0.5205	0.3358	3.4596	0.3716	0.1815	1.9062
	加权后向联系	1.0503	0.9806	1.5037	1.0291	1.2560	1.1591
约束1	加权前向联系	0.5439	0.4030	4.0294	0.4364	0.2331	2.1126
	加权后向联系	0.7417	0.9660	1.6145	1.0546	1.1966	1.1406
约束2	加权前向联系	0.5345	0.3518	3.5993	0.3857	0.1936	1.9433
	加权后向联系	1.0596	0.9777	1.5296	1.0237	1.2395	1.1093
约束3	加权前向联系	0.5606	0.4235	4.2080	0.4546	0.2487	2.1620
	加权后向联系	0.7470	0.9627	1.6442	1.0491	1.1780	1.0864
约束4	加权前向联系	0.5201	0.3397	3.4917	0.3757	0.1845	1.9207
	加权后向联系	0.9726	0.9910	1.5182	1.0404	1.2682	1.1715

续表

		农林牧渔业	采矿业	制造业	电力、燃气及水的生产和供应业	建筑业	服务业
约束5	加权前向联系	0.5604	0.4283	4.2484	0.4595	0.2525	2.1796
	加权后向联系	0.6641	0.9735	1.6602	1.0611	1.1903	1.0988

由表2.7可知，五种资源约束对六个部门加权前向联系的影响均不显著：无资源约束时，仅仅只有制造业和服务业的加权前向联系大于1；存在资源约束时，仍然只是制造业和服务业的加权前向联系大于1。然而，不同资源约束对于加权后向联系的影响存在差异：当存在非熟练劳动力或土地约束时，加权后向联系的值变为小于1的值；当仅存在熟练劳动力约束时，加权后向联系受到的影响不显著；当同时存在非熟练劳动力、熟练劳动力、土地约束时，农林牧渔业加权后向联系受到较大负面影响，其值变为小于1的值。尽管五种资源约束会对加权后向联系产生一定的影响，但并未改变核心产业的格局，即制造业和服务业仍然为核心产业。

由上述分析可知，基于不同垂直联系定义时，核心产业界定的结果有所不同。然而，在两种情形下制造业的后向联系与前向联系始终大于1，即制造业始终为核心产业。截至目前，上述分析考虑的是SAM表被分为六大部门时的核心产业选择问题。接下来，将分析SAM被细分为56个行业时核心产业的选择。

（3）资源约束下Hirschman-Rasmussen垂直联系与加权垂直联系的比较

图2.11显示的是SAM被细分为56个行业时核心产业的选择。其中，上图显示的是基于Hirschman-Rasmussen垂直联系定义的核心产业，而下图显示的是基于加权垂直联系定义的核心产业，并且两个图均考虑了非熟练劳动力、熟练劳动力，以及土地约束。

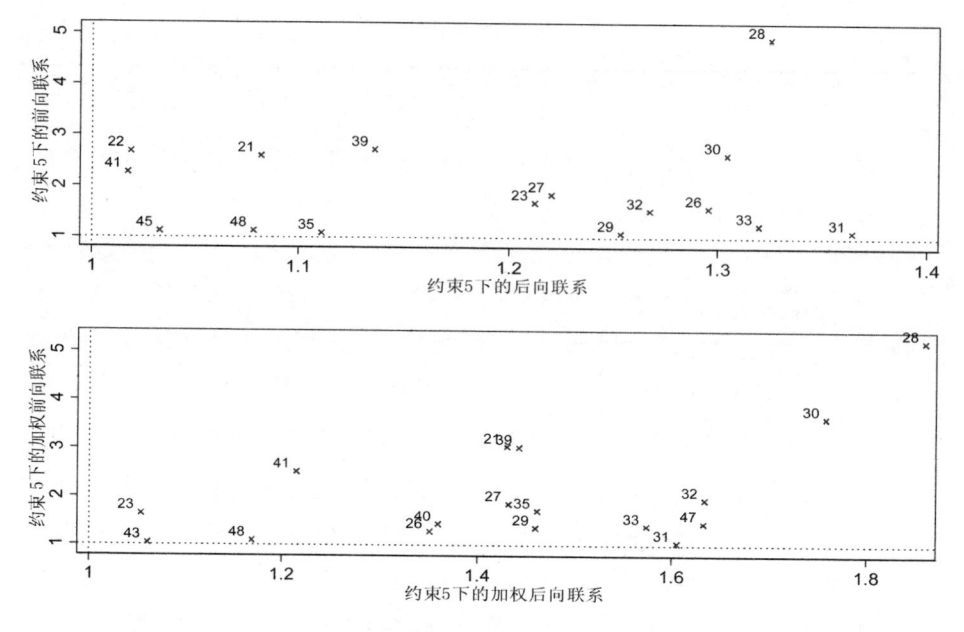

图 2.11　资源供给约束 5 下核心产业的界定

由图 2.11 可知,基于 Hirschman – Rasmussen 垂直联系定义的核心产业有 16 个:采矿业,食品制造及烟草加工业,纺织业,造纸印刷及文教用品制造业,石油加工、炼焦及核燃料加工业,化学工业,非金属矿物制品业,金属冶炼及压延加工业,金属制品业,通用、专用设备制造业,交通运输设备制造业,通信设备、计算机及其他电子设备制造业,电力、燃气及水的生产和供应业,交通运输及仓储业,住宿和餐饮业,租赁和商务服务业。基于加权垂直联系定义的核心产业有 17 个:采矿业,纺织业,造纸印刷及文教用品制造业,石油加工、炼焦及核燃料加工业,化学工业,非金属矿物制品业,金属冶炼及压延加工业,金属制品业,通用、专用设备制造业,交通运输设备制造业,通信设备、计算机及其他电子设备制造业,电力、燃气及水的生产和供应业,建筑业,交通运输及仓储业,信息传输、计算机服务和软件业,房地产业,租赁和商务服务业。显然,基于不同垂直联系定义的核心产业范围略有不同。然而,两者的相似点在于,所有核心产业均分布于第二、第三产业(服务业),且主要以制造业和服务业为主。

需要指出的是,由 2.2.2 节分析可知,当存在资源约束时,不同行业间关联性会被削弱,即不同行业间的交互作用在存在资源供给约束时会减弱。然而，图 2.11 的结果显示，当同时存在非熟练劳动力、熟练劳动力和土地约束时，核心产业的数量比无约束时多。显然，上述资源供给约束下的垂直联系指标存在一定缺陷，即无法体现出行业间关联性削弱的影响。因此，有必要对资源供给约束下由方程（2.13）~（2.16）定义的垂直联系指标进行修正。

（4）资源约束下基于修正后垂直联系指标的核心产业界定

为了使得存在资源约束与不存在资源约束时的垂直联系指标具有可比性，对方程（2.13）~（2.16）定义的指标修正如下

$$BL_i'' = mM_{\cdot i}' / V \qquad (2.17)$$
$$FL_i'' = mM_{i \cdot}' / V \qquad (2.18)$$

其中，BL_i'' 和 FL_i'' 分别表示存在资源供给约束时 i 部门修正后的 Hirschman – Rasmussen 后向联系与前向联系；为标准乘数矩阵所有元素之和；和分别为混合乘数矩阵的 i 行和与 j 列和。

类似的，可以定义存在资源供给约束时 i 部门修正后的加权后向联系（WBL_i''）与加权前向联系指标（WFL_i''）如下：

$$WBL_i'' = mWM_{\cdot i}' / WVB \qquad (2.19)$$
$$WFL_i'' = mWM_{i \cdot}' / WVF \qquad (2.20)$$

其中，$WM_{i\cdot}' = \sum_k a_k M_{ik}'$，$WM_{\cdot j}' = \sum_k a_k M_{kj}'$，$WVB = \sum_i \sum_j a_i M_{ij}$，$WVF = \sum_i \sum_j a_j M_{ij}$。$a_i$ 为 i 部门产出在所有内生账户加总中所占的比重。

经过修正后的指标考虑到了资源供给约束对行业间关联度的影响，故与不存在资源供给约束时的结果具有可比性。

表 2.8 资源约束下修正后六大部门 Hirschman – Rasmussen 前向联系、后向联系

		农林牧渔业	采矿业	制造业	电力、燃气及水的生产和供应业	建筑业	服务业
无约束	前向联系	0.7124	0.5268	2.6100	0.5857	0.3245	1.6755
	后向联系	1.1378	1.0373	1.1662	1.0859	1.1544	1.0612
约束 1	前向联系	0.5934	0.4905	2.1411	0.5381	0.3168	1.3337
	后向联系	0.5858	0.7659	0.8689	0.8375	0.7706	0.7392

续表

		农林牧渔业	采矿业	制造业	电力、燃气及水的生产和供应业	建筑业	服务业
约束2	前向联系	0.6880	0.5170	2.4877	0.5717	0.3222	1.5738
	后向联系	1.0749	0.9651	1.0910	1.0073	1.0470	0.9215
约束3	前向联系	0.5772	0.4836	2.0557	0.5281	0.3152	1.2609
	后向联系	0.5543	0.7153	0.8168	0.7805	0.6944	0.6332
约束4	前向联系	0.6982	0.5233	2.5624	0.5814	0.3238	1.6450
	后向联系	1.0035	1.0259	1.1467	1.0745	1.1382	1.0477
约束5	前向联系	0.5674	0.4813	2.0244	0.5253	0.3147	1.2416
	后向联系	0.4536	0.7103	0.8055	0.7752	0.6873	0.6277

表2.8显示的是存在资源约束时修正后的六大部门Hirschman – Rasmussen后向联系与前向联系。由表2.8可知，存在资源供给约束时修正后的前向联系与后向联系均小于无约束时的情形，这一结果显然更为合理。同时，不同资源约束对核心产业的影响程度存在一定差异：①当非熟练劳动力供给不足时，所有部门后向联系均变为小于1的值，此时不存在核心产业；②当熟练劳动力供给不足时，仅制造业为核心产业；③当同时存在非熟练劳动力与熟练劳动力供给不足时，不存在核心产业；④当土地供给不足时，制造业和服务业仍然为核心产业；⑤当同时存在非熟练劳动力、熟练劳动力与土地供给约束时，不存在核心产业。

表 2.9 资源约束下修正后六大部门加权前向联系、后向联系

		农林牧渔业	采矿业	制造业	电力、燃气及水的生产和供应业	建筑业	服务业
无约束	加权前向联系	0.5205	0.3358	3.4596	0.3716	0.1815	1.9062
	加权后向联系	1.0503	0.9806	1.5037	1.0291	1.2560	1.1591
约束 1	加权前向联系	0.4061	0.3009	3.0087	0.3258	0.1741	1.5774
	加权后向联系	0.5725	0.7457	1.2464	0.8141	0.9238	0.8805
约束 2	加权前向联系	0.4943	0.3253	3.3286	0.3567	0.1790	1.7971
	加权后向联系	0.9997	0.9224	1.4430	0.9657	1.1694	1.0465
约束 3	加权前向联系	0.3884	0.2934	2.9152	0.3149	0.1723	1.4978
	加权后向联系	0.5474	0.7055	1.2049	0.7688	0.8632	0.7961
约束 4	加权前向联系	0.5101	0.3332	3.4248	0.3685	0.1810	1.8839
	加权后向联系	0.9544	0.9724	1.4897	1.0209	1.2444	1.1495
约束 5	加权前向联系	0.3818	0.2918	2.8941	0.3131	0.1720	1.4848
	加权后向联系	0.4789	0.7020	1.1972	0.7652	0.8583	0.7924

表2.9显示的是存在资源供给约束时修正后的加权后向联系与前向联系。由表2.9可知,存在资源约束时修正后的加权前向联系与后向联系均小于无资源约束时的情形。同时,不同资源约束对核心产业的影响程度存在一定差异：①当存在非熟练劳动力约束时,仅制造业为核心产业；②熟练劳动力或土地约束的存在并未改变核心产业的格局,即制造业和服务业仍然为核心产业；③当同时存在非熟练劳动力、熟练劳动力与土地供给约束时,仅制造业为核心产业。

（5）基于湖北SAM核心产业界定的进一步解析

上述分析是基于中国2007年SAM表。接下来,本章将基于湖北省2007年SAM表,从垂直联系视角界定湖北省产业升级的核心产业。具体而言,本章使用的湖北SAM表包含农林牧渔业、采矿业、制造业、电水气生产供应业、建筑业、经营服务业、公共服务业七个活动与商品部门；生产要素包含劳动力与资本。内生账户包含活动、商品、劳动力、资本、企业与居民账户；外生账户包含政府、所得税、生产税、进口关税、储蓄投资、存货变动与国外账户。具体划分见表2.10。

表2.10　湖北SAM表内生账户与外生账户的划分

账户属性		构成
内生账户	活动	农林牧渔业（AAGR）、采矿业（AMIN）、制造业（AMANU）、电水气生产供应业（AHGW）、建筑业（ACNST）、经营服务业（ASER1）、公共服务业（ASER2）
	商品	农林牧渔业（CAGR）、采矿业（CMIN）、制造业（CMANU）、电水气生产供应业（CHGW）、建筑业（CCNST）、经营服务业（CSER1）、公共服务业（CSER2）
	劳动力	劳动力（LAB）
	资本	资本（CAP）
	企业	企业（ENT）
	居民	居民（HH）
外生账户	政府	政府（gov）,所得税（ytax）,生产税（atax）,进口关税（tar）
	资本账户	储蓄投资（s－i）,存货变动（dstk）
	国外	国外（row）

接下来，本节将分别考察无约束与存在资源约束时核心产业的界定。具体而言，本节将只考虑两种类型的资源约束，即劳动力约束与资本约束。并比较上述约束对于核心产业界定的影响。由于 Hirschman-Rasmussen 垂直联系指标未考虑不同部门在国民经济中的相对重要性，本节将使用 Cuello 等（1992）构建的加权后向与前向联系指标及其修正进行核心产业的界定，见表 2.11。具体而言，表 2.11 中无约束下加权前后向联系的定义见方程（2.10）与（2.11）；存在资源供给约束下加权前后向联系的定义见方程（2.15）与（2.16）；存在资源供给约束下修正后加权前后向联系的定义见方程（2.19）与（2.20）。

表 2.11　资源约束下七大部门加权前向联系、后向联系

		农林牧渔业	采矿业	制造业	电水气生产供应业	建筑业	经营服务业	公共服务业
无约束	加权前向联系	0.6961	0.0938	3.1789	0.2003	0.7585	1.3673	0.8635
	加权后向联系	1.0346	0.9676	1.0515	0.9953	0.9990	1.0751	1.0733
劳动力约束	加权前向联系	0.4092	0.0190	6.8038	0.0738	0.4223	1.3581	0.7073
	加权后向联系	0.6340	0.9348	1.1860	0.9794	0.9923	0.9804	0.7088
资本约束	加权前向联系	0.3864	0.0142	6.3055	0.0631	0.2505	1.2724	0.6024
	加权后向联系	0.9457	0.8321	1.1161	0.6834	1.0902	0.8571	0.9870
劳动力约束	修正后加权前向联系	0.1951	0.0091	3.2443	0.0352	0.2014	0.6476	0.3373
	修正后加权后向联系	0.3149	0.4643	0.5890	0.4864	0.4928	0.4869	0.3520

续表

		农林牧渔业	采矿业	制造业	电水气生产供应业	建筑业	经营服务业	公共服务业
资本约束	修正后加权前向联系	0.2673	0.0099	4.3614	0.0436	0.1733	0.8801	0.4167
	修正后加权后向联系	0.3675	0.3234	0.4338	0.2656	0.4237	0.3331	0.3836

从表2.11可知，当不存在资源供给约束时，制造业与经营性服务业为湖北省的核心产业。当存在劳动力或资本供给约束时，核心产业的范围会缩小，最终仅限于制造业部门。显然，这一结果与全国范围中国SAM表分析得到的结论基本一致。

简而言之，本小节分析了资源供给约束对垂直联系定义下核心产业的影响。结果表明，资源供给约束的存在会对核心产业的决定产生一定程度的影响，然而，不同类型的资源供给约束对核心产业的影响存在一定差异。资源供给约束的存在，会削弱不同部门间的关联性，故资源约束下修正后的前向联系与后向联系值均小于无约束时的情形。同时，随着资源约束条件的增加，核心产业的数量也大致呈逐渐减少的态势。

截至目前为止，本章探讨了存在资源约束时中国核心产业的界定。接下来，本章将运用投入产出分析法建立了符合能耗降低目标的主导产业测度指标。

四、基于能耗利用率视角核心产业的构建

1. 基于投入产出模型核心产业的界定

在投入产出模型中，直接消耗系数定义如下：

$$a_{ij} = \frac{X_{ij}}{X_j} \quad (i, j = 1, 2, \cdots, n) \tag{2.21}$$

a_{ij}的经济意义为：第部门生产单位产品直接消耗第部门的产品的数量。该

投入产出表中有 n 种产品,即可得到 n 行分配系数,形成一个 n 阶方阵,这就是直接消耗系数矩阵 A_n:

$$A_n = \begin{pmatrix} a_{11} & \cdots & a_1n \\ \vdots & \vdots & \vdots \\ a_{n1} & \cdots & a_{nm} \end{pmatrix} \quad (2.22)$$

在投入产出模型中,标准乘数矩阵 M 为

$$M = (I - A_n)^{-1} \quad (2.23)$$

令 V 表示乘数矩阵 M 所有元素之和,即

$$V = \sum_i \sum_j M_{ij} \quad (2.24)$$

其中,M_{ij} 表示乘数矩阵 M 的 i 行、j 列元素。令 $M_i.$ 和 $M._j$ 分别表示乘数矩阵 M 的 i 行和与 j 列和,则部门 i 的 Hirschman – Rasmussen 后向联系可定义为

$$BL_i = nM._j / V \quad (2.25)$$

部门 i 的 Hirschman – Rasmussen 前向联系可定义为

$$FL_i = nM_i. / V \quad (2.26)$$

其中,n 为投入产出表中的行业总数 n。根据核心产业定义,当 i 行业的后向联系与垂直联系同时大于 1 时,该行业即为核心产业。

需要指出的是,上述后向联系与前向联系的定义并未考虑各行业的能耗利用率。因此,本章将基于能耗利用率,构建加权后向联系(WBL)与加权前向联系指标(WFL)如下:

$$WBL_i = nWM._j / WVB \quad (2.27)$$

$$WFL_i = nWM_i. / WVF \quad (2.28)$$

其中,$WM_i. = \sum_k a_k M_{ik}$, $WM._j = \sum_k a_k M_{kj}$, $WVB = \sum_i \sum_j a_i M_{ij}$, $WVF = \sum_i \sum_j a_j M_{ij}$。$a$ 为 i 部门基于能耗利用率的权重。因此,基于能耗利用率视角的核心产业定为为:当 i 行业的加权后向联系与加权前向联系同时大于 1 时,该行业即为核心产业。很显然,由于方程(2.27)和(2.28)定义的加权后向联系与加权前向联系指标考虑了能耗因素,故既考虑了对整体经济的推动作用,也考虑了可持续发展的可能性。

2. 1995~2009 历年中国投入产出表

本节使用的 1995~2009 年中国投入产出表来源于由欧盟资助的世界投入产出数据库。在该系列投入产出表中,中国的生产部门被划分为 35 个部门,

然而，考虑到"雇人的私人住户"与"摩托车的销售、维护与修理"两个部门与其它经济主体未发生任何关联，本章将仅仅考虑33个部门的情形，部门划分具体见表2.12。

由表2.12可知，第一产业包含农、林、牧、渔业一个部门；第二产业包括采掘业，食品、饮料与烟草制造业等17个部门；第三产业包括批发业、零售业、住宿和餐饮业等15个部门。

表2.12　1995~2009历年中国投入产出表中行业的构成

三大产业	行业构成
第一产业	农、林、牧、渔业
第二产业	采掘业；食品、饮料与烟草制造业；纺织原料及纺织制品；皮革和制鞋业；木材、木材与软木制品；造纸、印刷与出版；石油加工、炼焦及核燃料加工业；化学原料及化学制品制造业；橡胶与塑料制品业；其它非金属矿物制品业；基本金属与金属制品；其它机械制造；电气和光学设备；交通运输设备制造业；其它制造业与废弃物回收加工业；电力、燃气与水的生产和供应业；建筑业
第三产业	批发业；零售业；住宿和餐饮业；内陆运输业；水上运输业；航空运输业；交通运输辅助业及旅行社服务业；邮政和电信业；金融业；房地产业；租赁和商务服务业；公共管理、国防及强制性社会保障；教育；卫生与社会服务；其它团体、社会与个人服务

为了测算历年不同行业的能耗利用率，本章采用了世界投入产出数据库提供了历年分行业能源使用数据。该数据集提供了中国不同年份分行业的能耗数据。通过该数据与投入产出表中的分行业产出数据，就可以测算不同行业的能耗利用率——在本书中定义为单位能耗的产出。基于此能耗利用率，就可测算出i部门基于能耗利用率的权重。较高的权重意味着该部门的能耗利用率相对较高。以2009年为例，基于能耗利用率的权重排名前10的行业分别为房地产业、金融业、电气和光学设备、批发业、皮革和制鞋业、邮政和电信业、交通运输设备制造业、租赁和商务服务业、零售业、其它机械制造。从这一数据可知，2009年我国能耗利用率相对较高的行业主要集中在服务业与制造业。

3. 能耗利用率视角核心产业的界定

表2.13显示的是1995~2009年中国历年核心产业的构成。其中，第二列表示的是常规垂直联系定义下核心产业的分布，第三列表示的是考虑能耗率因

素后核心产业的分布。通过对两种情形下核心产业的分布对比,就可以甄别能耗率因素对核心产业构成的影响。

表 2.13 1995～2009 历年中国核心产业的构成

年份	常规垂直联系定义下的核心产业	基于能耗率视角的核心产业
1995	电气和光学设备;交通运输设备制造业;基本金属与金属制品;石油加工、炼焦及核燃料加工业;橡胶与塑料制品业;其它非金属矿物制品业;其它机械制造;纺织原料及纺织制品;化学原料及化学制品制造业;造纸、印刷与出版;食品、饮料与烟草制造业	住宿和餐饮业;电气和光学设备;皮革和制鞋业;租赁和商务服务业;房地产业;邮政和电信业;金融业;建筑业;批发业
1996	化学原料及化学制品制造业;基本金属与金属制品;石油加工、炼焦及核燃料加工业;其它机械制造;食品、饮料与烟草制造业;其它非金属矿物制品业;橡胶与塑料制品业;造纸、印刷与出版;电气和光学设备;纺织原料及纺织制品	皮革和制鞋业;房地产业;住宿和餐饮业;金融业;批发业;租赁和商务服务业;电气和光学设备
1997	电气和光学设备;橡胶与塑料制品业;纺织原料及纺织制品;石油加工、炼焦及核燃料加工业;其它机械制造;食品、饮料与烟草制造业;造纸、印刷与出版;化学原料及化学制品制造业;基本金属与金属制品;其它非金属矿物制品业	房地产业;金融业;电气和光学设备;批发业;住宿和餐饮业;租赁和商务服务业;皮革和制鞋业
1998	基本金属与金属制品;橡胶与塑料制品业;其它非金属矿物制品业;造纸、印刷与出版;电气和光学设备;交通运输设备制造业;纺织原料及纺织制品;石油加工、炼焦及核燃料加工业;化学原料及化学制品制造业;其它机械制造;食品、饮料与烟草制造业	批发业;皮革和制鞋业;房地产业;住宿和餐饮业;金融业;电气和光学设备;租赁和商务服务业;
1999	食品、饮料与烟草制造业;纺织原料及纺织制品;其它非金属矿物制品业;交通运输设备制造业;化学原料及化学制品制造业;橡胶与塑料制品业;石油加工、炼焦及核燃料加工业;造纸、印刷与出版;其它机械制造;电气和光学设备;基本金属与金属制品	租赁和商务服务业;金融业;房地产业;其它机械制造;电气和光学设备;皮革和制鞋业;住宿和餐饮业;批发业

续表

年份	常规垂直联系定义下的核心产业	基于能耗率视角的核心产业
2000	其它非金属矿物制品业；食品、饮料与烟草制造业；电气和光学设备；交通运输设备制造业；化学原料及化学制品制造业；其它机械制造；基本金属与金属制品；造纸、印刷与出版；橡胶与塑料制品业；纺织原料及纺织制品	金融业；电气和光学设备；住宿和餐饮业；其它机械制造；皮革和制鞋业；租赁和商务服务业；房地产业；批发业
2001	基本金属与金属制品；其它非金属矿物制品业；其它机械制造；纺织原料及纺织制品；电气和光学设备；石油加工、炼焦及核燃料加工业；造纸、印刷与出版；橡胶与塑料制品业；交通运输设备制造业；化学原料及化学制品制造业；食品、饮料与烟草制造业	皮革和制鞋业；租赁和商务服务业；其它机械制造；房地产业；住宿和餐饮业；电气和光学设备；金融业；邮政和电信业；交通运输设备制造业；批发业；
2002	化学原料及化学制品制造业；橡胶与塑料制品业；其它机械制造；造纸、印刷与出版；食品、饮料与烟草制造业；电气和光学设备；基本金属与金属制品；石油加工、炼焦及核燃料加工业；交通运输设备制造业；纺织原料及纺织制品	皮革和制鞋业；金融业；房地产业；住宿和餐饮业；批发业；其它机械制造；邮政和电信业；电气和光学设备；交通运输设备制造业；租赁和商务服务业
2003	造纸、印刷与出版；交通运输设备制造业；电气和光学设备；纺织原料及纺织制品；食品、饮料与烟草制造业；橡胶与塑料制品业；基本金属与金属制品；化学原料及化学制品制造业；其它机械制造	交通运输设备制造业；邮政和电信业；电气和光学设备；住宿和餐饮业；皮革和制鞋业；金融业；房地产业；批发业；租赁和商务服务业；其它机械制造
2004	食品、饮料与烟草制造业；橡胶与塑料制品业；交通运输设备制造业；电气和光学设备；电力、燃气与水的生产和供应业；其它机械制造；化学原料及化学制品制造业；造纸、印刷与出版；纺织原料及纺织制品；基本金属与金属制品	金融业；交通运输设备制造业；租赁和商务服务业；电气和光学设备；邮政和电信业；其它机械制造；批发业；房地产业；皮革和制鞋业

续表

年份	常规垂直联系定义下的核心产业	基于能耗率视角的核心产业
2005	电气和光学设备；纺织原料及纺织制品；基本金属与金属制品；造纸、印刷与出版；食品、饮料与烟草制造业；化学原料及化学制品制造业；交通运输设备制造业；橡胶与塑料制品业；其它机械制造；电力、燃气与水的生产和供应业	电气和光学设备；批发业；邮政和电信业；皮革和制鞋业；房地产业；租赁和商务服务业；交通运输设备制造业；金融业；零售业；其它机械制造
2006	交通运输设备制造业；橡胶与塑料制品业；其它机械制造；电气和光学设备；纺织原料及纺织制品；电力、燃气与水的生产和供应业；造纸、印刷与出版；化学原料及化学制品制造业；食品、饮料与烟草制造业；基本金属与金属制品	批发业；交通运输设备制造业；皮革和制鞋业；零售业；租赁和商务服务业；其它机械制造；电气和光学设备；金融业；房地产业；
2007	其它机械制造；电气和光学设备；橡胶与塑料制品业；交通运输设备制造业；食品、饮料与烟草制造业；造纸、印刷与出版；化学原料及化学制品制造业；电力、燃气与水的生产和供应业；纺织原料及纺织制品；基本金属与金属制品	其它机械制造；电气和光学设备；金融业；房地产业；交通运输设备制造业；批发业；皮革和制鞋业；租赁和商务服务业
2008	化学原料及化学制品制造业；交通运输设备制造业；纺织原料及纺织制品；食品、饮料与烟草制造业；其它机械制造；基本金属与金属制品；电气和光学设备；木材、木材与软木制品；造纸、印刷与出版；橡胶与塑料制品业；电力、燃气与水的生产和供应业	交通运输设备制造业；租赁和商务服务业；金融业；皮革和制鞋业；其它机械制造；房地产业；电气和光学设备；批发业
2009	纺织原料及纺织制品；造纸、印刷与出版；其它机械制造；电力、燃气与水的生产和供应业；基本金属与金属制品；交通运输设备制造业；橡胶与塑料制品业；化学原料及化学制品制造业；食品、饮料与烟草制造业；电气和光学设备	皮革和制鞋业；纺织原料及纺织制品；其它机械制造；租赁和商务服务业；交通运输设备制造业；金融业；批发业；电气和光学设备；房地产业

由表 2.13 可知，当不考虑能耗率因素时，1995～2009 年期间，常规垂直联系定义下的中国核心产业分布于第二产业，并且主要是制造业中的行业。以

1995年为例，11个核心产业均为制造业部门：即其它非金属矿物制品业，电气和光学设备，交通运输设备制造业，基本金属与金属制品，石油加工、炼焦及核燃料加工业，橡胶与塑料制品业，其它机械制造，纺织原料及纺织制品，化学原料及化学制品制造业，造纸、印刷与出版，食品、饮料与烟草制造业。类似的，常规定义下2009年的核心产业为第二产业中的电力、燃气与水的生产和供应业与九个制造业部门。换句话说，常规垂直联系定义下的核心产业主要是制造业。

然而，当从能耗率视角考察中国的核心产业时，核心产业的构成发生了显著变化。从表2.13的第三列可知，1995~2009年期间基于能耗率视角的核心产业以服务业部门和部分制造业部门为主。以2009年为例，根据常规垂直联系定义，造纸、印刷与出版，电力、燃气与水的生产和供应业，基本金属与金属制品，橡胶与塑料制品业，化学原料及化学制品制造业，食品、饮料与烟草制造业均为核心产业。然而，当引入能耗率因素之后，由于这些行业的能耗效率较低，故修正之后的核心产业中这些行业均被排除在外。与此同时，修正后的核心产业中包含了租赁和商务服务业、金融业、批发业、房地产业等服务业以及皮革和制鞋业。

简而言之，当考虑能耗利用率因素之后，中国的核心产业将不仅仅局限于制造业，服务业将扮演着日益重要的角色。基本金属与金属制品，橡胶与塑料制品业，化学原料及化学制品制造业，食品、饮料与烟草制造业等行业虽然对经济整体带动作用显著，然而，一旦考虑到其高能耗，这些行业将不再是可持续核心产业的最优选择。

五、小结

本章利用社会核算矩阵（SAM）和投入产出乘数分析方法，通过测度不同产业间的关联性，试图解构资源约束和能耗率视角下升级中国产业结构的核心产业。

基于SAM乘数理论行业间关联性的分析表明，农林牧渔业、制造业、服务业三者之间存在着行业关联性。任何一个行业需求的扩张都会对其它行业产生影响。然而，由于不同行业的后向联系与前向联系存在差异，不同行业的交互影响程度存在不对称性：（1）制造业、服务业、农林牧渔业受到其它部门外生影响的程度逐渐减弱，这主要是由制造业、服务业、农林牧渔业三者的前向联系依次减弱所致；（2）制造业、农林牧渔业、服务业对其它行业的拉动作用依次减弱，这主要是由制造业、农林牧渔业、服务业三者的后向联系依次减弱所致。

进一步的，当存在劳动力、土地要素的供给约束时，农林牧渔业、制造业、服务业三者的关联性会减弱。并且，随着约束条件数量增加，农林牧渔业、制造业、服务业三者的关联性会逐渐减弱。非熟练劳动力约束对总体影响的负面影响要大于熟练劳动力约束。这反映出当前中国产业结构水平不高的现状，即不同产业间的联系主要是通过非熟练劳动力相关联。进一步的分析表明，非熟练劳动力供给不足会极大削弱通过农林牧渔业拉动服务业和制造业，以及通过服务业拉动农林牧渔业的效果；熟练劳动力供给不足会极大削弱通过服务业拉动农林牧渔业的效果；土地资源不足会极大削弱通过农林牧渔业拉动制造业和服务业的效果。

本章从三个层面界定解构核心产业的基准：（1）后向联系与前向联系同时大于1的行业；（2）对熟练劳动力与非熟练劳动力的影响均大于行业中位数的行业；（3）对农村居民与城市居民的总体影响均大于行业中位数的行业。接着，利用社会核算矩阵乘数分析方法，通过无资源供给约束和引入资源供给约束的对比分析，构建资源约束下升级中国产业结构的核心产业。比较分析得到的结论如下：

在理想假设条件下（即不存在资源供给约束），根据核心产业的第一类基准定义，基于 Hirschman – Rasmussen 垂直联系确定的核心产业均属于制造业部门；采用 Cuello 等构建的加权垂直联系确定的核心产业包括了第二、第三产业（即服务业）的相关部门，且主要以第二产业中的制造业为主。根据核心产业的第二类基准定义，对非熟练劳动力总体影响与直接影响最大的部门均为农产品部门，对熟练劳动力总体影响与直接影响最大的部门主要是服务业的相关部门，此时，核心产业包括了林业，木材及竹材采运业，农、林、牧、渔服务业，建筑业，邮政业，批发和零售贸易业，公共管理和社会组织等部门。根据核心产业的第三类基准定义，对农村居民影响最大的10个行业均为农产品部门，对城市居民收入影响最大的部门主要集中在服务业，此时，核心部门为农、林、牧、渔服务业，食品制造及烟草加工业，纺织业，服装皮革羽绒及其制品业，建筑业，邮政业，批发和零售贸易业，住宿和餐饮业，公共管理和社会组织。

上述结论的政策含义在于，当不存在资源约束时，政府基于不同政策目标需要关注的行业有所不同：（1）如果政府的目标是带动整体经济的增长，则应关注第二、第三产业，且应重点关注制造业；（2）如果目标为促进非熟练劳动力就业，则应考虑农产品部门；（3）如果目标为促进熟练劳动力就业，则应考虑服务业相关部门；（4）如果目标为同时促进非熟练劳动力与熟练劳动力就业，则应考虑林业，木材及竹材采运业，农、林、牧、渔服务业，建筑业，邮政业，批发和零售贸易业，公共管理和社会组织等部门；（5）如果政府目标为促进农村居民增收，则应考虑农产品部门；（6）如果目标为促进城市居民增收，应考虑服务业部门；（7）如果目标为同时促进城市居民与农村居民收入，则应考虑农、林、牧、渔服务业，食品制造及烟草加工业，纺织业，服装皮革羽绒及其制品业，建筑业，邮政业，批发和零售贸易业，住宿和餐饮业，公共管理和社会组织等部门。

进一步放弃理想假设条件，并引入五类资源供给约束的分析表明，基于不同垂直联系的定义，资源约束对核心产业界定的影响存在一定差异。同时，为了使存在资源约束与无资源约束时的垂直联系指标具有可比性，本章对存在资源约束时的垂直联系指标进行了修正。修正后的结果表明，存在资源约束时修正后的前向联系与后向联系均小于无约束时的情形。换句话说，根据修正后的垂直联系指标，随着资源约束条件的增加，核心产业的数量将呈逐渐减少的趋势。其政策含义如下：选择主导产业，必须要考虑资源约束的影响，否则会产生政策上的误导。不同类型的资源约束对各产业的影响存在一定差异，因此，当政府面临不同类型的资源约束时，理性选择主导产业显得尤为必要。同时，随着劳动力、土地等资源的匮乏，中国高能耗、高投入的发展模式不具有可持续性。资源的短缺会导致主导产业影响力与范围的缩减，从而削弱政府试图通过鼓励特定产业发展带动整体经济的效果。

当考虑能耗利用率因素之后，核心产业中制造业部门数量减少、服务业部门数量增加。这一结论的政策含义在于，如果考虑到低能耗的可持续发展因素，金融业、批发业、房地产业等服务业以及电气和光学设备、交通运输设备制造等制造业将是需要关注的核心产业。

本章对于现有文献的贡献在于：（1）过去对核心产业的界定通常只是考虑垂直联系指标，而本章则进一步拓展了核心产业的内涵，进一步考虑了对劳动力就业和居民增收两方面的影响；（2）本章对核心产业的界定考虑了资源环境约束与能耗率因素，并从垂直联系视角分析了上述两个因素对核心产业界定的影响；（3）本章在 SAM 乘数和投入产出框架下引入资源约束与能耗因素，这保留了原始指标的信息，从而确保了所构建核心产业指标的直观性与可比性。

当然，本章的分析也存在一定的局限性，即在探讨资源供给约束对核心产业界定的影响时，仅仅考虑了垂直联系指标，而未考虑资源约束对基于劳动力就业和居民增收核心产业界定的影响。这将是本研究今后需要考虑的方向。

第三章

外商直接投资、中国经济增长与产业结构变动的分析

一、FDI 与中国经济增长的因果关系：基于 Bootstrap 方法的检验

外商直接投资（FDI）与东道国经济增长的联系一直是引人关注的话题。由于中国是发展中国家中吸引外商直接投资最多的国家，考察中国外商直接投资的研究层出不穷（Chen and Fleisher，1996；Wang and Swain，1997；Sun and Tipton，1998）。那么，外商直接投资与中国经济增长之间又是何种关系呢？基于 Toda 和 Yamamoto（1995）的向量自回归（VAR）法，Shan 等人（1999）考察了外商直接投资与中国经济增长的关系，并指出，外商直接投资与中国经济增长间存在着双向的因果关系。然而，Toda 和 Yamamoto（1995）的 VAR 方法是建立在误差项服从白噪声的假定上。如果该假设无法满足，检验统计量的有效性将令人怀疑。有鉴于此，苏桇芳和胡日东（2007）采用 Mantalos（2000）提出的修正格兰杰因果检验法考察了两者的关系。该研究表明，外商直接投资与中国经济增长之间存在着双向的因果关系。

需要指出的是，苏桇芳和胡日东（2007）的研究还存在改进余地：（1）在其研究中，他们使用国内生产总值（GDP）指标来衡量中国经济水平，然而，GDP 指标是反映经济活动水平的地域性概念，并不能够精确反映一个国家真实的经济状况，GDP 包含了外国公司在本国创造的收入，而这些收入最终要流入外国；（2）在苏桇芳和胡日东（2007）的研究中，对名义 FDI 进行价格平减的指标为消费价格指数。然而，消费价格指数并不是平减 FDI 的最佳指标。

基于以上不足，具体作了如下改进：（1）同时考察 FDI 与 GDP，以及 FDI 与 GNP 的关系，从而更准确地把握外商直接投资与中国经济增长的联系；（2）在对名义 FDI 进行平减时，本章选取了固定资产投资价格指数。由于 FDI 属于资本投资，固定资产投资价格指数比消费价格指数更为合理。在作了如上改进之后，仍将采用 Mantalos（2000）提出的通过 Bootstrap 仿真构建新临界值的方法来考察外商直接投资与中国经济增长的关系。Bootstrap 方法的优点在于，统计检验完全依赖于数据的真实分布，而无须施加正态分布的假定。同时，即使数据生成过程非平稳，且变量之间缺乏协整关系，这种方法仍能得到可靠的结论（Hatemi, 2002；滕建州, 2006）①。本章结构如下：第一部分给出了模型方法与数据描述；第二部分为实证分析；第三部分为结论性评述。

1. 模型方法与数据描述

为了考察外商直接投资与中国经济增长间的关系，在常规格兰杰因果检验的基础上，通过引入 Bootstrap 方法来构建 F 统计量的临界值。由于改进后的方法具有更强的稳健性和可靠性，这将进一步帮助我们理解外商直接投资与中国经济增长的关系。

常规格兰杰因果检验

为了考察外商直接投资与国内生产总值（GDP）之间的关系，常规格兰杰检验模型如下：

$$GDP_t = c_1 + \sum_{i=1}^{n} a_i GDP_{t-i} + \sum_{j=1}^{n} \beta_j FDI_{t-j} + \varepsilon_t \tag{3.1}$$

$$FDI_t = c_2 + \sum_{i=1}^{m} \lambda_i GDP_{t-i} + \sum_{j=1}^{m} \delta_j FDI_{t-j} + \eta_t \tag{3.2}$$

在式（3.1）和式（3.2）中，GDP_t 和 FDI_t 分别为国内生产总值和外商直接投资的时间序列数据。如果存在某个 β_j 显著不为 0，FDI_t 被称为 GDP_t 的格兰杰原因；类似地，如果存在某个 λ_i 显著不为 0，GDP_t 被称为 $fFDI_t$ 的格兰杰原因。

首先，我们考察 FDI 是否构成 GDP 的格兰杰原因的情形。

---

① 在常规格兰杰检验中，当数据不平稳且不存在协整关系时，通常需要先将数据进行差分平稳或取对数，然后再进行格兰杰检验。然而，差分或对数处理会使得变量丢失过多的信息，特别的，基于差分变量的格兰杰检验的结果也很难做出合适的解释。而基于 Bootstrap 方法的检验直接针对原始变量，且无须进行差分或对数处理，故这种方法造成的变量信息损失最小。

当 FDI 不构成 GDP 的"格兰杰原因"时，式（3.1）可简化为

$$GDP_t = c_1 + \sum_{i=1}^{n} a_i GDP_{t-i} + \varepsilon_t \tag{3.3}$$

为了对原假设，即 FDI 不构成 GDP "格兰杰原因"进行检验（该原假设等价于 $H_0: \beta_1 = \beta_2 = \cdots = \beta_n = 0$），可利用 F 检验，即：

$$F = \frac{(RSS_R - RSS_{UR})/m}{RSS_{UR}/(N_{obs} - k)} \tag{3.4}$$

其中，RSS_R 为施加约束（式（3.3））时的残差平方和，RSS_{UR} 为无约束（式（3.1））时的残差平方和，m 为线性约束个数（即最大滞后阶数 n），N_{obs} 为实际样本观测数（即总体样本数与最大滞后阶数之差），k 为无约束回归中待估参数的个数（即 $2n+1$）。

同理，可构建类似 F 统计量来判断 GDP 是否构成 FDI 的"格兰杰原因"。

基于 Bootstrap 仿真的改进

进一步的，对常规格兰杰因果检验改进如下。为了判断 FDI 是否为 GDP 的"格兰杰原因"，将通过残差再抽样 Bootstrap 方法构建相应 F 统计量的临界值，然后，利用新的临界值来判断格兰杰因果检验的结果。具体步骤如下：

（1）利用 OLS 估计受约束方程（3.3）中的系数向量 a，计算 $\hat{GDP}$ 和残差向量 $\hat{\varepsilon}$；

（2）将 $\hat{\varepsilon}$ 零均值化得到新的残差集 $\hat{\varepsilon}^b$，其中 $\hat{\varepsilon}_i^b = \hat{\varepsilon}_i - \bar{\varepsilon}$（$i = 1, 2, 3, \cdots T$）；

（3）从 $\hat{\varepsilon}^b$ 中重复抽样，用公式 $GDP^b = \hat{GDP} + \hat{\varepsilon}^b$ 构造一个新的因变量 GDP^b。即对每个 $\hat{GDP}_t$，从新的残差集 $\hat{\varepsilon}^b$ 中有回置地随机抽取一个残差，再加上 $\hat{GDP}_t$，从而产生一个新的变量 GDP_t^b；

（4）根据新的 GDP^b 变量和原始 FDI 变量，结合式（3.1）、式（3.3）的回归，就可得到式（3.4）中 F 统计量的一次 Bootstrap 值 F_s^*；

（5）将步骤（3）-（4）重复 10000 次，就可以产生 F_s^* 的累积分布。选取该分布 $1-a$ 的分位数，将其作为相应检验水平为 a 的"Bootstrap 临界值" c_{Fa}^*；

（6）利用真实数据计算式（3.4）中统计量 F_s。如果 $F_s > c_{Fa}^*$，则拒绝原假设，即认为 FDI 是 GDP 的格兰杰原因；否则，我们接受原假设，即认为 FDI 不构成 GDP 的格兰杰原因。

以上步骤说明了通过 Bootstrap 仿真为 F 统计量构建新临界值的方法，从而为检验 FDI 是否构成 GDP 的"格兰杰原因"提供了更为可靠的判断依据。采用类似方法，还可以考察 FDI 与 GNP 之间的关系。上述检验均采用 Stata 软件编程实现。

数据描述

分析的样本区间为 1980~2007 年，数据来源为历年《中国统计年鉴》和《新中国 55 年统计资料汇编》。为了使数据具有可比性，利用 GDP 和 GNP 指数，分别对 GDP 和 GNP 数据进行平减①。

文中选取了外商直接投资的实际利用外资金额来度量 FDI。同时，为了数据的可比性，先用各年人民币对美元汇率将其换算成人民币金额，然后再用固定资产投资价格指数进行平减。由于我国固定资产投资价格指数编制的时间较短，从统计年鉴上只能获取 1991~2007 年的相关数据，为此，必须对 1991 年之前的全国固定资产投资价格指数进行估算。在历年《中国统计年鉴》和《新中国 55 年统计资料汇编》的各种价格定基指数统计中，我们可获得城市居民消费价格指数介于 1980~2007 年的完整数据。以上指数与固定资产投资价格指数存在着很强的相关性。因此，通过将 1991~2007 年的全国固定资产投资价格指数对以上指数进行回归，就可拟合出 1980~2007 年的全国固定资产投资价格指数估计值。通过绘制 1991~2007 年全国固定资产投资价格指数对城市居民消费价格指数的散点图可知，两者之间成 S 形，故采用库柏茨函数（Gompertz function）② 进行回归拟合。

在模型回归的结果中，修正后的复判定系数为 0.9311，由此可见，模型的拟合效果比较好。为了进一步判断拟合的效果，绘制 1991~2007 年间固定资产投资价格指数和固定资产投资价格指数拟合值，见图 3.1。

---

① 在 2003 年以后的历年中国统计年鉴中，国民生产总值的名称被变更为国民总收入。
② 库柏茨函数的形式为 y = b0 + b1 * exp（-exp（-b2 * （x - b3）））,其中，exp 表示自然对数 e，y 为因变量，x 为自变量，b0、b1、b2、b3 为待估参数。库柏茨函数通常用来估计非对称的 S 形曲线。

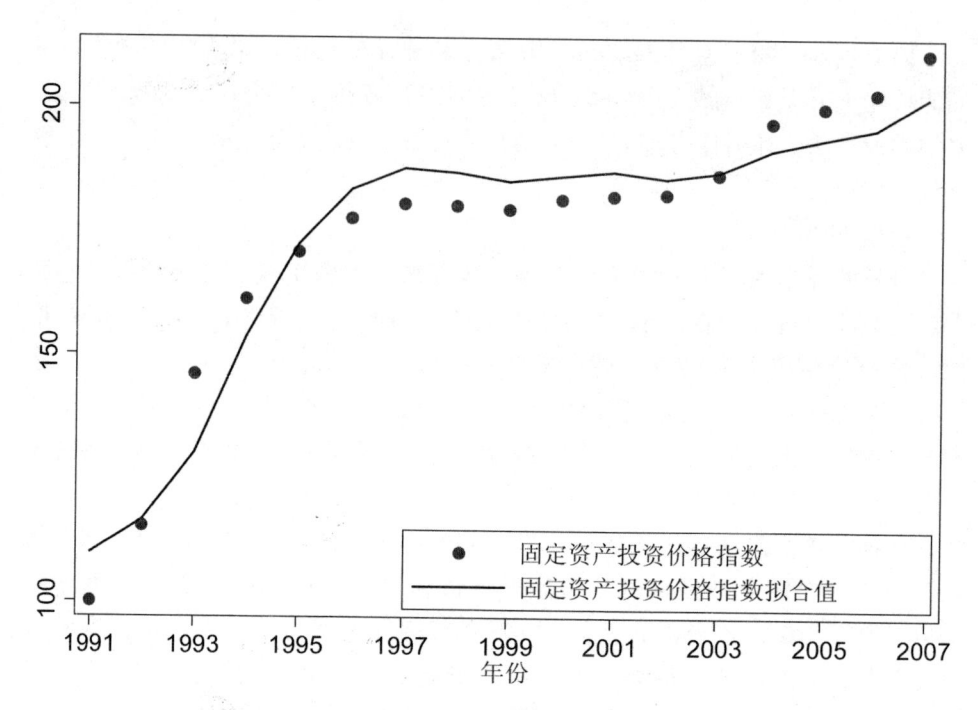

图 3.1　1991~2007 年间固定资产投资价格指数及拟合值

从图 3.1 可知，构建的模型对固定资产投资价格指数的拟合效果非常好，从而可得到该指数在 1991 年以前的估计值。通过利用 1980~2007 年全国固定资产投资价格指数，就可对名义 FDI 进行价格平减。

2. 外商直接投资与中国经济增长：新的实证检验

（1）数据平稳性的检验

由于考察的指标均为时间序列数据，故有必要检验数据的平稳性。首先，采用 ADF 检验考察 GDP、GNP 与 FDI 的平稳性，结果见表 3.1。

表 3.1　GDP、GNP 和 FDI 平稳性的检验

变量	样本区间	检验形式	ADF 检验	平稳性
GDP	1985~2007	（C，T，4）	2.327[#]	不平稳
GDP 的一阶差分	1983~2007	（C，T，1）	~0.343[#]	不平稳
GDP 的二阶差分	1984~2007	（C，T，1）	~3.431[*]	平稳
GNP	1982~2007	（C，T，1）	2.426[#]	不平稳

续表

变量	样本区间	检验形式	ADF 检验	平稳性
GNP 的一阶差分	1982~2007	(C, T, 0)	0.836#	不平稳
GNP 的二阶差分	1983~2007	(C, T, 0)	~3.742**	平稳
FDI	1982~2007	(C, T, 1)	~2.722#	不平稳
FDI 的一阶差分	1982~2007	(C, 0)	~2.524**	平稳

注：检验形式（C，T，K）中的 C、T 和 K 分别表示检验方程中包括截距项、趋势项和滞后阶数。滞后阶数 K 根据 SIC 准则自动选取。#表示在 10% 的水平上仍不拒绝存在单位根的原假设；*表示在 10% 的水平上拒绝存在单位根的原假设；**表示在 5% 的水平上拒绝原假设；***表示在 1% 水平上拒绝原假设。

ADF 单位根检验的结果表明，在 10% 显著性水平上，GDP 为 I（2）过程；在 5% 显著性水平上，GNP 为 I（2）过程，而 FDI 为 I（1）过程。由于 GDP 和 FDI，以及 GNP 和 FDI 不同阶，故它们之间不存在协整。因此，常规的格兰杰因果检验将失效。同时，鉴于本研究中的小样本特性，基于渐进理论的常规因果检验将导致检验水平的扭曲和检验功效低下（Mantalos，2000）。

从以上分析可知，本章数据的特点使得常规格兰杰检验失效，故需要采用新的估计方法，而 Bootstrap 方法就是一个较佳的选择。Bootstrap 仿真方法的优点在于，该方法完全依赖于数据的真实分布，而无须假定正态分布。同时，无论两个变量之间是否存在协整关系，Bootstrap 方法都能够提供稳健的临界值（Hatemi，2002；滕建州，2006）。因此，该方法的研究结果将更为可靠。

（2）基于 Bootstrap 仿真的格兰杰因果检验

根据上述 Bootstrap 仿真方法，可检验 GDP 与 FDI，以及 GNP 与 FDI 间的格兰杰因果关系如下，见表 3.2。

表 3.2　基于 Bootstrap 仿真的格兰杰因果检验结果

原假设	F 统计量	10% 临界值	5% 临界值	1% 临界值
FDI 不是 GDP 的格兰杰原因	3.841*	3.476	4.051	5.393
GDP 不是 FDI 的格兰杰原因	1.426#	1.960	2.374	3.273

续表

原假设	F 统计量	10%临界值	5%临界值	1%临界值
FDI 不是 GNP 的格兰杰原因	3.278[#]	3.529	4.083	5.387
GNP 不是 FDI 的格兰杰原因	1.189[#]	1.683	2.033	2.795

注：#表示在10%的水平上仍不拒绝原假设；*表示在10%的水平上拒绝原假设；**表示在5%的水平上拒绝原假设；***表示在1%的水平上拒绝原假设。根据 LR 和 SC 准则选取的滞后阶均为2。

从表3.2可以得到以下结论：

①在10%显著性水平上，拒绝 FDI 不是 GDP 格兰杰原因的原假设，但不拒绝 GDP 不是 FDI 格兰杰原因的原假设；②在10%显著性水平上，既不拒绝 FDI 不是 GNP 格兰杰原因的原假设，也不拒绝 GNP 不是 FDI 格兰杰原因的原假设。也就是说，FDI 是 GDP 的格兰杰原因，但并非 GNP 的格兰杰原因；反过来，GDP 和 GNP 指标均不构成 FDI 的格兰杰原因。[①]

FDI 是 GDP 而非 GNP 的格兰杰原因表明，FDI 的历史信息可以预测 GDP 的变动，但无法预测 GNP 的变动。这意味着，FDI 在某种程度上可能解释了 GDP 的增加，而无法解释 GNP 的增加。正如引言中所表明的，GDP 指标实际上包含外国企业的产值，FDI 大量流入中国势必会体现在 GDP 指标的升高上；另一方面，GNP 指标中则剔除了外资的产值。因此，FDI 无法解释 GNP 增加的结论恰恰表明，如果从东道国的国内产值中剔除了外资企业的产值，FDI 对中国国民总收入的影响并不是十分显著。显然，中国国民总收入的增加对于中国经济的健康发展更为重要。

GDP 和 GNP 指标均不构成 FDI 的格兰杰原因。这表明，中国的经济增长只能部分解释外国资本流入中国的原因。同时，还存在其它刺激外国资本进入中国的因素。

从上述分析可知，在考虑外商直接投资对中国经济总量的影响时，需要更

[①] 本书的研究结论区别于苏梽芳和胡日东（2007）。正如前文所述，本书采用固定资产投资价格指数对名义 FDI 进行平减。与采用消费价格指数进行平减的方法相比，该方法得到的实际 FDI 更为可靠，故本书的研究结论也更为可靠。

为谨慎。FDI 对中国经济总量和整体国民福利的影响可能存在高估的可能。外资大量流入中国不能充分解释中国经济实力和国民福利的提高。同时，中国经济增长也并非吸引外资流入的唯一因素。

二、FDI 与中国产业结构变动的动态关系

为了考察外商直接投资与中国产业结构变动之间的关系，构建如下模型：

$$Y_{it} = \beta_0 + \beta_1 \ln FDI_{it} + \varepsilon_{it} \qquad (3.5)$$

在模型 3.5 中，下标 i 和 t 分别代表地区和年份。本章选取了 2002~2006 年间中国 31 个省市的面板数据进行分析。其中，Y_{it} 为度量产业结构的指标，文中分别采用了第二产业总产值（SY_{it}）、第二产业在总产出中的比重（$SRatio_{it}$）、第三产业总产值（TY_{it}）、第三产业在总产出中的比重（$TRatio_{it}$）这四个指标来加以衡量。FDI_{it} 为外商直接投资的度量指标，文中采用各地区外商投资企业的投资总额加以衡量。

因此，通过考察 $\ln FDI_{it}$ 的系数的正负以及显著性，我们就可以判断出外商直接投资对各省市产业结构变动的影响趋势。

1. 面板数据模型的分析

利用历年中国统计年鉴中的数据，首先考察 FDI 对第二产业总产值的影响，分析结果见表 3.3。

表 3.3　FDI 对第二产业总产值的影响

SY_{it}	混合数据模型	随机效应模型	固定效应模型
$\ln FDI_{it}$	1250.334*** (96.68884)	1637.349*** (171.1166)	2513.263*** (289.0385)
R^2	0.5222	0.5222	0.5222
F	167.22		75.61
$Prob > F$	0.0000		0.0000
chi2		91.56	
$Prob > chi2$		0.0000	

注：***表示系数的 t 统计量在 1% 的水平上显著，**表示系数的 t 统计量在 5% 的水平上显著，*表示系数的 t 统计量在 10% 的水平上显著，#表示系数的 t 统计量在 10%

的水平上仍不显著，括号中为系数标准误。

从表3.3可知，面板数据三种不同模型的分析得出了相同的结论，即各地区 FDI 的流入促进了当地第二产业总产值的增加。当外商直接投资每增加1%时，当地第二产业总产值将分别增加1250.334（混合数据）、1637.349（随机效应）、2513.263（固定效应）亿元。并且，这种正向影响在1%的置信水平上仍然十分显著。

进一步的，考察 FDI 对第二产业在总产出中比重的影响，分析结果见表3.4。

表3.4 FDI 对第二产业构成的影响

$SRatio_{it}$	混合数据模型	随机效应模型	固定效应模型
$1nFDI_{it}$	2.216535*** (.3828147)	3.176969*** (.5328998)	3.791069*** (.6743099)
R^2	0.1797	0.1797	0.1797
F	33.53		31.61
Prob > F	0.0000		0.0000
chi2		35.54	
Prob > chi2		0.0000	

注：***表示系数的 t 统计量在1%的水平上显著，**表示系数的 t 统计量在5%的水平上显著，*表示系数的 t 统计量在10%的水平上显著，#表示系数的 t 统计量在10%的水平上仍不显著，括号中为系数标准误。

从表3.4可知，三种模型得出了相同的结论，即外商直接投资有利于第二产业在总产出中比重的提高。当外商直接投资每增加1%时，当地第二产业构成将分别增加2.21（混合数据）、3.17（随机效应）、3.79（固定效应）个百分点。并且，这种正向影响在1%的置信水平上仍然十分显著。由此可见，外商直接投资的进入，不仅从总量上提高了第二产业产出的绝对值，而且也提高了第二产业在国民经济中的相对比重。

接下来，我们将考察 FDI 对第三产业总产值的影响，分析结果见表3.5。

表 3.5　FDI 对第三产业总产值的影响

TY_{it}	混合数据模型	随机效应模型	固定效应模型
$lnFDI_{it}$	2.216535*** (.3828147)	3.176969*** (.5328998)	3.791069*** (.6743099)
R^2	0.1797	0.1797	0.1797
F	253.35		64.11
Prob > F	0.0000		0.0000
chi2		110.03	
Prob > chi2		0.0000	

注：***表示系数的 t 统计量在 1% 的水平上显著，**表示系数的 t 统计量在 5% 的水平上显著，*表示系数的 t 统计量在 10% 的水平上显著，#表示系数的 t 统计量在 10% 的水平上仍不显著，括号中为系数标准误。

从表 3.5 可知，三种模型得出了相同的结论，即各地区 FDI 的流入促进了当地第三产业总产值的增加。并且，这种正向影响在 1% 的置信水平上十分显著。

最后，考察 FDI 对第三产业在总产出中比重的影响，结果见表 3.6。

表 3.6　FDI 对第三产业构成的影响

$TRatio_{it}$	混合数据模型	随机效应模型	固定效应模型
$lnFDI_{it}$	.2352496# (.3510379)	.1197869# (.5172168)	.0255643# (.6921421)
R^2	0.0029	0.0029	0.0029
F	0.45		0.00
Prob > F	0.5038		0.9706
chi2		0.05	
Prob > chi2		0.8168	

注：***表示系数的 t 统计量在 1% 的水平上显著，**表示系数的 t 统计量在 5% 的水平上显著，*表示系数的 t 统计量在 10% 的水平上显著，#表示系数的 t 统计量在 10% 的水平上仍不显著，括号中为系数标准误。

从表 3.6 的结果可知，三种模型也都得到了相同的结论。外商直接投资的流入有利于当地第二产业在总产出中比重的提高。然而，这种正向影响非常不显著，并且，参数整体上也是不显著的。这表明，尽管 FDI 的流入提高了第三产业产出的绝对值，然而，它对第三产业在国民经济中相对比重的提升作用并不显著。

由上述分析可知，外商直接投资的流入促进了我国各省市的产业结构优化，从绝对值上促进了第二、三产业产值的提高，然而，就产业构成而言，外商直接投资的正向影响主要还是局限于第二产业。

2. 分位数回归的分析

由于分位数方法可以有效利用因变量条件分布不同位置的充分信息（Dimelis 和 Louri，2002），因此，本节将采用分位数方法考察 FDI 对第二产业总产值、第二产业构成、以及第三产业总产值的影响①。

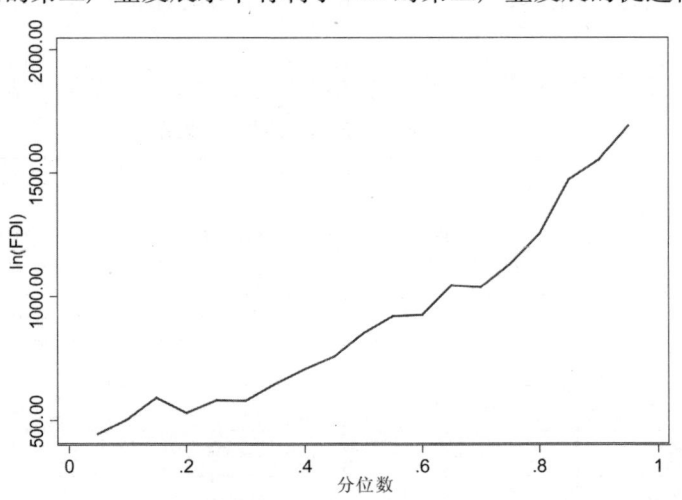

图 3.2 显示的是不同分位数时 FDI 对第二产业总产值的影响。从图中可知，当第二产业总产值由条件分布的低端向高端变化时，FDI 对第二产业产值增加的促进作用越来越大，且十分显著。这表明，相对于第二产业发展缓慢的地区，较高的第二产业发展水平有利于 FDI 对第二产业发展的促进作用。

图 3.2 不同分位数时 FDI 对第二产业总产值的影响

进一步的，绘制不同分位数时 FDI 对第二产业构成的影响，见图 3.3。

---

① 由于 FDI 对第三产业构成的影响不显著，故此处的分析将不考虑该变量。

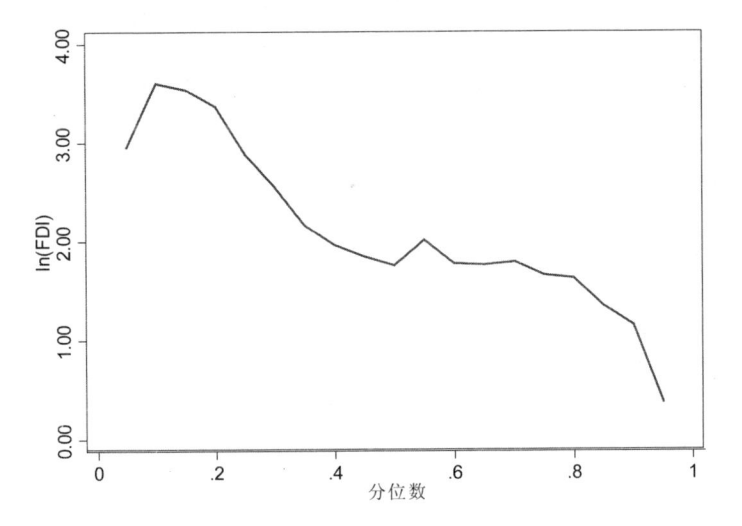

图 3.3 不同分位数时 FDI 对第二产业构成的影响

从图 3.3 可知，不同分位数时，FDI 有利于第二产业比重的增加。然而，随着第二产业的比重由条件分布的低端向高端变化，FDI 对第二产业比重增加的促进作用越来越小。也就是说，当某地区第二产业比重较低时，FDI 的进入对第二产业构成提高的促进作用最为显著，然而，随着该地区第二产业比重的逐渐提高，FDI 进入所带来的第二产业构成提升将越来越小，即存在着边际效应递减的趋势。

最后，我们将考察不同分位数时 FDI 对第三产业总产值的影响，见图 3.4。

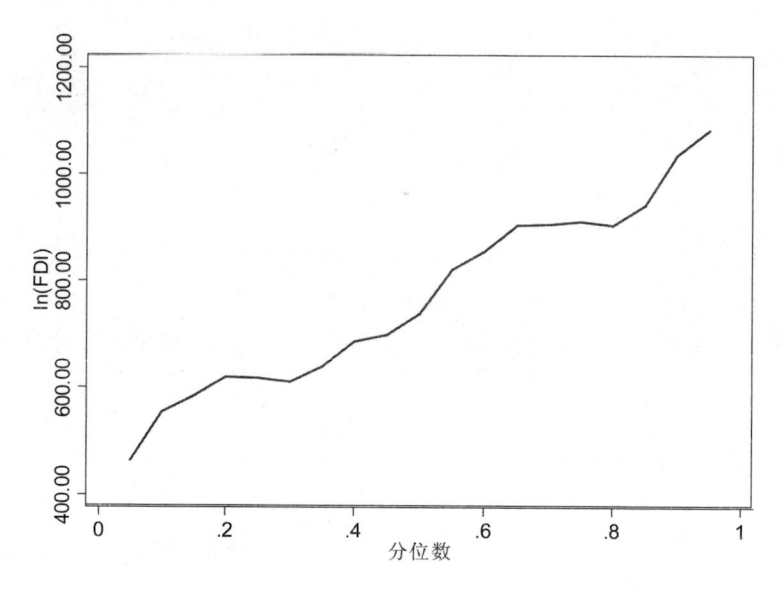

图 3.4 不同分位数时 FDI 对第三产业总产值的影响

从图 3.4 可知，当第三产业总产值由条件分布的低端向高端变化时，FDI 对第三产业产值增加的促进作用越来越大，且十分显著。这表明，相对于第三产业发展缓慢的地区，较高的第三产业发展水平有利于 FDI 对第三产业发展的促进作用。

3. FDI 与中国产业结构变动的协整检验

为了考察 FDI 与中国产业结构变动之间是否存在长期的稳定关系，我们将进行协整检验。在本节中，我们将仅以第二产业总产值作为产业结构的一个度量。首先，我们需要对 FDI 与第二产业总产值进行单位根检验

（1）FDI 与第二产业总产值的单位根检验

利用 Eviews 统计软件，对 FDI 进行面板数据单位根检验的结果见表 3.7。

表 3.7　FDI 单位根检验的结果

原假设	方法	统计量	概率	横截面个数	观测数
单位根 （具有相同的 单位根过程）	Levin, Lin & Chu t *	3.23745	0.9994	31	124
单位根 （具有不同的 单位根过程）	Im, Pesaran and Shin W - stat	8.13352	1.0000	31	124
	ADF - Fisher Chi - square	31.9163	0.9995	31	124
	PP - Fisher Chi - square	45.2303	0.9460	31	124

由于面板数据单位根检验的原假设是存在单位根，从表 3.7 可知，所有的统计量都没有拒绝原假设。故 FDI 存在单位根。

进一步的，对 FDI 的一阶差分进行单位根检验，结果见表 3.8。

表 3.8　FDI 一阶差分的单位根检验

原假设	方法	统计量	概率	横截面个数	观测数
单位根 （具有相同的 单位根过程）	Levin, Lin & Chu t *	-16.9785	0.0000	31	93
单位根 （具有不同的 单位根过程）	Im, Pesaran and Shin W - stat	-2.E + 159	0.0000	31	93
	ADF - Fisher Chi - square	105.714	0.0005	31	93
	PP - Fisher Chi - square	124.526	0.0000	31	93

从表 3.8 可知，在 1% 的显著性水平下，四组统计量都拒绝了存在单位根的原假设，换句话说，FDI 的一阶差分满足 I（0），为平稳数据。故 FDI 满足 I（1）。

采用类似的单位根检验，我们发现第二产业总产值也满足 I（1）。由于 FDI 和第二产业总产值都满足一阶单整，这符合了协整检验的前提条件。

(2) FDI 与第二产业总产值的协整检验

为了考察 FDI 与第二产业总产值间是否存在协整关系,将同时采用 Pedroni (1999)[①] 协整检验和 Kao (1999)[②] 协整检验。这两种方法都是基于 Engle – Granger 的分析框架,并且可以对面板数据的协整关系进行分析。

表3.9 FDI 与第二产业总产值协整分析

对立假设: common AR coefs. (within – dimension)				
	统计量	概率	加权后的统计量	概率
Panel v – Statistic	1.282353	0.1753	0.034460	0.3987
Panel rho – Statistic	-0.143602	0.3949	-0.167580	0.3934
Panel PP – Statistic	-6.642154	0.0000	-7.316974	0.0000
Panel ADF – Statistic	-6.455548	0.0000	-7.175235	0.0000
对立假设: individual AR coefs. (between – dimension)				
	统计量	概率		
Group rho – Statistic	2.758926	0.0089		
Group PP – Statistic	-7.836846	0.0000		
Group ADF – Statistic	-7.243027	0.0000		

注:原假设为不存在协整关系。表中数据为 Pedroni 协整检验不同统计量的分析结果。

从表3.9 中 Pedroni 残差协整检验的结果可知,在5%的显著性水平下,11 个统计量中共有7 个拒绝了不存在协整关系的原假设,该比例为64%。进

---

① Pedroni, P. Critical Values for Cointegration Tests in Heterogeneous Panels with Multiple Regressors. Oxford Bulletin of Economics and Statistics, 1999, 61: 653~670.
② Kao, C. Spurious Regression and Residual – Based Tests for Cointegration in Panel Data. Journal of Econometrics, 1999, 90: 1~44.

一步，Kao 残差协整检验的结果拒绝了不存在协整关系的原假设。综合两种检验的结论，我们认为 FDI 与第二产业总产值间存在协整关系，即 FDI 与中国产业结构变动之间存在长期的稳定关系。

三、小结

本章探讨了外商直接投资、中国经济增长与产业结构变动三者的关联性。

首先，基于 Bootstrap 分析方法，通过区分国内生产总值与国民生产总值，本章考察了外商直接投资与中国经济增长之间的关系。分析的结果表明，FDI 是 GDP 的格兰杰原因，但并非 GNP 的格兰杰原因；反过来，GDP 和 GNP 指标均不构成 FDI 的格兰杰原因。也就是说，如果从 GDP 中剔除掉外资企业自身的产值，FDI 对中国国民总收入的影响并不显著。同时，中国的经济增长只能部分解释外国资本流入中国的现象。该结论的启示意义如下：

（1）针对 FDI 与中国经济增长间的联系，需要采取更为谨慎的态度。Krueger（1987）指出，根据索罗增长模型，外商直接投资通过增加东道国的资本积累促进了经济增长。此外，Mello（1999）也认为，外商直接投资通过技术转移和知识外溢促进了东道国经济增长。然而，本章的研究表明，FDI 是 GDP 的格兰杰原因，而非 GNP 的格兰杰原因，因此，FDI 对中国实体经济的作用并没有想象中的显著。FDI 大量流入中国，并不能完全解释中国国民生产总值的增加，而国民生产总值体现了一国国民创造的价值总和。也就是说，外资对中国本土经济的影响并不显著，它只是决定中国经济增长的可能因素之一，并且，外资大量涌入中国与中国经济健康发展之间并没有直接的因果联系。因此，今后中国经济政策的制定不能纯粹以引入外资为核心。

（2）中国的经济增长只能部分解释外国资本流入中国的现象。Mello（1999）指出，东道国的经济增长会增加对资本的需求，而外商直接投资的进入就可弥补东道国的资金缺口，因此，经济增长会导致外商直接投资的进一步流入。然而，分析表明，GDP 和 GNP 指标均不构成 FDI 的格兰杰原因。换句话说，中国经济的增长并不能完全解释外资流入中国的全部原因①。在开放条件下，应对外资流入中国的动因进行更深入的分析。只有这样，才能够更有效地引导外资在中国行业与地区间的合理分布。

进一步的，利用面板数据、分位数回归以及协整分析方法，本章探讨了FDI与中国产业结构变动之间的动态关系。

协整检验的结果表明，FDI与中国产业结构变动之间存在长期的稳定关系。基于面板数据的分析表明，外商直接投资的流入促进了我国各省市的产业结构优化，不仅从绝对值上提高了第二产业的产值，而且也提高了第二产业在国民经济中的相对比重；同时，外商直接投资的流入提高了第三产业产出的绝对值，然而，它对第三产业在国民经济中相对比重的提升作用并不显著。就产值而言，随着第二、三产业的发展壮大，FDI对其边际效应存在递增趋势；就第二产业构成而言，随着某地区第二产业比重的提高，FDI进入对第二产业构成提升存在边际效应递减的趋势。

然而，本章的分析也存在一定的局限性。首先，本章使用的是总量数据，故只能从总体上考察外商直接投资与中国经济增长之间的关系。由于我国不同地区和行业吸引外资的状况差异很大，区分不同地区和行业做进一步的分析是今后研究的重点。其次，通过经济产出来衡量一国社会发展水平的弊端越来越多。一国GDP或GNP的增长并不意味着该国国民福利和幸福感的增加。实际上，"国民幸福总值"指标正受到人们越来越多的关注②，该指标关注的是个人对幸福快乐的直接感受，体现的是以人为本。很显然，考察外商直接投资与国民幸福总值之间的联系将更具现实意义。这也是今后需要关注的视角之一。

---

① Mello（1999）的观点并不能够用来解释外资与中国经济增长的关系。一方面，中国采取出口拉动型的增长策略，这为中国积累了大量的外汇储备；另一方面，在经济增长的同时，中国国内的居民储蓄大量增加。这表明，弥补资金缺口已不再能解释外资大量流入中国的原因。

② 不丹是首先将"国民幸福总值"指标用于指导经济和社会发展的典范国家。在该国，"国民幸福总值"指标由经济增长、文化发展、环境保护和提高政府治理水平四极组成。

第四章

FDI 对中国工业部门的外溢效应：基于分位数回归法

国内外研究 FDI 技术外溢效应的文献很多。尽管 FDI 技术溢出效应在理论上得到了普遍的认同，关于 FDI 技术溢出效应的实证研究却得出了并不统一的结论。Caves（1974）对澳大利亚、Kokko 等人（1996）对乌拉圭、Lipsey 和 Sjoholm（2001）对印度尼西亚的实证研究证实了溢出效应的存在；而 Haddad 和 Harrsion（1993）对摩洛哥、Aitken 和 Harrison（1999）对委内瑞拉、姚洋和章奇（2001）对中国的同类研究却得出了相反的结论，即 FDI 的溢出效应是不存在的。显然，采用的理论模型、计量经济分析方法、数据选取的差异必然会影响到最后的实证结果（赖明勇和包群，2003）。

导致实证结果分歧的原因很多，最近有一些学者则试图从东道国吸收能力的角度来进行解释。学者们从多个角度阐述了吸收能力的内涵，如人力资本（Borensztein 等，1998；赖明勇等，2005）、东道国自身研发水平（Kinoshita，2000；Keller，2004）、金融市场效率（Alfaro 等，2004）、贸易开放度（Holmes 和 Schmitz，2001）等。

需要指出的是，以上学者在对 FDI 技术外溢进行实证研究时，通常采取的是普通最小二乘（OLS）估计或面板数据分析。这类估计方法存在一定局限性：即分析的前提必须假定外生变量在内生变量条件分布不同位置的影响差异可以忽略。也就是说，这种方法只能度量外生变量对内生变量的"平均"影响，而无法体现在条件分布不同位置时外生变量的影响差异。

为了弥补以上缺陷，Dimelis 和 Louri（2002），Girma 和 Gorg（2003，2005）等学者利用分位数方法考察了 FDI 的溢出效应。分位数方法的优点就在于，通过获取因变量条件分布不同位置（分位数）的充分信息，就可避免对经济问题或现象的片面判断。

利用希腊1997年的4056个企业样本数据，Dimelis 和 Louri（2002）考察了 FDI 溢出效应。他们的研究主要分析了外商所有权程度对劳动生产率及技术外溢的影响。分析的结果表明，外商所有权的提高有利于当地劳动生产率的提高，且在中间分位数位置时最为显著；在大多数分位数位置，外商所有权程度的降低有利于技术向当地企业的溢出。然而，Dimelis 和 Louri（2002）的分析并未考虑东道国企业自身因素对技术溢出的影响。Girma 和 Gorg（2003，2005）则在其研究中引入了东道国企业的吸收能力这一因素。其中，技术差距被视为吸收能力的衡量指标，且东道国企业与外商投资企业间的技术差距越小，吸收能力越高。他们分析的结果表明，不同部门和分位数位置时 FDI 的溢出水平存在差异，并且吸收能力对 FDI 溢出具有显著影响。在不同分位数位置时，吸收能力与生产率增长之间均呈 U 形关系。

然而，Girma 和 Gorg（2003，2005）的分析也存在一定局限性，即吸收能力仅仅体现为技术差距。实际上，东道国自身的各种条件因素（如人力资本、开放程度等）都可能会影响到 FDI 溢出的效果。因此，基于分位数法，本章将考虑人力资本、经济开放度、投资环境等东道国因素对 FDI 溢出的综合影响。

FDI 的溢出效应是国际技术扩散的重要渠道。由于世界上少数几个富有国家对全世界新技术的诞生起了决定性作用①，对于众多发展中国家而言，国外技术转移与知识扩散是促进这些国家技术进步的关键因素。由经济增长理论可知，技术进步是经济长期增长的源泉之一。因此，发展中国家中 FDI 的溢出效应最终会影响到东道国经济的增长。同时，正如前述关于 FDI 溢出的文献所表明的，通过水平溢出和垂直溢出，FDI 会影响到东道国产业的发展。因此，本章还将分析外商直接投资与中国经济增长以及产业结构变动之间的联系。

一、模型设定与方法

1. FDI 技术外溢模型的设定

为了评价 FDI 对中国工业部门的外溢效应，本章构建了一个能度量外资影响的内资工业部门的生产函数。

---

① Keller（2004）指出，在 1995 年世界上最大的七个工业化国家（G-7）的研发占了全世界研发的 84%，而 GDP 也占了全世界份额的 64%。

在 Miguel D. Ramírez（2000）模型基础上引入外生冲击，令内资工业部门的生产函数为：

$$Y_d = F(K_d, L_d, E) e^z = F(K_d, L_d, E) e^{\hat{z}+u}$$
$$= F(K_d, L_d, E) e^{\sum \gamma_j X_j + u} \tag{4.1}$$

其中，Y_d 为国内工业部门工业总产出，L_d 为内资工业部门的劳动力数量，K_d 为内资工业部门的资本存量，E 为知识存量。Z 用于度量外生冲击对产出的影响，$\hat{Z} = \sum \gamma_j X_j$ 为可观察的影响，u 为随机扰动项。这里，我们假设外资部门对内资部门的外溢效应主要来自外资部门对其资本的运作，即外资部门的资本积累对内资部门的产量增加发生间接影响。如果外资工业部门的资本积累促进了内资工业部门产量的增加，那么外商投资对国内工业部门的外溢效应为正；如果外资工业部门的资本积累抑制了内资工业部门产量的增加，则外商投资对国内工业部门的外溢效应为负。

假设

$$F(K_d, L_d, E) = K_d^a L_d^\beta E^{(1-a-\beta)} \tag{4.2}$$

知识存量为

$$E = [K_d, L_d, L_f^\omega]^\eta \tag{4.3}$$

其中，K_f 为外资工业企业资本存量。

将（4.2）、（4.3）代入（4.1），可得

$$Y_d = K_d^a L_d^\beta E^{(1-a-\beta)} e^{\sum \gamma_j X_j + u}$$
$$= K_d^{a+\eta(1-a-\beta)} L_d^{\beta+\eta(1-a-\beta)} K_f^{\omega\eta(1-a-\beta)} e^{\sum \gamma_j X_j + u} \tag{4.4}$$

方程两边取对数有

$$\ln Y_d = \gamma_0 + [a+\eta(1-a-\beta)] \ln K_d + [\beta+\eta(1-a-\beta)] \ln L_d + [\omega\eta(1-a-\beta)] \ln K_f + \sum \gamma_j X_j + u \tag{4.5}$$

（4.5）式可简化为

$$\ln Y_d = \gamma_0 + \lambda_1 \ln K_d + \lambda_2 \ln L_d + \lambda_3 \ln K_f + \sum \gamma_j X_j + u \tag{4.6}$$

其中，$\lambda_1 = a + \eta(1-a-\beta)$，$\lambda_2 = \beta + \eta(1-a-\beta)$，$\lambda_3 = \omega\eta(1-a-\beta)$。$\gamma_0$ 为 $X_0 = 1$ 时的常量参数，但该参数可随着产业或地区特点等因素的不同而产生波动。

FDI 对国内工业部门的外溢效应体现在系数 λ_3 上。如果 λ_3 为正，则表明 FDI 对国内工业部门存在正向的溢出效应；反之，则不存在。同时，FDI 对国内工业

部门的溢出效应还受到各种因素的影响，我们将这些因素引入$\{X_j\}$，从而可以考察这些因素对 FDI 溢出的影响。

在模型（4.6）中，引入了反映人力资本（H）、市场竞争程度（$Comp$）、内外资企业技术差距（Gap）、经济开放度（$Open$）、投资环境（$Goods$ 和 $Finance$）变量后，可得

$$1n\ Y_d = \gamma_0 + \lambda_1 1n\ K_d + \lambda_2 1n\ L_d + \lambda_3 1n\ K_f + \gamma_1 1n\ K_f * H + \gamma_2 1n\ K_f * comp + \gamma_3 1n_f * GDP + \gamma_4 1n\ K_f * Open + \gamma_5 1n\ K_f * Goods + \gamma_6 1n\ K_f * Finance \quad (4.7)$$

通过引入 $1n\ K_f$ 与以上变量的交叉乘积项，我们就可以考察这些因素对 FDI 技术外溢性的影响。这些影响体现在系数 γ_i，$i \in [1, 6]$。如果 γ_i 为正，则表明该因素有利于 FDI 技术溢出；反之，则表明不利于 FDI 技术外溢。

Borensztein 等（1998）的研究表明，FDI 对东道国经济增长的作用受东道国人力资本的门槛效应的影响，即只有当东道国人力资本存量足够丰裕时，东道国才能充分吸收 FDI 的技术外溢。在 Girma 和 Gorg（2003，2005）的研究中，技术差距被视为东道国技术吸收能力的衡量指标。他们的研究表明，东道国企业与外商投资企业间的技术差距越小，吸收能力越高。此外，东道国的投资环境也是影响 FDI 技术外溢效果的因素之一。投资环境的完善不仅可以成为吸引具有较高技术素质的 FDI 的重要优势条件，从而提高外溢效应来源的质量和规模，同时，还可以成为协助本地企业吸收来自 FDI 的外溢效应的一个重要工具。可以预期，人力资本的提高、投资环境的改善，以及技术差距的缩小有利于 FDI 的技术溢出。

东道国的市场竞争对 FDI 溢出存在两方面的影响：一方面，外商企业的进入提高了本地企业的竞争压力，并迫使这些企业进行技术创新和改进，从而产生了技术溢出的正效应。同时，市场竞争程度的加剧也会加快跨国公司对其子公司先进技术的转移；另一方面，由于外国直接投资企业拥有比国内先进很多的技术和管理经验，他们的进入和存在可能会垄断东道国原来的竞争市场，从而排挤并降低了本国企业的市场份额。此时，FDI 不仅不会产生技术溢出正效应，反而可能产生极大的负面影响。贸易开放影响技术吸收的作用渠道可分为两类：一是贸易开放通过从发达国家的产品、设备、仪器进口给本国带来了更多的技术模仿、学习机会（Grossman 和 Helpman，1991）；二是贸易开放的竞争效应，即一旦贸易壁垒被解除，激烈的国际市场竞争将迫使本国企业投入更多的研发以增强自身的国际竞争力（Holmes 和 Schmitz，2001）。然而，正如

前面分析所指出的，竞争效应具有双刃剑的作用。如果东道国企业的实力过弱，则跨国公司会挤占本土企业的市场份额，并抑制本土企业的发展。因此，竞争效应和贸易开放对 FDI 溢出的影响存在不确定性。

2. 分位数回归方法

分位数回归最早是由 Koenker and Bassett（1978）提出来的。分位数方法假定了模型确定性成分（deterministic portion）的形式，而未对误差项的分布作出假定，故属于半参数估计法。

在统计上，条件分位数 $Q_\theta(y|X)$ 是因变量条件累计分布函数的反函数。其中，$\theta \in (0, 1)$ 表示分位数取值。例如，当 $\theta = 0.80$ 时，$Q_{0.80}(y|X)$ 为 y 关于 X 条件分布的 80% 分位数；也就是说，给定特定的 X，在 y 中有 80% 的值小于或等于 $Q_{0.80}(y|X)$。注意到，对于对称分布（如正态分布）而言，0.50 分位数（或中位数）是等于均值的。

假定分位回归线性模型如下

$$Q_\theta(y|X) = \beta_0(\theta) X_0 + \beta_1(\theta) X_1 + \beta_2(\theta) X_2 + \cdots + \beta_p(\theta) X_p \tag{4.8}$$

其中，$\beta_i(\theta)$ 表示 θ 分位数时对应的参数（$i \in [0, p]$）。由于不同分位数时误差项的影响，随着 θ 的改变，模型（4.8）中的参数也会变化。当然，模型中系数的解释类似于一般线性模型，只不过现在不仅仅局限于条件均值，而是考虑了不同分位数位置的各种情形。

在探讨 FDI 技术溢出的背景下，分位数回归模型可以写为

$$\ln Y_{di} = X_i \beta + u_{\theta i}, \quad Q_\theta(\ln Y_{di} | X_i) = X_i \beta_\theta \tag{4.9}$$

其中，X_i 为外生变量向量，β_θ 为参数向量。$Q_\theta(\ln Y_{di} | X_i)$ 表示给定 X 时 $\ln Y_d$ 的 θ 条件分位数。θ 回归分位数（$0 < \theta < 1$）对应的参数向量 β 是通过最小化（4.9）得到的：

$$\min_{\beta \in R^k} \left\{ \sum_{i: \ln Y_{di} \geq X_i\beta} \theta | \ln Y_{di} - X_i\beta | + \sum_{i: \ln Y_{di} < X_i\beta} (1-\theta) | \ln Y_{di} - X_i\beta | \right\} \tag{4.10}$$

二、数据描述

笔者选用同时包括截面数据和时序数据的面板数据进行实证检验。由于中国有关外商投资工业部门的数据统计不够完善，直到 20 世纪 90 年代后才有相

关的连续数据。我们使用了 1999～2005 年中国 31 个省市（含重庆市）的相关数据进行分析，这样就保证了我们的回归分析中的数据不至于太少。

借鉴潘文卿（2003）的分类方法，将我国分成了东、中、西三个地区。其中，东部地区包括北京、天津、河北、辽宁、上海、江苏、浙江、福建、山东、广东、广西、海南 12 个省市；中部地区包括山西、内蒙古、吉林、黑龙江、安徽、江西、河南、湖南、湖北 9 个省份；西部地区包括重庆、四川、贵州、云南、西藏、陕西、甘肃、青海、宁夏、新疆 10 个省市。

在指标选取上，外资工业企业资本存量取三资工业企业总资产；内资企业工业产出通过全部国有及规模以上非国有工业企业总产值减去三资工业企业工业总产值测算；内资企业资本存量也是通过全部国有及规模以上非国有工业企业资产合计减去三资企业资产合计测算的；内资企业劳动力数则是通过城镇中从业人员数减去城镇中港澳台及外商投资单位从业人员数近似估计的。

其他指标的选取如下：

人力资本（H）：将人力资本视为一个地区整体的知识水平。考虑到数据的连续性，我们采用各地区普通高等学校历年毕业生数来近似人力资本水平。一般而言，一个地区普通高等学校毕业生的人数越多，则该地区整体的知识水平与结构越优越，从而人力资本水平就越高；

市场竞争度（Comp）：采用外资在当地经济中的参与度来衡量市场竞争度。一般而言，一个地区外资企业中就业的人数比重越高，则该地区外资在当地经济中所起的作用就越显著，从而竞争也越激烈。此处，我们采用各地区城镇中港澳台及外商投资单位从业人员总数与城镇中从业人员总数的比重来近似估计竞争度；

国内企业与外资企业的技术水平差距（Gap）：技术差距包含技术与管理两个层面，但最终都可从劳动生产率上体现出来。此处，我们采用外资与内资企业的人均劳动生产率的比值来衡量技术差距。具体的，使用人均产出来度量人均劳动生产率；

经济开放度（Open）：我们将经济开放度视为一个地区与国际经济联系的紧密程度。考虑到对外贸易在我国对外经济中的重要地位，采用贸易依存度来衡量经济开放度；

投资硬环境（Goods）：采用基础设施来衡量投资硬环境。出于简便考虑，我们采用了货物周转量来近似衡量；

投资软环境（Finance）：投资软环境被定义为某地区的信用环境、法制、人才、政府服务等因素。通常而言，一个地区在文教卫生等事业上投入的资金越多，则该地区在投资环境上得到的改善越明显。故采用地方财政支出文教科学卫生事业来衡量投资软环境。

其中，货物周转量和地方财政支出文教科学卫生事业的数据来源为 CCER 经济金融研究数据库，其它数据来源为《中国统计年鉴（2000~2006）》。

三、计量结果与分析

1. 全国样本的分析

（1）面板数据的常规分析

由于本节仅以样本自身效应为条件进行推论，故使用固定效应模型，并假定参数满足时间一致性。此时，模型（4.7）的估计结果如下。

表 4.1　模型面板数据分析结果

变量	系数估计量	变量	系数估计量
$\ln K_d$	.926633*** (.0894605)	$\ln K_f * GDP$	−.0028461*** (.0008988)
$\ln L_d$	−.0624908# (.1389822)	$\ln K_f * Open$	−.0000231* (.0000132)
$\ln K_f$	.3865651*** (.0578843)	$\ln K_f * Goods$	6.31e−06*** (1.86e−06)
$\ln K_f * H$	.0005356# (.0009141)	$\ln K_f * Finance$	.0000566# (.0000706)
$\ln K_f * Comp$	−.0984744# (.119861)		

注：***表示系数的 t 统计量在 1% 的水平上显著，**表示系数的 t 统计量在 5% 的水平上显著，*表示系数的 t 统计量在 10% 的水平上显著，#表示系数的 t 统计量在 10% 的水平上仍不显著，括号中为估计量标准误。

在检验的结果中，针对参数联合检验的 F 统计量为 F（9，170）= 243.01，相应 p = 0.0000，表明参数整体上相当显著；检验固定效应是否显著的 F 统计量为 F（29，170）＝8.09，相应 p＝0.0000，这表明固定效应非常显著。

为了检验模型中是否存在异方差，使用 Greene（2000）提出的修正 Wald 统计量来检验，由于 chi2（30）＝995.97，p＝0.0000，故拒绝同方差的原假设，从而认为模型中存在异方差。为了检验模型中的残差是否存在序列相关，使用 Wooldridge（2002）提出的检验方法。在结果中，F（1，29）＝160.311，p＝0.0000，这表明模型中存在序列相关问题。运用 Prais – Winsten 估计进行修正，得到面板修正标准误（PCSE）估计量见表 4.2。

表 4.2 采用 Prais – Winsten 方法修正后的结果

变量	系数估计量	变量	系数估计量
$\ln K_d$	.850899 *** (.0749758)	$\ln K_f * Gap$	−.0014133 ** (.0006499)
$\ln L_d$	.0079477# (.0624548)	$\ln K_f * Open$	−.0000395 *** (.0000108)
$\ln K_f$	.1916561 *** (.0353232)	$\ln K_f * Goods$	3.15e−06 * (1.66e−06)
$\ln K_f * H$	.002025 *** (.0007595)	$\ln K_f * Finance$	0001726 *** (.0000587)
$\ln K_f * Comp$	−.0947979# (.090931)		
R^2	0.9895	Wald 统计量	3075.72
样本观测数	209	p 值	0.0000

注：*** 表示系数的 t 统计量在 1% 的水平上显著，** 表示系数的 t 统计量在 5% 的水平上显著，* 表示系数的 t 统计量在 10% 的水平上显著，#表示系数的 t 统计量在 10% 的水平上仍不显著，括号中为修正后的标准误。

从表 4.2 可知，FDI 对中国工业部门产出具有正向溢出效应。同时可知，人力资本和投资环境的改善有利于 FDI 技术溢出效应的发挥；而激烈的市场竞争度、过大的技术差距和过高的开放度却并不利于技术溢出。

（2）分位数回归分析

为了进一步考虑条件分布不同位置时 FDI 溢出效果和各影响因素的变化规

律，我们采用分位数回归方法对模型（4.7）进行分析，结果见表4.3。

表4.3 模型分位数回归结果

变量	分位数				
	0.05	0.25	0.50	0.75	0.95
$\ln K_d$	.864573*** (.0739464)	.774276*** (.0855101)	.832835*** (.0821413)	.915956*** (.0495357)	1.02460*** (.1036209)
$\ln L_d$	−.058702# (.1091009)	.001318# (.0884761)	−.018219# (.0623492)	−.073601* (.0385607)	−.209191** (.0829724)
$\ln K_f$	.205077*** (.0539445)	.230223*** (.0390215)	.228956*** (.0386884)	.158461*** (.0288256)	.151769** (.0600114)
$\ln K_f * Comp$	−.0013696# (.0011115)	.0001142# (.0012898)	.0013424# (.0012069)	.003767*** (.0012938)	.004145*** (.0015372)
$\ln K_f * Gap$	−.0002094# (.0012087)	−.002316** (.0011094)	−.002612*** (.0007622)	−.002128*** (.0004735)	−.004072*** (.0007777)
$\ln K_f * Open$	−.000077*** (.0000134)	−.000055*** (.0000102)	−.000038*** (6.81e−06)	−.000039*** (6.71e−06)	−.000027* (.0000141)
$\ln K_f * Goods$	3.58e−07# (2.81e−06)	3.72e−06# (2.44e−06)	1.81e−06# (1.48e−06)	1.23e−06# (1.34e−06)	−1.55e−06# (1.98e−06)
$Pseudo-R^2$	0.8804	0.8474	0.8456	0.8488	0.8520
样本观测数	209	209	209	209	209

注：***表示系数的t统计量在1%的水平上显著，**表示系数的t统计量在5%的水平上显著，*表示系数的t统计量在10%的水平上显著，#表示系数的t统计量在10%的水平上仍不显著。括号中为估计量标准误，且通过100次Bootstrap得到。

从表4.3可知，通过分位数方法得出的系数符号与常规面板数据分析大致相似，然而，随着内资工业产出在条件分布不同位置发生变动，各因素影响大小呈现一定变化趋势。

为了进一步分析在不同分位数时模型（4.7）中各系数的变动趋势，绘制不同分位数时各系数的变化如下（见图4.1、图4.2和图4.3）：

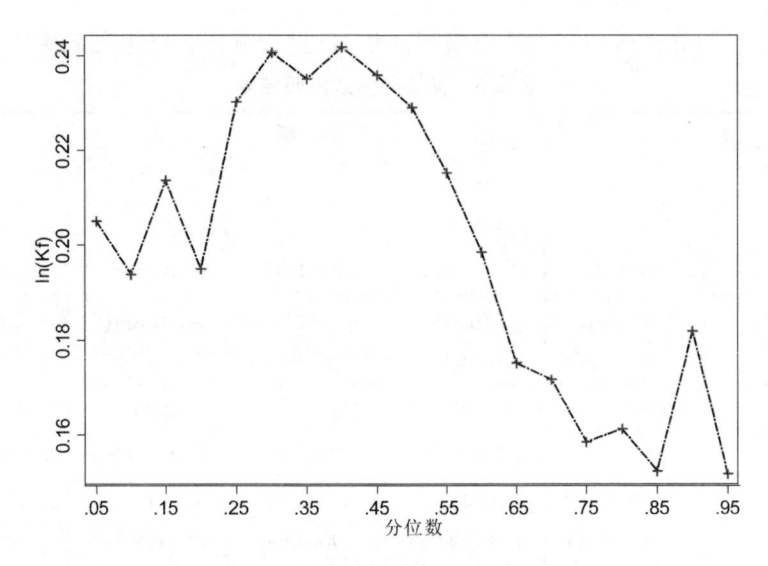

图 4.1 不同分位数时的变化趋势

图 4.1 描述的是在不同分位数时 FDI 溢出效应的变化趋势。从图中可知，随着内资工业产出由条件分布的低端向高端变化，FDI 的溢出效应先增后减。当内资工业产出处于条件分布的中间位置（大约 0.4 分位数）时，FDI 的溢出效应最大；当内资工业产出处于分布高端时，FDI 溢出效果最不显著。

在图 4.2 中，我们绘制了不同分位数时人力资本、市场竞争度、技术差距以及开放度对 FDI 溢出的影响。从图中可知，人力资本有利于 FDI 溢出效应的发挥，且随着内资工业产出由条件分布的低端向高端变动，人力资本对溢出的促进作用越来越显著。当内资工业产出处于条件分布高端时，人力资本对 FDI 溢出的正向影响最为显著。

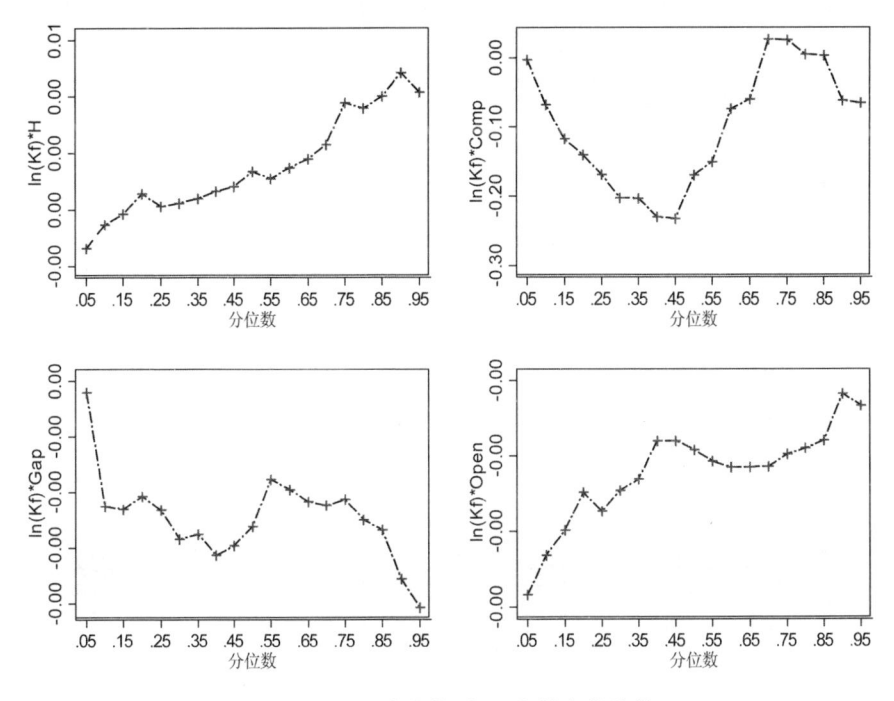

图 4.2　不同分位数时、、和的变化趋势

市场竞争度、技术差距和开放度不利于 FDI 的技术溢出。随着内资工业产出由条件分布的低端向高端变动，市场竞争对溢出的负向影响先增后减。当内资工业产出处于分布两端时，市场竞争的负向影响最不显著；而当内资工业产出处于分布中间段（0.45 分位数）时，市场竞争对 FDI 的负向影响最为显著。随着内资工业产出由条件分布的低端向高端变动，技术差距对 FDI 溢出的负向影响逐渐增强。只有当内资工业产出处于分布低端时，技术差距的负向影响才最不显著；而当内资工业产出处于分布高端时，不利影响最为显著。同时可知，随着产出由条件分布的低端向高端变动，开放度对 FDI 溢出的负向影响逐渐减弱。因而，当产出处于条件分布低端时，开放度对 FDI 溢出的不利影响最为显著；而当产出处于条件分布高端时，开放度对 FDI 溢出的不利影响最为微弱。

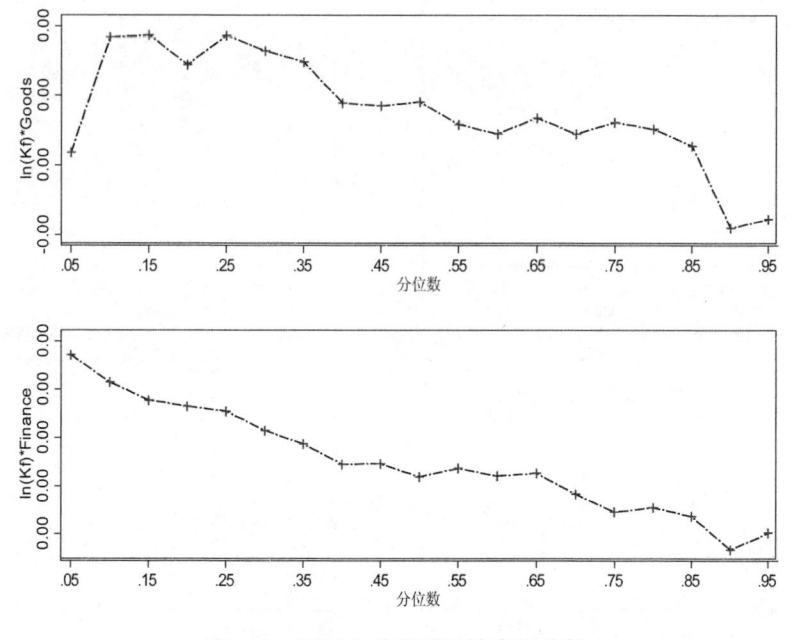

图4.3　不同分位数时和的变化趋势

图4.3显示的是不同分位数时投资环境对FDI溢出的影响。从图中可知，投资硬环境和投资软环境是有利于FDI溢出的。随着内资工业产出由条件分布的低端向高端变动，投资硬环境和投资软环境对FDI溢出的正向作用都大致呈递减趋势。由此可见，当内资工业产出处于条件分布低端时，投资环境对FDI溢出的正向影响最为显著；当产出处于条件分布高端时，投资环境对FDI溢出的正向影响最为微弱。

按照各因素对FDI溢出的作用方向及其影响变化趋势，我们对人力资本、市场竞争度、技术差距、开放度和投资环境进行了归类，结果见表4.4。

表4.4　各因素对FDI技术溢出影响的变化趋势

影响的变化趋势	是否有利于FDI溢出？	
	是	否
↗	人力资本	经济开放度
↘	投资硬环境、投资软环境	内资与外资企业的技术差距
↘↗		市场竞争度

注：本表考察的是当内资企业工业产出由条件分布的低端向高端变动时，各因素对

FDI溢出影响的变动趋势。

如表4.4所示，人力资本和投资环境的改善有利于FDI溢出的发挥；而经济开放度、技术差距和市场竞争度不利于FDI溢出。随着产出由条件分布的低端向高端变动，人力资本与开放度、投资环境与技术差距对技术外溢的影响均呈同向变化，而唯独市场竞争度的影响表现出波动趋势。

（3）结论评述

通过上述分析，我们得出以下结论：

①FDI对我国工业部门存在外溢效应，且当内资工业产出处于条件分布中间位置（大约0.4分位数）时，FDI的溢出最为显著；

②人力资本和投资环境的改善有利于FDI技术溢出效应的发挥。随着内资工业产出由条件分布的低端向高端变动，人力资本对FDI溢出的促进作用越来越显著，而投资环境对FDI溢出的促进作用则逐渐减弱；

③市场竞争度、技术差距和开放度的加大并不利于FDI技术溢出效应的发挥。当内资企业工业产出处于条件分布中间段（0.45分位数）时，市场竞争对FDI的负向影响最为显著；在产出条件分布的高端，技术差距对FDI技术溢出的负向影响最为显著；而在产出条件分布的低端，开放度对FDI溢出效应的负面影响最为显著。

2. 东、中、西部次级样本的分析

上一小节仅仅是从全国范围考察FDI的技术外溢，而忽视了中国不同区域（东、中、西部）的异质性。在此基础上，本节将进一步分区域考察外资对中国工业部门的技术外溢效应。

采用分位数回归方法进行分析，我们得到不同样本时分位数回归结果，见表4.5 – 表4.7。

表4.5　模型分位数回归结果（东部样本）

变量	分位数				
	0.05	0.25	0.50	0.75	0.95
$\ln K_d$	0.359166# (.344606)	0.383438* (.2206781)	0.719812*** (.2373008)	1.006281*** (.2406911)	1.064156*** (.2723202)
$\ln L_d$	0.3936732# (.2816638)	0.2354684# (.1675438)	-0.00988052# (.1582986)	-0.2487244# (.1861439)	-0.3603916# (.2400787)

续表

变量	分位数				
	0.05	0.25	0.50	0.75	0.95
$\ln K_f$	0.4965214*	0.4990272**	0.3542412**	0.2082268#	0.1741368#
	(.2931281)	(.1879972)	(.1745082)	(.1275103)	(.1354259)
$\ln K_f * H$	0.0000646#	-0.0005677#	-0.0000131#	-0.0007418#	0.0005212#
	(.0022726)	(.0010803)	(.0012044)	(.0010251)	(.0009725)
$\ln K_f * Comp$	-0.449232#	-0.525136**	-0.308329#	-0.038958#	-0.043529#
	(.3983849)	(.2384213)	(.2141479)	(.154795)	(.1342764)
$\ln K_f * Gap$	-0.015329**	-0.012745***	-0.005920*	-0.004311#	-0.003656#
	(.0071291)	(.0036094)	(.0030961)	(.0029547)	(.0033947)
$\ln K_f * Open$	-0.000014#	-0.0000252*	-0.000033***	-0.000037***	-0.000032***
	(.0000294)	(.0000145)	(.0000114)	(8.77e-06)	(8.81e-06)
$\ln K_f * Goods$	4.82e-06#	3.84e-06*	1.56e-06#	5.82e-07#	-1.03e-06#
	(3.35e-06)	(2.28e-06)	(2.21e-06)	(1.99e-06)	(2.45e-06)
$\ln K_f * Finance$	0.000223#	0.000325***	0.000259***	0.000283***	0.000247***
	(.000172)	(.0000807)	(.0000736)	(.0000666)	(.0000649)

注：***表示系数的t统计量在1%的水平上显著，**表示系数的t统计量在5%的水平上显著，*表示系数的t统计量在10%的水平上显著，#表示系数的t统计量在10%的水平上仍不显著。括号中为估计量标准误，且通过100次Bootstrap得到。

表4.6 模型分位数回归结果（中部样本）

变量	分位数				
	0.05	0.25	0.50	0.75	0.95
$\ln K_d$	0.396024#	0.518213***	0.648563***	0.575359***	0.489532***
	(.2448581)	(.1826565)	(.1545375)	(.1496628)	(.1775653)
$\ln L_d$	0.309304*	0.251092*	0.129952#	0.118778#	0.086773#
	(.1685291)	(.138683)	(.1314155)	(.1223344)	(.1334468)
$\ln K_f$	0.343808i#	0.366855**	0.264270**	0.315592**	0.267843**
	(.231421)	(.1413309)	(.1101174)	(.1167738)	(.1151291)

续表

变量	分位数				
	0.05	0.25	0.50	0.75	0.95
$\ln K_f * H$	-0.004878# (.0039565)	-0.004558# (.0040247)	0.000767# (.0046795)	0.003745# (.0039592)	0.004306# (.0033755)
$\ln K_f * Comp$	-1.472528# (2.04341)	-2.007682# (1.412847)	-1.425487# (1.253935)	-1.00186# (.9333198)	-0.779775# (1.17904)
$\ln K_f * Gap$	-0.002588# (.0031294)	-0.002345# (.002113)	-0.002720# (.0020088)	-0.005005** (.0020833)	-0.004944** (.0023088)
$\ln K_f * Open$	0.000119# (.0002239)	-8.49e-06# (.000173)	0.000126# (.0001651)	0.000187# (.0001798)	0.000168# (.0002026)
$\ln K_f * Goods$	-0.000039# (.0000373)	-0.000069** (.0000291)	-0.000014# (.0000263)	-1.91e-06# (.000028)	1.12e-06# (.0000323)
$\ln K_f * Finance$	0.001442*** (.0005278)	0.001492*** (.0004917)	0.000679# (.0005416)	0.000338# (.0005371)	0.000321# (.0005361)

注：***表示系数的 t 统计量在 1% 的水平上显著，**表示系数的 t 统计量在 5% 的水平上显著，*表示系数的 t 统计量在 10% 的水平上显著，#表示系数的 t 统计量在 10% 的水平上仍不显著。括号中为估计量标准误，且通过 100 次 Bootstrap 得到。

表 4.7　模型分位数回归结果（西部样本）

变量	分位数				
	0.05	0.25	0.50	0.75	0.95
$\ln K_d$	1.37575*** (.2514335)	1.241047*** (.1884584)	1.245753*** (.2486354)	1.422226*** (.3462507)	1.68525*** (.4487997)
$\ln L_d$	-0.319319** (.1551775)	-0.318992** (.1218396)	-0.28876# (.1735098)	-0.363452# (.2169828)	-0.480110* (.2562103)
$\ln K_f$	0.184408# (.1485484)	0.1512901# (.1239819)	0.094579# (.1393985)	0.107522# (.1597304)	-0.001470# (.2008109)
$\ln K_f * H$	-0.001416# (.0069782)	-0.005333# (.0041445)	-0.004255# (.0036905)	0.000477# (.0046531)	-0.000670# (.0066194)

续表

变量	分位数				
	0.05	0.25	0.50	0.75	0.95
$\ln K_f * Comp$	$-0.951517^{\#}$ (4.009026)	$0.340736^{\#}$ (2.955584)	$2.443974^{\#}$ (2.821159)	$1.034636^{\#}$ (3.168541)	$2.379476^{\#}$ (4.368954)
$\ln K_f * Gap$	$-0.004047^{\#}$ (.002937)	$-0.0040102**$ (.0019611)	$-0.0039598**$ (.0018972)	$-0.002621^{\#}$ (.0022101)	$-0.0015897^{\#}$ (.0026556)
$\ln K_f * Open$	$0.000777***$ (.0001729)	$0.000558***$ (.00012)	$0.000486***$ (.0000989)	$0.000441***$ (.0001275)	$0.0004202**$ (.0001689)
$\ln K_f * Goods$	$-0.000048^{\#}$ (.0001263)	$0.000153**$ (.0000733)	$0.000132**$ (.0000655)	$0.000036^{\#}$ (.000079)	$0.000108^{\#}$ (.0001087)
$\ln K_f * Finance$	$-5.64e-07^{\#}$ (.0002968)	$-0.000335*$ (.0001937)	$-0.000165^{\#}$ (.0002126)	$-0.000233^{\#}$ (.0002703)	$-0.000547^{\#}$ (.0003652)

注：***表示系数的t统计量在1%的水平上显著，**表示系数的t统计量在5%的水平上显著，*表示系数的t统计量在10%的水平上显著，#表示系数的t统计量在10%的水平上仍不显著。括号中为估计量标准误，且通过100次Bootstrap得到。

为了更形象地研究条件分布不同位置（分位数）时各因素影响变动的规律，我们绘制了0.05-0.95分位数时各系数变化趋势，见图4.4-图4.10：

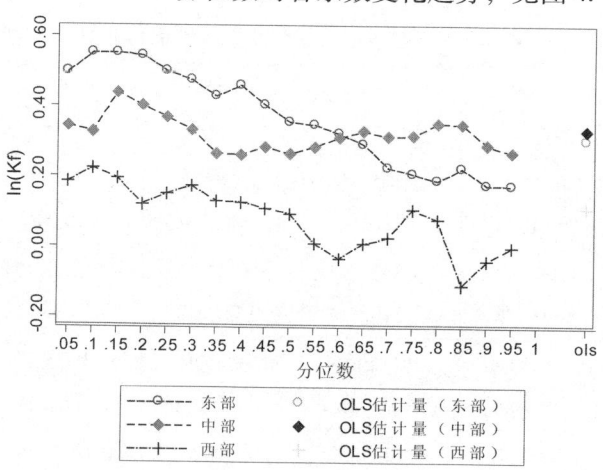

图4.4 不同分位数时变化趋势图

图 4.4 描述的是不同分位数时 FDI 溢出效应的变化趋势。随着内资工业产出由条件分布的低端（低分位数）向高端（高分位数）变化，东部和西部地区外资的溢出效果逐渐减弱，而中部地区的溢出效应相对平稳。

由图中比较可知，西部地区的边际技术溢出效应最弱，而东、中部地区 FDI 溢出相对较强：当内资工业产出处于条件分布低端时，东部地区的边际溢出效应强于中部；当内资工业产出处于条件分布高端时，中部地区的边际溢出效应强于东部。

图 4.5 显示的是不同分位数时人力资本对 FDI 溢出的影响。当内资工业产出处于条件分布低尾端时，人力资本对 FDI 溢出存在一定负向影响。随着内资工业产出由条件分布的低端向高端变化，人力资本对技术溢出的正向影响逐渐显现并增强。从图中可知，中部地区的人力资本对溢出的影响在不同分布位置时的变化最为显著。

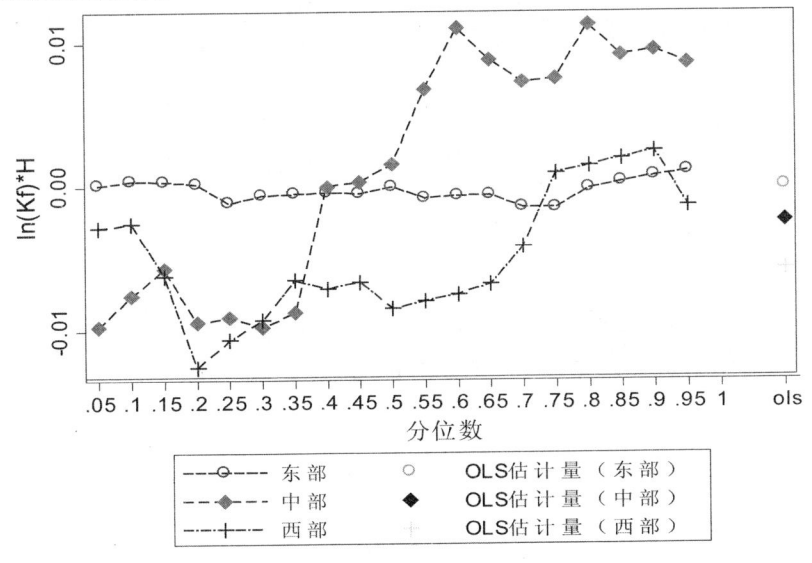

图 4.5　不同分位数时变化趋势图

图 4.6 显示的是不同分位数时市场竞争度对 FDI 溢出的影响。在东部和中部，市场竞争度的加剧并不利于技术外溢效应的发挥；随着内资工业产出由条件分布的低端向高端变化，东、中部地区市场竞争度对技术外溢性的负向影响逐渐减弱。对于西部地区而言，当内资工业产出处于条件分布低端时，过多的

市场竞争并不利于技术外溢；当西部内资工业产出处于条件分布高端时，市场竞争才逐渐有利于技术外溢。

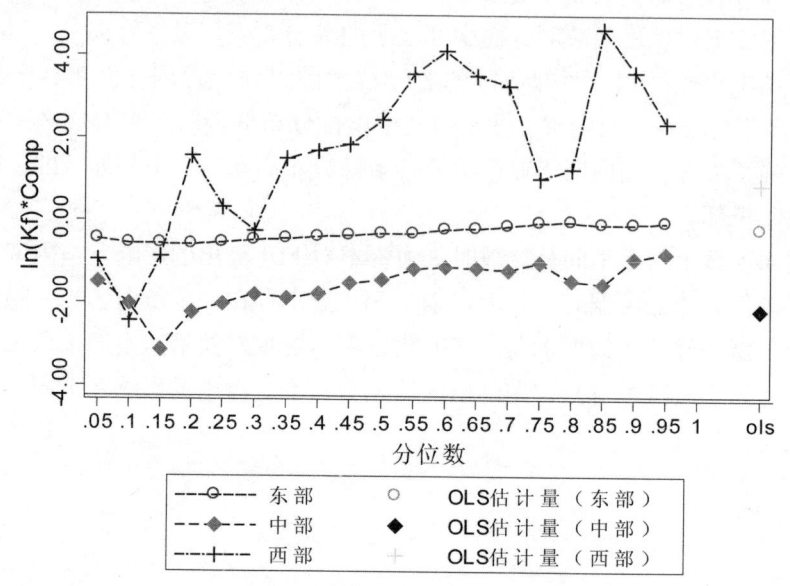

图 4.6 不同分位数时变化趋势图

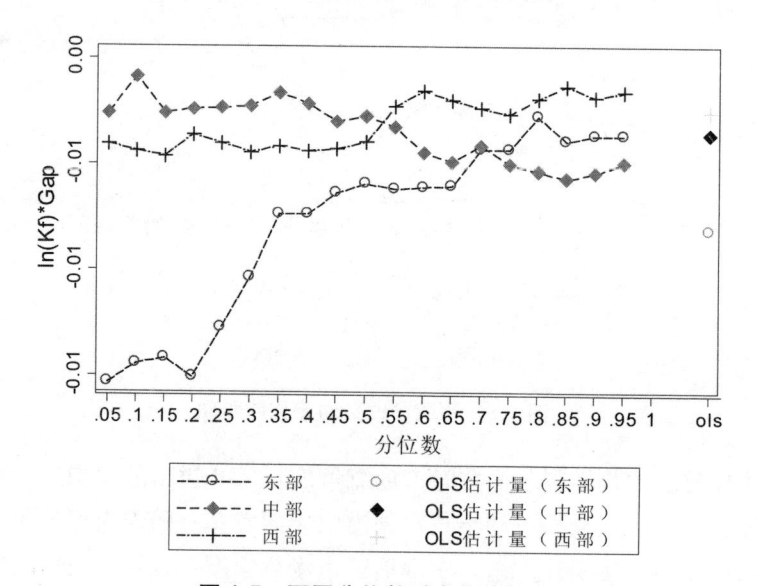

图 4.7 不同分位数时变化趋势图

图 4.7 描述的是不同分位数时技术差距对 FDI 溢出的影响。从图中可知，内企与外企之间的技术差距是不利于技术溢出的：在中部和西部地区，技术差距对于技术溢出的负向效应趋于平稳；而在东部地区，随着内资工业产出由条件分布的低端向高端变化，技术差距对于技术溢出的负向效应逐渐减弱。

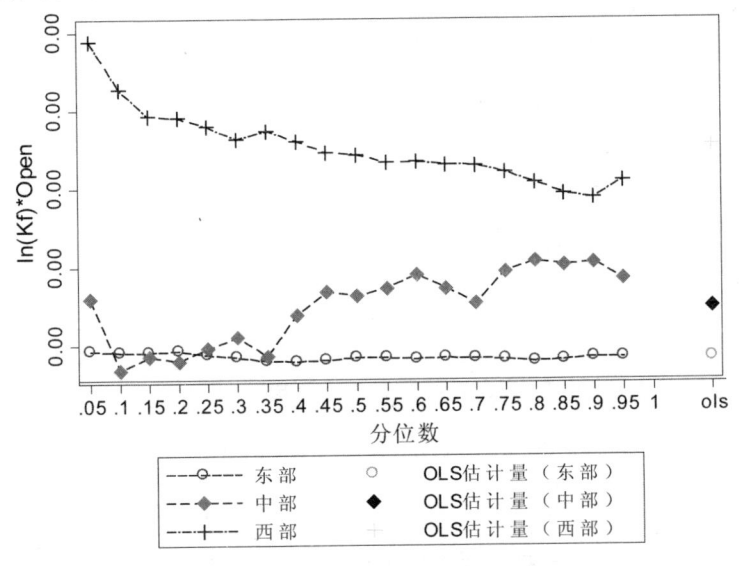

图 4.8　不同分位数时变化趋势图

图 4.8 显示的是不同分位数时开放度对 FDI 溢出的影响。在东部地区，过高的开放度不利于技术的溢出；在中部地区，当内资工业产出处于分布低端时，开放度对溢出具有负效应，然而，随着内资工业产出向分布高端变化，开放度对溢出的影响变为正向，且逐渐增强；在西部地区，开放度对技术溢出具有正向影响，但是，随着内资工业产出向分布高端变化，开放度对溢出的正向影响逐渐减弱。

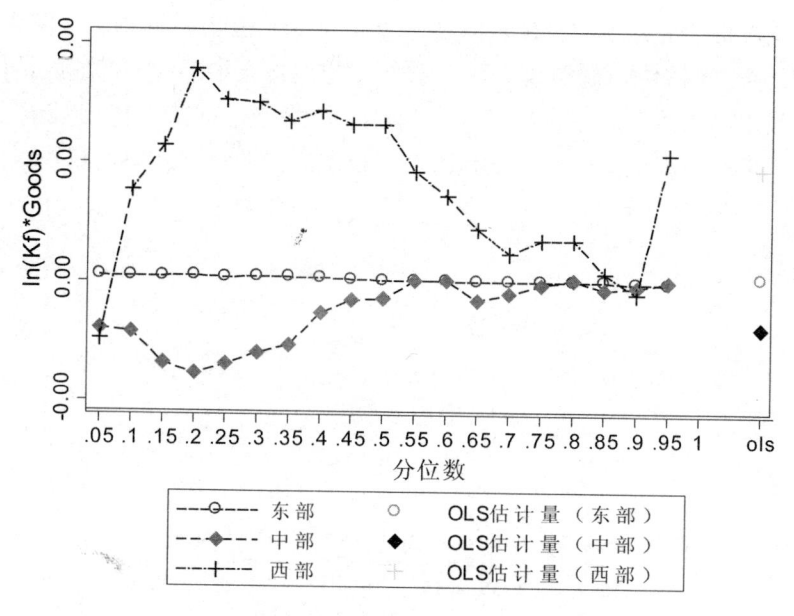

图4.9 不同分位数时变化趋势图

图4.9反映的是不同分位数时投资硬环境对FDI溢出的影响。从图中可知，东部地区投资硬环境对于技术溢出的影响不显著；在中部地区，投资硬环境对溢出有一定的负向影响，但随着内资工业产出向分布高端变化，这种负面影响逐渐减弱；在西部地区，总体而言，投资硬环境对溢出有正向影响，且随着内资工业产出向条件分布高端变化，这种影响呈现先增后减的变化趋势。

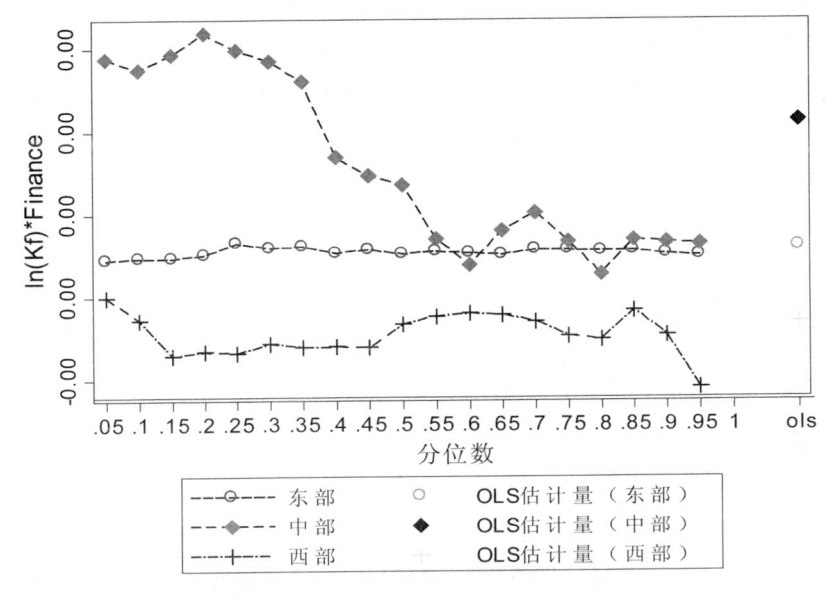

图 4.10　不同分位数时变化趋势图

在图 4.10 中，我们绘制了不同分位数时投资软环境对 FDI 溢出的影响。从图中可知，在东部和中部地区，投资软环境对于技术溢出具有显著正向影响，且中部地区投资软环境所起的边际作用更大；而在西部地区，投资软环境对技术溢出的影响不显著（见表 4.7）。

通过上述分析，我们可以得到以下结论：

（1）当内资工业产出处于条件分布低端（低分位数）时，人力资本对技术溢出的贡献是有限的。只有当内资工业产出处于较高分位数时，人力资本对技术溢出的正向影响才会显现。这就意味着，在其它条件给定的情形下，只有当内资工业企业具备了较高生产规模时，人力资本对技术溢出的正向影响才会显著。

（2）当内资工业产出处于条件分布低端（低分位数）时，过度的市场竞争是不利于技术溢出的。当内资工业产出由条件分布的低端（低分位数）向高端（高分位数）变化时，市场竞争度对技术外溢的负向影响逐渐减弱，甚至产生正向影响。这表明，在其它条件给定的情形下，只有当内资工业企业具备了较高生产规模时，市场竞争才会逐渐有利于技术溢出。

（3）内企与外企之间的技术差距是不利于技术溢出的。当内资产出处于

105

条件分布低端时,东部地区技术差距所带来的负面影响最为显著。随着产出向条件分布高端变化,东部地区技术差距对技术溢出的负向效应逐渐减弱,而中、西部地区技术差距对技术溢出的负向效应趋于平稳。当内资企业规模逐渐增大后,三个地区技术差距所带来的负面影响趋于一致。

(4) 开放度的影响在不同地区存在较大差异。在东部地区,过高的开放度不利于技术外溢;在中部地区,当内资工业产出处于条件分布低端时,开放度对溢出具有负向影响,然而,随着内资工业产出向分布高端变化,开放度对溢出的影响变为正向,且逐渐增强;在西部,开放度对技术溢出具有正向影响,但是,随着产出向条件分布高端变化,开放度对溢出的正向影响逐渐减弱。

(5) 东部投资硬环境对技术溢出的影响不显著;而在中部地区,投资硬环境对溢出有一定的负向影响,但随着产出向条件分布高端变化,这种负面影响逐渐减弱;在西部地区,投资硬环境对溢出有正向影响,并且,随着产出向条件分布高端变化,这种影响呈现先增后减的趋势。

(6) 在东、中部地区,投资软环境对技术溢出具有显著正影响,且中部地区投资软环境所起的边际作用较大;而在西部地区,投资软环境对技术溢出的影响不显著。

四、小结

本章不区分水平溢出与垂直溢出,并从东道国吸收能力的视角探讨了 FDI 对中国工业部门的外溢效应。为了与前人的研究相区别,本章采用了分位数的分析方法。此分析方法的优点就在于,通过获取因变量条件分布不同位置(分位数)的充分信息,就可避免对经济问题或现象的片面判断。因此,通过分位数方法,我们对 FDI 在中国工业部门的溢出及其影响因素有了更为充分的了解。为了更全面地考察 FDI 的技术溢出,本章既从全国范围进行了分析,同时也兼顾了东、中、西部不同地区的异质性。

就全国范围而言,通过提高人力资本和改善投资环境,有利于 FDI 的技术溢出。并且,当内资企业具有较高生产规模时,提高人力资本对 FDI 技术溢出边际贡献最大,而当内资企业具有较低生产规模时,投资环境的改善对 FDI 技术溢出的边际贡献最大。这意味着,对于一个地区而言,当本土企业实力非常弱时，通过改善投资环境来引入外商直接投资对于其技术溢出的作用最为明显；当本土企业实力发展壮大以后，投资环境改善对FDI溢出的边际贡献将越来越小，此时，提高人力资本对FDI技术溢出的边际贡献将越来越大。经济开放度的负向影响在条件分布的低端最为显著，这表明，当一个地区企业实力较弱时，盲目地开放市场可能会导致外资企业对当地企业的挤出，从而不利于当地企业的发展。技术差距过大不利于FDI的溢出，内外资企业技术差距的缩小有利于FDI的溢出，并且，当内资企业实力越强时，技术差距缩小对FDI溢出的边际贡献最大。过度的市场竞争不利于FDI的溢出，当内资企业的规模适中时，市场竞争的负向作用最为显著。也就是说，市场竞争对FDI溢出的影响存在门槛效应。当内资企业的规模小于某临界值时，竞争度增加的负向影响逐渐增强；当内资企业的规模超过该临界值后，竞争度增加的负向影响逐渐减弱。

分地区的研究表明，只有当内资工业企业具备较高生产规模时，人力资本和市场竞争对技术溢出的正向影响才会显著。内企与外企之间的技术差距是不利于技术溢出的。当企业规模较小时，东部地区技术差距对FDI溢出的负向影响最为显著，而随着企业规模的逐渐增大，这种技术差距所导致的负向影响将逐渐减弱。中、西部地区技术差距对技术溢出的负向效应趋于平稳。当内资企业规模逐渐增大后，三个地区技术差距所带来的负面影响趋于一致。开放度的影响在不同地区存在较大差异。在东部地区，过高的开放度不利于技术外溢；在中部地区，随着内资企业实力的增强，开放对溢出的影响由负向变成正向；在西部，开放度对技术溢出具有正向影响，但是，随着内资企业实力的逐渐增强，开放度对溢出的正向影响逐渐减弱。对于东部地区而言，投资软环境对溢出的正向作用要显著于投资硬环境；在西部地区，投资硬环境对溢出的正向作用要显著于投资软环境；在中部地区，投资硬环境和投资软环境都发挥着重要作用。该结论实际上正好反映了我国不同区域发展的现状。由于东部地区经济发展最快，投资硬环境已经得到了极大改善，因此，促进FDI技术溢出的重点将是改善投资软环境；而西部地区经济发展最为迟缓，基础设施等投资硬环境亟待改善，因此，改善投资硬环境是该地区的重点；作为中部地区，投资硬环境和软环境都得到了一定程度的发展，进一步同时改善两者将有利于该地区FDI的技术溢出。

结合本章关于FDI溢出的研究，可以引申出如下一些政策建议：

（1）改善不同地区的投资环境。当东道国企业具备较低生产规模时，投资环境改善对 FDI 技术溢出的边际贡献较大。随着东道国企业规模的逐渐扩大，这种正向边际影响逐渐减弱。因此，当一个地区内资企业实力较弱时，投资环境的改善显得尤为重要，这将极大地促进 FDI 的溢出效应。同时，不同地区投资环境改善的重点是存在差异的。由于东部地区经济发展最快，投资硬环境已经得到了极大改善，因此，促进 FDI 技术溢出的重点将是改善投资软环境；而西部地区经济发展最为迟缓，基础设施等投资硬环境亟待改善，因此，改善投资硬环境是该地区的重点；作为中部地区，经济发展水平处于中间状态，投资硬环境和软环境的改善都应当得到重视。

（2）提升人力资本水平。应加大教育培训投入，提高国民整体素质以及企业人力资本水平，为跨国公司在华投资的技术溢出创造良好的人力资本条件。应注意到，随着内资工业产出由条件分布的低端向高端变动，人力资本对 FDI 溢出的促进作用越来越显著。因此，随着内资企业实力的壮大，提升人力资本的正向边际贡献将越来越显著。对于我国正处于成长期的企业和产业而言，不断提升自身人力资本水平是促进其健康发展的关键所在。

（3）注重对幼稚产业的初期保护。当一个地区东道国企业的实力较弱时，盲目地开放市场并引入过度竞争可能会导致外资企业对当地企业的挤出。只有当本土企业发展壮大、具备一定规模之后，东道国企业才可能从市场开放和市场竞争中获益。因此，地方政府应加强对幼稚产业在发展初期的保护。

（4）缩小内外资企业之间的技术差距。技术差距的扩大不利于 FDI 的技术溢出。并且，随着内资企业规模增大，技术差距所带来的负向边际影响将增强。因此，对于我国具备一定规模的行业而言，加大研发投入，缩小内外资企业间的技术差距是促进这些行业发展的关键所在。

第五章

FDI 对中国工业部门的外溢效应：行业内与行业间溢出

产业结构优化升级是推动中国经济可持续发展的关键所在。对于中国等发展中国家而言，外商直接投资的技术溢出是促进东道国产业结构升级的重要渠道之一。尽管 FDI 技术溢出效应在理论上得到了普遍的认同，关于 FDI 技术溢出效应的实证研究却得出了并不统一的结论。Caves（1974）、Kokko 等人（1996）、Lipsey 和 Sjoholm（2001）对澳大利亚、乌拉圭以及印度尼西亚的实证研究证实了溢出效应的存在；而 Haddad 和 Harrsion（1993）、Aitken 和 Harrison（1999）以及姚洋和章奇（2001）对摩洛哥、委内瑞拉和中国的同类研究却得出了相反的结论，即 FDI 的溢出效应是不存在的。导致实证结果分歧的原因很多，一些学者试图从东道国吸收能力的角度来进行解释，如人力资本（Borensztein 等，1998；赖明勇等，2005）、东道国自身研发水平（Keller，2004）、金融市场效率（Alfaro 等，2004）、贸易开放度（Holmes 和 Schmitz，2001）等。

需要指出的是，上述研究大多忽视了行业内溢出①与行业间溢出②的区别。为了进一步弄清 FDI 的溢出机制，我国部分学者从行业内溢出的视角探讨了技术溢出及其相关因素（陈涛涛和宋爽，2005；严兵，2006；陈涛涛和狄瑞鹏，2008）。然而，对现有文献的梳理表明，FDI 溢出发生的机制更有可能是通过行业间而非行业内。探讨跨国公司最优决策的文献指出，跨国公司管理

---

① 行业内溢出指的是那些在相同部门或区域的企业间非自愿的技术知识的扩散，传导的渠道有示范效应（Swan，1973）、竞争效应（Wang 和 Blomstrom，1992）、员工的培训和劳动力流动（Gerschenberg，1987）等。

② 行业间溢出通常由买方和卖方之间的联系产生，即外资企业通过与国内企业上、下游产业的前后向联系带动了当地企业的技术进步（Rodriguez – Clare，1996；Markusen 和 Venables，1999）。其中，外商企业在与供应商的联系中发生知识溢出被称为后向联系渠道的技术溢出；外商企业在与客户的联系中发生知识溢出被称为前向联系渠道的技术溢出。

层决策的一个重要特征是最小化模仿的可能。跨国公司通过组织生产最大化了模仿时滞,从而减轻了由行业内技术溢出导致的技术知识的租金消散(Ethier and Markusen, 1996)。对于跨国公司而言,相同行业内的溢出意味着损失,故跨国公司会限制技术的水平溢出。同时,其它部门制造商成本的降低并不会造成其租金损失。如果潜在上游供应商的效率得到提高,这对于跨国公司而言是十分有利的。因此,跨国公司对补充性和非竞争部门的行业间溢出可能性更大(Kugler, 2006)。

近几年来,我国的一些学者逐渐意识到了行业间溢出的重要性,并分别从技术差距(姜瑾和朱桂龙,2007)、知识产权(李平和随洪光,2007)和市场竞争(许和连等,2007)的角度考察了行业间溢出效应。在借鉴国内外前人研究基础之上,本章将进一步探讨行业内与行业间溢出,并侧重探讨行业间溢出的各种影响因素。本章分为四个部分。第一部分为研究方法;第二部分为模型设定与数据描述;第三部分为模型的实证分析;第四部分是结论与建议。

一、研究方法

为了从行业层面分析 FDI 对中国工业部门的外溢效应,本章主要采用了面板数据与投入产出的分析方法。其中,面板数据包含了不同行业不同年份的信息,因此,利用面板数据,我们就可以从行业层面进行 FDI 溢出的分析。为了区分行业内与行业间溢出,我们需要构建水平联系、后向联系、前向联系等指标。由于投入产出表中包含了不同行业间的生产投入联系,因此,利用投入产出分析,我们就可以构建本章所需的后向联系、前向联系、影响力系数、推动力系数等指标。

1. 面板数据模型形式设定的检验

考虑如下模型:

$$y_{it} = x_{it}'\beta + u_{it} \tag{5.1}$$

$$u_{it} = a_i + \varepsilon_{it} \tag{5.2}$$

其中,$i=1, 2, \cdots, N$,$t=1, 2, \cdots, T$;x_{it} 为 $K \times 1$ 列向量,K 为解释变量的个数,β 为 $K \times 1$ 系数向量。对于特定的个体 i 而言,a_i 表示那些不随时间改变的影响因素,而这些因素在多数情况下是无法直接观测或难以量化的,我们一般称其为"个体效应"。对"个体效应"的处理主要有两种方式:

一种是视其为不随时间改变的固定性因素,相应的模型称为"固定效应"模型;另一种是视其为随机因素,相应的模型称为"随机效应"模型。固定效应模型中的个体差异反映在每个个体都有一个特定的截距项上;随机效应模型则假设所有的个体具有相同的截距项,个体的差异主要反映在随机干扰项的设定上,因此该模型通常也称为"误差成分模型"。

(1) 固定效应显著性的检验

固定效应模型的设定是建立在如下假设基础之上的,即,我们认为个体间存在显著差异,但是对于特定的个体而言,组内不存在时间序列上的差异。但是,如果个体间(组间)的差异不明显,那么采用 OLS 对混合数据(Pooled OLS)进行估计即可。检验的基本思路为,在个体效应不显著的原假设下,应当有如下关系成立:

$H_0: a_1 = a_2 = \cdots = a_n$

我们可以采用 F 统计量来检验上述假设是否成立,

$$F = \frac{(R_u^2 - R_r^2)/(n-1)}{(1 - R_u^2)/(nT - n - K)} \sim F(n-1, nT - n - K) \quad (5.3)$$

其中,u 表示不受约束的模型,即固定效应模型;r 表示受约束的模型,即混合数据模型,仅有一个公共的常数项。如果 F 统计量显著,则我们拒绝原假设,从而认为固定效应模型更好。

(2) 随机效应显著性的检验

Breusch 和 Pagan (1980) 基于 OLS 估计的残差构造 LM 统计量,针对如下假设来检验随机效应,

$H_0: \sigma_a^2 = 0 \quad v.s. \quad H_1: \sigma_2^2 \neq 0$

相应的检验统计量为:

$$LM = \frac{nT}{2(T-1)} \left[\frac{\sum_{i=1}^{n} \left[\sum_{t=1}^{T} e_{it} \right]^2}{\sum_{i=1}^{n} \sum_{t=1}^{T} e_{it}^2} \right]^2 \quad (5.4)$$

在原假设下,LM 统计量服从一个自由度为 1 的卡方分布。如果拒绝原假设则表明存在随机效应。

(3) Hausman 检验

如果个体效应与解释变量不相关,那么随机效应(RE)估计量是一致且有效的,固定效应(FE)估计量也是一致的但非有效;如果个体效应与解释变量相关,那么固定效应估计量是一致且有效的,但这时随机效应估计量是非

111

一致的。因此，在个体效应与其他解释变量不相关的原假设下，两者的参数估计应该不会有显著的差异。从而，我们可以基于两者参数估计的差异构造检验统计量。

假设 b 和 $\hat{\beta}$ 分别为固定效应模型的 OLS 估计和随机效应模型的 GLS 估计，则

$$Var\ [b-\hat{\beta}] = Var\ [b] + Var\ [\hat{\beta}] - Cov\ [b-\hat{\beta}] - Cov\ [b-\hat{\beta}]' \quad (5.5)$$

基于上述 Hausman 检验的思想，有效估计量与它和非有效估计量之差的协方差应当为零，即

$$Cov\ [(b-\hat{\beta}),\hat{\beta}] = C_{ov}\ [b,\hat{\beta}] - Var\ [\hat{\beta}] = 0 \quad (5.6)$$

由此可得

$$Cov\ [b,\hat{\beta}] = Var\ [\hat{\beta}] \quad (5.7)$$

将（5.7）式的结果代入（5.5）式得到：

$$Var\ [b-\hat{\beta}] = Var\ [b] - Var\ [\hat{\beta}] = \Psi \quad (5.8)$$

Hausman 检验是基于如下 Wald 统计量：

$$W = [b-\hat{\beta}]'\hat{\Psi}^{-1}\ [b-\hat{\beta}] \sim x^2\ (K-1) \quad (5.9)$$

其中，$\hat{\Psi}$ 采用固定效应和随机效应模型的协方差矩阵进行计算。如果拒绝了原假设，就表明个体效应和解释变量是相关的，从而应采用固定效应模型。反之，则采用随机效应模型。

2. 投入产出系数

（1）直接消耗系数

$$a_{ij} = \frac{X_{ij}}{X_j} \quad (i,j=1,2,\cdots,n) \quad (5.10)$$

a_{ij} 的经济意义为：第部门生产单位产品直接消耗第部门的产品的数量。该投入产出表中有 n 种产品，即可得到 n 行分配系数，形成一个 n 阶方阵，这就是直接消耗系数矩阵：

$$A = \begin{pmatrix} a_{11} & \cdots & a_{1n} \\ \vdots & \vdots & \vdots \\ a_{n1} & \cdots & a_{nn} \end{pmatrix} \quad (5.11)$$

（2）完全需要系数（列昂惕夫逆系数）

完全需要系数，记为 $\bar{b}_{ij}$，是指第 j 中产品多提供一个单位最终产品时对第

i 中产品的完全需求量。完全需要系数矩阵（列昂惕夫逆系数矩阵）$\bar{B}$ 的计算公式为：

$$\bar{B} = (\bar{b})_{n \times n} = (1 - A)^{-1} \tag{5.12}$$

（3）影响力系数

借鉴刘起运（2002）① 的方法，构建影响力系数如下：

$$\delta_j = \frac{\bar{b}_{cj}}{\sum_j \bar{b}_{cj} \cdot a_j} \quad (j = 1, 2, \cdots, n) \tag{5.13}$$

其中，$\bar{b}_{cj} = \sum_j \bar{b}_{cj} \cdot a_j$，其经济含义是，第 j 部门生产一个最终产品对国民经济各部门的完全需求量，即部门对国民经济整体的拉动力或影响力。a_j 为第 j 部门最终产品占国民经济最终产品总量的比例，即最终产品实物构成系数。在影响力系数的指标中，分母体现的是国民经济的一个最终产品对其整体的影响力。这个最终产品不再是哪一个部门的，而是国民经济某一年度的特定最终产品，是该年度特定结构下的一个最终产品，也可视为国民经济一个最终产品对整体的平均影响力。改进后的计算方法采用了加权平均法，各部门最终产品的权重不同，是以国民经济一个综合的最终产品影响力为参照系，它真实地反映了国民经济当年一个最终产品的平均影响力。

（4）直接分配系数

直接分配系数是指第 i 部门产品分配给 j 部门作为中间产品使用的数量占该种产品总产出量的比例，用计算公式表示为：

$$r_{ij} = \frac{X_{ij}}{X_i} \quad (i, j, = 1, 2, \cdots, n) \tag{5.14}$$

式中，r_{ij} 为 i 产品对 j 部门的分配系数；X_{ij} 为 i 产品分配给 j 部门作为中间产品使用的数量；X_i 为 i 产品的总产出量。

（5）完全供给系数

完全供给系数，记为 $\bar{d}_{ij}$，是指第 i 部门产品的一个单位初始投入对第 j 部门产品的完全供给量。它既包括 i 产品对 j 部门的完全分配量，又包括 i 产品自己增加的一个初始投入量。完全供给系数矩阵的计算公式为

---

① 刘起运：关于投入产出系数结构分析方法的研究．统计研究．2002（2）：40~42．

$$\bar{D} = (I-R)^{-1} \tag{5.15}$$

（6）推动力系数

与影响力系数的构建方法相似，构建推动力系数指标如下

$$\tilde{\theta} = \frac{d_{i0}}{\sum_i \beta_i \cdot d_{i0}} \tag{5.16}$$

其中，d_{i0} 为 $\bar{D}$ 矩阵同一行元素之和，即 $d_{i0} = \sum_j \bar{d}_{ij}$，其含义是 i 产品一个单位初始投入对所有部门的完全供给量，或称 i 产品对国民经济整体的推动力。β_i 为第 i 部门初始投入占国民经济初始投入总量的比例，即初始投入的部门构成系数。在推动力系数指标中，分母表示一个单位的初始投入（不是某一部门，而是综合的）对国民经济的平均推动力。

3. 投入产出模型与产业结构

按照影响力系数和推动力系数的大小（是否大于1），将所有产业分成了四类：第Ⅰ类产业为中间投入型基础产业，其推动力系数大，影响力系数小；第Ⅱ类产业为中间投入型制造业，其推动力系数大，影响力系数大；第Ⅲ类为最终需求型制造业，其推动力系数小，影响力系数大；第Ⅳ类为最终需求型基础产业，其推动力系数和影响力系数都小。

表5.1　按照影响力系数和推动力系数对产业进行分类

影响力系数 \ 推动力系数	高	低
高	第Ⅱ类 中间投入型制造业	第Ⅲ类最终需求型制造业
低	第Ⅰ类 中间投入型基础产业	第Ⅳ类 最终需求型基础产业

资料来源：孔俊. 我国制造业中FDI行业内与行业间溢出效应研究：[硕士学位论文]. 杭州：浙江大学图书馆，2007：26.

根据前面对投入产出系数的定义，利用2002年投入产出表，可计算27个行业影响力系数和推动力系数如下：

表 5.2　2002 年各行业影响力系数与推动力系数

行业	影响力系数	推动力系数	行业类别
农副食品加工及制造业	1.039217	0.7090734	Ⅲ
饮料制造业	0.9614103	0.7466872	Ⅳ
烟草制品业	0.5577968	0.6509448	Ⅳ
纺织业	1.145627	0.9605849	Ⅲ
纺织服装、鞋、帽制造业	1.165106	0.5727077	Ⅲ
皮革、毛皮、羽毛（绒）及其制品业	1.217931	0.6368062	Ⅲ
木材加工及木、竹、藤、棕、草制品业	1.072989	1.133839	Ⅱ
家具制造业	1.122624	0.6966835	Ⅲ
造纸及纸制品业	1.0457	1.557408	Ⅱ
印刷业和记录媒介的复制	0.9689232	1.237286	Ⅰ
文教体育用品制造业	1.12717	0.5532114	Ⅲ
石油加工、炼焦及核燃料加工业	0.9960816	1.586644	Ⅰ
化学原料及化学制品制造业	1.128811	1.82895	Ⅱ
医药制造业	0.967619	0.7706047	Ⅳ
化学纤维制造业	1.192799	1.383985	Ⅱ
橡胶制品业	1.045924	1.146995	Ⅱ
塑料制品业	1.199188	1.414721	Ⅱ
非金属矿物制品业	1.022922	1.039128	Ⅱ
黑色金属冶炼及压延加工业	1.096127	1.482886	Ⅱ
有色金属冶炼及压延加工业	1.184969	1.735861	Ⅱ
金属制品业	1.181604	1.158265	Ⅱ
通用设备制造业	1.145598	1.233135	Ⅱ
专用设备制造业	1.154756	0.8013244	Ⅲ
交通运输设备制造业	1.196136	1.047402	Ⅱ
电气机械及器材制造业	1.218193	1.146588	Ⅱ
通信设备、计算机及其他电子设备制造业	1.335972	1.229737	Ⅱ
仪器仪表及文化、办公用机械制造业	1.228602	1.243321	Ⅱ

注：表中的27个行业是对投入产出表中的69个行业进行合并而得，具体合并方法可参看表5.4。

从表5.2可知，多数行业的影响力系数是大于1的，只有五个行业的影响力系数小于1。在影响力系数小于1的行业中，饮料制造业、烟草制品业和医药制造业属于第Ⅳ类产业，即最终需求型基础产业；印刷业和记录媒介的复制，以及石油加工、炼焦及核燃料加工业属于第Ⅰ类产业，即中间投入型基础产业。其余的22个行业主要分布于中间投入型制造业（第Ⅱ类产业）和最终需求型制造业（第Ⅲ类产业）。

二、模型设定、指标构建与数据

1. FDI 技术溢出基本模型

在本章中，使用了大多数学者采用的扩展柯布—道格拉斯生产函数对数形式作为研究外资技术溢出的基本模型（姜瑾和朱桂龙，2007；金成晓和王猛，2009）：

$$In\ Y_{it} = \beta_0 + \beta_1\ In\ K_{it} + \beta_2\ In\ L_{it} + \beta_3 Hor_{it} + \beta_4 Back_{it} + \beta_5 For_{it} + \varepsilon_{it} \quad (5.17)$$

在模型（5.17）中，下标 i 和 t 分别代表行业和年份，Y 为内资企业总产出，K 为内资企业的资本存量，L 为内资企业的劳动力投入，Hor 为水平联系指标，$Back$ 为后向联系指标，For 为前向联系指标。在模型（5.17）中，水平联系的系数 β_3 可以反映行业内溢出的影响。

行业间溢出通常由买方和卖方之间的联系产生，即外资企业通过与国内企业上、下游产业的前后向联系带动了当地企业的技术进步（Markusen 和 Venables，1999）。其中，外商企业在与供应商的联系中发生知识溢出被称为后向联系渠道的技术溢出；外商企业在与客户的联系中发生知识溢出被称为前向联系渠道的技术溢出。后向联系与前向联系是行业间溢出发生作用的两种途径。故模型（5.17）中后向联系和前向联系指标的系数 β_4、β_5 可以反映行业间溢出的影响。正如上文所述，后向联系与前向联系是行业间溢出发生作用的两种途径。为了考察行业间溢出的影响因素，此时，只需要分析影响后向联系与前向联系的因素即可。

2. 垂直联系及其影响因素

影响垂直联系的因素很多，本章将考察劳动生产率差异、研发、内外资企业的出口倾向，以及影响力系数和推动力系数的影响。其中，劳动生产率差异和研发可以反映内资企业的吸收能力；内外资企业的出口倾向则体现了企业的经营动机；而影响力系数和推动力系数则体现了企业所处行业的内在特征。

　　劳动生产率是一个企业技术水平和生产力的重要体现。跨国公司通常对中间投入品的质量要求更高，如果内资企业与跨国公司技术水平相差过大，则显然无法满足跨国公司对中间品在成本和质量上的要求。因此，可以预期，内外资企业劳动力生产率的差距过大不利于后向联系的形成。同时，内外资劳动生产率差异过大也不利于前向联系的形成。内资企业对来自三资企业中间品的使用需要一定的技术吸收能力。如果内资企业技术过于落后，就无法充分利用三资企业提供的中间品。因此，只有当内资企业具备一定的技术实力时，才会有利于前向联系的发生。同理，行业内的研发是促进内资企业技术水平和吸收能力提升的重要因素。可以预期，研发活动的增加将有利于后向联系与前向联系的形成。

　　外国企业的出口倾向会影响到后向联系：一方面，相比于非出口型外国企业，出口型外国企业与东道国的经济间更加孤立，它们可能仅仅在飞地式部门经营，而与当地供应商联系极少（Kokko等，2001）；另一方面，Moran（2001）的案例研究发现，作为完整生产网络中的跨国分公司（即出口导向型企业）会与当地供应商建立更持久紧密的联系。类似的，外国企业的出口倾向对前向联系也存在正反两方面的影响。

　　内资企业的出口倾向对后向联系的建立也存在两种不同的影响：一方面，具有较高出口倾向的内资企业通常具有较高的生产率（Melitz，2003），显然，这有利于其为国内的跨国公司提供中间投入品；另一方面，直观的看，较高的出口倾向使得内资企业的产品主要提供给了国外的跨国公司，而非东道国国内的跨国公司，而这又不利于国内后向联系的形成。因此，内资企业出口倾向对后向联系的影响存在不确定性。类似的，内资企业的出口倾向对前向联系存在两方面的影响：一方面，如果国外市场对产品的质量和技术要求较高，内资企业的出口倾向越高，则它们从跨国公司购买中间投入品的可能性较高，因为这些跨国公司的所提供中间品的质量和技术含量更高，从而有利于提高内资企业的产品质量，以满足国外市场的需求；另一方面，内资企业的出口倾向可能不利于前向联系的建立。其中可能的原因是，对于以劳动密集型等低端技术产品为主要出口产品的内资企业而言，由于劳动力成本一直是中国的比较优势，故

117

这些行业产品生产中使用的中间投入主要来自于国内生产要素。故这些行业中内资企业出口倾向的加大不利于前向联系的发生。因此，我国出口产品的技术含量构成最终决定了内资企业出口倾向对前向联系的作用方向。

为了考察劳动生产率差异、研发、内外资企业的出口倾向对行业间溢出的影响，首先构建上述因素对后向联系影响的模型如下：

$$Back_{it} = \gamma_0 + \gamma_1 RP_{it} + \gamma_2 RD_{it} + \gamma_3 EXD_{it} + \gamma_4 downEXF_{it} + \varepsilon_{it} \quad (5.18)$$

其中，$Back_{it}$为后向联系度量指标；RP_{it}为i行业t时期内外资企业劳动生产率的差异；RD_{it}为i行业t时期的研发状况；EXD_{it}为i行业t时期内资企业的出口倾向。$downEXF_{it}$表示i行业t时期下游三资企业的出口倾向。显然，通过对模型（5.18）中各系数的分析，就可以考察各因素对后向联系的影响。

类似，为了考察上述因素对前向联系的影响，可构建如下模型

$$For_{it} = \lambda_0 + \lambda_1 RP_{it} + \lambda_2 RD_{it} + \lambda_3 EXD_{it} + \lambda_4 upEXF_{it} + \varepsilon_{it} \quad (5.19)$$

其中，For_{it}为前向联系度量指标；RP_{it}、RD_{it}和EXD_{it}与前面的定义相同。$upEXF_{it}$表示i行业t时期上游三资企业的出口倾向。类似的，对上述模型中各系数的分析，就可以考察各因素对前向联系的影响。

需要指出的是，影响力系数和推动力系数也是影响前后向联系的重要因素。影响力系数体现的是一个部门对国民经济整体的拉动力或影响力，影响力系数越大，表明该行业处于产业链的下游，而该行业与上游外资企业建立前向联系的可能性越大；推动力系数体现的是一个部门对国民经济整体的推动力，推动力系数越大，表明该行业处于产业链的上游，而该行业与下游外资企业建立后向联系的可能性越大。为了考察影响力和推动力系数的综合影响，构建综合指标如下：

$$\omega_j = \frac{\delta_j}{\tilde{\theta}_j} \quad (j=1, 2, \cdots, n) \quad (5.20)$$

其中，δ_j为影响力系数指标，$\tilde{\theta}_j$为推动力系数指标。可以推测，ω_j越大，j行业与上游外资企业建立前向联系的可能性越大，与下游外资企业建立后向联系的可能性越小。反之，则前向联系建立的可能性较小，而后向联系建立的可能性较大。由于不同年份的影响力和推动力系数可能会发生变化，本章将只考察2002年该综合指标与前后向联系间的相关性。

3. 关键指标的构建

（1）水平联系

水平联系定义如下：

$$Hor_{jt} = \frac{Y_{jt}^f}{Y_{jt}} \tag{5.21}$$

其中，分子表示 j 部门 t 时期外国企业总产出，分母表示 j 部门 t 时期的总产出（即同时包括了外国企业和国内企业的产出）。那么，该指标代表了外国企业在东道国特定行业与特定年份中产出的比重，从而体现了 FDI 的行业内参与度。令水平联系度量指标矩阵为 Hor，该矩阵为 $N \times T$ 阶矩阵，其中 N 为行业总数，T 为年数。

（2）后向联系

后向联系 $Back_{kt}$ 表示行业 k 对下游外国企业提供的中间品占其中间使用合计的份额，其定义如下：

$$Back_{kt} = \sum_j a_{kjt} Hor_{jt} \quad 且 j \neq k \tag{5.22}$$

由于 Hor_{jt} 已经考虑了行业内效应，故在考虑后向联系时应剔除行业内效应，从而有 $j \neq k$。在式（6）中，a_{kjt} 表示行业 k 为行业 j 提供中间品的份额，即

$$a_{kjt} = \frac{Y_{kjt}}{\sum_j Y_{kjt}} \tag{5.23}$$

在上式中，Y_{kjt} 为行业 k 提供给行业 j 的投入，$\sum_j Y_{kjt}$ 为行业 k 总的中间投入。在 Javorcik（2004）对后向联系指标的构建中，a_{kjt} 的分母为行业 k 的总产出。由于一个行业的总产出并非都用于中间投入，故 Javorcik 的指标并不能准确度量后向联系。相比之下，文中所构造的 a_{kjt} 指标更为合理。

令 a_{kjt} 系数矩阵为 A（$N \times N$ 阶），后向联系度量指标矩阵为 $Back$（$N \times T$ 阶）。此时有

$$Back = (A - diagA) Hor \tag{5.24}$$

其中，$diagA$ 为 N 阶的方阵，它的对角线元素取自矩阵 A 的主对角线，其余元素的值都为零。而 $A - diagA$ 可将 A 矩阵中的对角线元素变为零。

（3）前向联系

前向联系 For_{ht} 表示东道国某行业的投入中由上游外国企业提供的份额，其定义如下：

$$For_{ht} = \sum_j \beta_{jht} Hor_{jt} \quad 且 j \neq k \tag{5.25}$$

其中，β_{jht} 表示行业 h 的总投入中由行业 j 提供的份额，即

$$\beta_{jht} = \frac{Y_{jht}}{\sum_j Y_{jht}} \tag{5.26}$$

上式中，Y_{jht} 为行业 h 在生产中对行业 j 中间投入品的消耗，$\sum_j Y_{jht}$ 表示行业 h 在生产中消耗的所有中间投入总和。

令 β_{jht} 系数矩阵为 B（NN 阶），前向联系度量指标矩阵为 For（$N \times T$ 阶）。此时有

$$For = (B - diagB)'Hor \tag{5.27}$$

其中，$diagB$ 为 N 阶的方阵，它的对角线元素取自矩阵 B 的主对角线，其余元素的值都为零；$B - diagB$ 可将 B 矩阵中的对角线元素变为零；$(B - diagB)'$ 为 $B - diagB$ 的转置矩阵。

（4）三资企业出口倾向

下游三资企业的出口倾向定义如下：

$$downEXF = (A - diagA) EXF \tag{5.28}$$

其中，A 为 a_{kjt} 系数矩阵；$diagA$ 为 N 阶的方阵，它的对角线元素取自矩阵 A 的主对角线，其余元素的值都为零；EXF_{it} 表示 i 行业 t 时期三资企业的出口倾向，采用三资企业出口交货值与三资企业产品销售收入之比来度量；EXF 为 EXF_{it} 指标构成的 $N \times T$ 阶矩阵，其中 N 为行业总数，T 为年数。

上游三资企业的出口倾向定义如下：

$$upEXF = (B - diagB)'EXF \tag{5.29}$$

其中，B 为 β_{jht} 系数矩阵；$diagB$ 为 N 阶的方阵，它的对角线元素取自矩阵 B 的主对角线，其余元素的值都为零；EXF 为 EXF_{it} 指标构成的 $N \times T$ 阶矩阵，其中 N 为行业总数，T 为年数。

4. 数据描述

文中的数据来自于历年《中国统计年鉴》、《中国工业统计年鉴》和《中国科技统计年鉴》，考察的样本期间为 2001—2006 年。为了构建后向联系与前向联系等指标，本章使用了 2002 年 122 部门投入产出表。由于投入产出表中的行业细分程度与各统计年鉴中的行业细分存在差异，故需对投入产出表中的行业进行合并。在剔除了投入产出表中非制造业的情形下，根据《国民经济行业分类》国家标准（GB/T 4754 – 2002），对投入产出表中的 69 个行业进行了合并，并最终选取了 27 个行业。

表5.3 投入产出表进行合并后的27个行业

行业名称	行业名称
农副食品加工及制造业	化学纤维制造业
饮料制造业	橡胶制品业
烟草制品业	塑料制品业
纺织业	非金属矿物制品业
纺织服装、鞋、帽制造业	黑色金属冶炼及压延加工业
皮革、毛皮、羽毛（绒）及其制品业	有色金属冶炼及压延加工业
木材加工及木、竹、藤、棕、草制品业	金属制品业
家具制造业	通用设备制造业
造纸及纸制品业	专用设备制造业
印刷业和记录媒介的复制	交通运输设备制造业
文教体育用品制造业	电气机械及器材制造业
石油加工、炼焦及核燃料加工业	通信设备、计算机及其他电子设备制造业
化学原料及化学制品制造业	仪器仪表及文化、办公用机械制造业
医药制造业	

注：在投入产出表中，由于无法明显区分农副食品加工业和食品制造业，故将这两个行业合并为农副食品加工及制造业。

具体而言，投入产出表中产品部门合并情况如下

表5.4 投入产出表中产品部门的合并

投入产出表中产品部门	合并后的行业
谷物磨制业	农副食品加工及制造业
饲料加工业	
植物油加工业	
制糖业	
屠宰及肉类加工业	
水产品加工业	
其他食品加工和食品制造业	
酒精及饮料酒制造业	饮料制造业

续表

投入产出表中产品部门	合并后的行业
其他饮料制造业	
棉、化纤纺织及印染精加工业	纺织业
毛纺织和染整精加工业	
麻纺织、丝绢纺织及精加工业	
纺织制成品制造业	
针织品、编织品及其制品制造业	
文化用品制造业	文教体育用品制造业
玩具体育娱乐用品制造业	
石油及核燃料加工业	石油加工、炼焦及核燃料加工业
炼焦业	
基础化学原料制造业	化学原料及化学制品制造业
肥料制造业	
农药制造业	
涂料、颜料、油墨及类似产品制造业	
合成材料制造业	
专用化学产品制造业	
日用化学产品制造业	
水泥、石灰和石膏制造业	非金属矿物制品业
玻璃及玻璃制品制造业	
陶瓷制品制造业	
耐火材料制品制造业	
其他非金属矿物制品制造业	
炼铁业	黑色金属冶炼及压延加工业
炼钢业	
钢压延加工业	
铁合金冶炼业	
有色金属冶炼业	有色金属冶炼及压延加工业
有色金属压延加工业	

续表

投入产出表中产品部门	合并后的行业
锅炉及原动机制造业	通用设备制造业
金属加工机械制造业	
其他通用设备制造业	
农林牧渔专用机械制造业	专用设备制造业
其他专用设备制造业	
铁路运输设备制造业	交通运输设备制造业
汽车制造业	
汽车零部件及配件制造业	
船舶及浮动装置制造业	
其他交通运输设备制造业	
电机制造业	电气机械及器材制造业
家用器具制造业	
其他电气机械及器材制造业	
通信设备制造业	信设备、计算机及其他电子设备制造业
电子计算机整机制造业	
其他电子计算机设备制造业	
电子元器件制造业	
家用视听设备制造业	
其他通信、电子设备制造业	
仪器仪表制造业	仪器仪表及文化、办公用机械制造业
文化、办公用机械制造业	

资料来源：王猛：外商直接投资的行业内与行业间技术溢出．[硕士学位论文]．长春：吉林大学图书馆，2007：44～45．

在指标选取上，内资企业总产出由全部国有及规模以上非国有工业企业工业增加值与"三资"工业企业工业增加值的差额来度量；内资企业的资本存量由全部国有及规模以上非国有工业企业总资产与"三资"工业企业总资产的差额来度量；内资企业劳动力投入由全部国有及规模以上非国有工业企业全部从业人员年平均人数与"三资"工业企业全部从业人员年平均人数的差额来度量；内外资企业劳动生产率的差异，采用三资企业劳动生产率与内资企业劳动生产率之比来度量；研发状况，采用大中型工业企业科技活动经费内部支出来度量；内资企业的出口倾向，采用内资企业出口交货值与内资企业产品销售收入之比来度量。

三、计量结果与分析

1. FDI 技术溢出基本模型的分析

为了考察行业内与行业间溢出的影响差异，对模型（5.17）进行估计，得到回归结果见表5.5。考虑到模型中可能存在的异方差和自相关问题，采用 Prais – Winsten 方法来进行估计，并得到面板修正标准误（PCSE）估计量如下。

表5.5 模型（5.17）面板数据回归结果

变量	系数估计量	变量	系数估计量
$\ln K$	1.379695*** (.058406)	Back	.9870446** (.4495521)
$\ln L$	-.34788*** (.0666469)	For	1.436964*** (.4555959)
Hor	-.0892314# (.1759692)		
样本观测数	162	p 值	0.0000

注：***表示系数的 t 统计量在1%的水平上显著，**表示系数的 t 统计量在5%的水平上显著，*表示系数的 t 统计量在10%的水平上显著，#表示系数的 t 统计量在10%的水平上仍不显著，括号中为修正后的标准误。

从表5.5的结果可知，后向联系与前向联系的系数显著为正，这说明，外商直接投资的行业间溢出是十分显著的。同时，水平联系的系数为负，但不显著。这表明，外资的行业内溢出并不显著。也就是说，与行业内溢出相比，行业间溢出是外资技术溢出的更有效渠道。

注意到，技术转移一般而言并非是立刻发生的，即有可能存在时间滞后性。为了检验这种时间滞后性的存在，现将模型（5.17）中的 Back 和 For 分别替换为其一阶滞后项，得到如下估计结果，见表5.6。

表5.6 模型（5.17）引入滞后项后的回归结果

变量	系数估计量	变量	系数估计量
$ln K$	1.210128*** (.0599495)	$LagBack$	.6610418# (.4206761)
$ln L$	-.2318056*** (.0615746)	$LagFor$	.6597425# (.4950189)
Hor	-.1437748# (.1557173)		
R^2	0.9962	$Wald$统计量	1110.81
样本观测数	135	p值	0.0000

注：***表示系数的t统计量在1%的水平上显著，**表示系数的t统计量在5%的水平上显著，*表示系数的t统计量在10%的水平上显著，#表示系数的t统计量在10%的水平上仍不显著，括号中为修正后的标准误。

从表5.6可知，后向联系与前向联系滞后一期的系数均为正，但不显著。这表明，垂直联系导致的技术溢出主要发生在当期，并不会产生显著的滞后效应。

2. 联系效应及其影响因素的分析

为了考察后向联系与各种影响因素之间的联系，对模型（5.18）进行估计，并得到结果见表5.7。

表5.7 后向联系及其影响因素

$Back$	混合数据模型	随机效应模型	固定效应模型
RP	-.0052972* (.0030172)	-.007178*** (.0020647)	-.0061963*** (.0017686)
RD	$2.63e-09$# ($2.24e-09$)	$3.57e-09$** ($1.64e-09$)	$4.29e-09$*** ($1.41e-09$)
EXD	-.0273857# (.0177318)	-.0240301# (.0176966)	-.0071208# (.0156008)

续表

Back	混合数据模型	随机效应模型	固定效应模型
downEXF	.758877*** (.0227794)	.3339809*** (.0312762)	.2097609*** (.0287361)
R^2	0.8773	0.8650	0.8336
F	280.61		25.09
Prob > F	0.0000		0.0000
chi2		142.94	
Prob > chi2		0.0000	

注：***表示系数的 t 统计量在1%的水平上显著，**表示系数的 t 统计量在5%的水平上显著，*表示系数的 t 统计量在10%的水平上显著，#表示系数的 t 统计量在10%的水平上仍不显著，括号中为系数标准误。

从表5.7可知，针对模型（5.18）的三种估计得到了一致的结论。RP 的系数显著为负，这表明，内外资生产率差异不利于后向联系，且影响十分显著。也就是说，只有当行业内三资企业与内资企业的生产率差异不大时，下游行业的三资企业才会与其建立供应联系，从而促进技术的溢出。RD 的系数在固定效应和随机效应模型中均显著为正。这表明，行业内科技活动经费支出的增加有利于后向联系的发生。科技活动的增加通常会促使该行业中内资企业技术水平和吸收能力的提高。一般而言，三资企业对产品的质量要求更严，从而对中间投入品也有较高的质量和技术要求。显然，内资企业技术水平和吸收能力的提高有利于它们与三资企业建立后向联系。EXD 的系数为负，但不显著。这表明，内资企业的出口倾向对后向联系的影响不显著。downEXF 的系数显著为正，这表明，下游行业三资企业的出口倾向有利于后向联系的建立。其中的可能原因在于，下游行业的三资企业在中国进行生产再出口，主要是为了利用中国低廉的劳动力等生产要素，这种投资动机促进了后向联系的发生。

为了考察前向联系及其影响因素的关系，对模型（5.19）进行估计，并得到结果如下，见表5.8。

表 5.8 前向联系及其影响因素

For	混合数据模型	随机效应模型	固定效应模型
RP	-.0069235*** (.003507)	-.0053936*** (.0018361)	-.0053171*** (.0018494)
RD	$-3.09e-09$# ($2.60e-09$)	$3.99e-09$*** ($1.46e-09$)	$4.34e-09$*** ($1.48e-09$)
EXD	-.1277997*** (.025195)	-.0559109*** (.0180183)	-.0367319* (.0188306)
$upEXF$	.8280653*** (.0337819)	.6236829*** (.0568052)	.4377507*** (.0777978)
R^2	0.8305	0.8129	0.8023
F	192.34		18.03
$Prob > F$	0.0000		0.0000
$chi2$		164.11	
$Prob > chi2$		0.0000	

注：***表示系数的 t 统计量在 1% 的水平上显著，**表示系数的 t 统计量在 5% 的水平上显著，*表示系数的 t 统计量在 10% 的水平上显著，#表示系数的 t 统计量在 10% 的水平上仍不显著，括号中为系数标准误。

从表 5.8 可知，在三种不同的模型中，除了 RD 以外，其它变量得到了一致的结论。判断固定效应是否显著的 F 检验为 F（26, 131） = 112.31，即固定效应模型优于普通 OLS 估计。判断随机效应是否显著的 LM 检验为 chi2 （1） = 342.07，即随机效应模型优于普通 OLS 估计。为了在固定效应与随机效应模型之间进行选择，对该模型进行 Hausman 检验可得，chi2（3） = 10.43 且 Prob > chi2 = 0.0153。因此，在 1% 显著水平上，不拒绝原假设，从而选取随机效应模型。

从随机效应模型的结果可知，RP 的系数显著为负。这表明，内外资生产率差异不利于前向联系，且影响十分显著。也就是说，只有当行业内三资企业与内资企业的生产率差异不大时，上游行业的三资企业才会与其建立供应联系。内资企业对于来自三资企业中间品的使用需要一定的技术吸收能力。如果内资企业技术过于落后，就无法充分利用三资企业提供的中间品。因此，只有当内资企业具备一定的技术实力时，才会有利于前向联系的发生。RD 的系数显著为正。这表明，行业内科技活动经费支出的增加有利于前向联系的发生。EXD 的系数显著为负，这表明，内资企业的出口倾向不利于前向联系的建立。可能的原因在于，目前我国内资企业的出口主要以劳动密集型等低端技术产品为主，这些行业产品生产中使用的中间投入主要来自于国内生产要素。因此，内资企业的出口倾向与前向联系之间呈现了负向关系。upEXF 的系数显著为正，这表明，上游行业三资企业的出口倾向有利于前向联系的建立。

进一步的，为了考察影响力和推动力系数对垂直联系的影响，可计算后向联系、前向联系及综合指标 ω_j 的相关系数，见表4①。

表 5.9　影响力系数、推动力系数与垂直联系的相关性分析

相关系数	ω_j	后向联系	前向联系
ω_j	1		
后向联系	－0.4242 （0.0274）	1	
前向联系	0.3990 （0.0392）	－0.1941 （0.3320）	

注：括号中的数值表示相关系数的显著性水平。

从表 5.9 可知，ω_j 与后向联系之间存在显著负相关，与前向联系之间存在显著正相关。这表明，ω_j 越大，后向联系发生的可能性越小，而前向联系发生的可能性越大；ω_j 越小，后向联系发生的可能性越大，而前向联系发生的可能性越小。该结论与本章模型设定中的推论相一致。

四、小结

通过行业层面的分析，笔者考察了 FDI 在中国工业部门行业内与行业间溢出的相对显著性。分析的结果表明，外资行业内的技术溢出不显著，而行业间溢出显著。这表明，与行业内溢出相比，行业间溢出是更为重要的技术溢出渠道。同时，后向联系与前向联系是行业间溢出发生作用的重要途径，对前后向

---

① 考虑到不同年份的影响力和推动力系数可能会发生变化，本书只使用了 2002 年的数据进行相应分析。

联系及其影响因素的分析表明：

（1）内外资的生产率差异不利于后向和前向溢出。也就是说，只有当行业内三资企业与内资企业的生产率差异不大时，内资企业才具备了学习和获取外资技术的吸收能力，从而有利于行业间的溢出。

（2）行业内科技活动经费支出的增加有利于后向溢出和前向溢出。行业内科技活动经费支出可以体现该行业内的研发状况。显然，行业整体研发实力的提升会增强内资企业的技术吸收能力，从而有利于行业间的技术溢出。

（3）内资企业的出口倾向不利于前向溢出的发生，但对后向溢出的影响不显著；三资企业的出口倾向有利于前向溢出和后向溢出的发生。

（4）影响力系数和推动力系数的分析表明，当一个行业处于产业链的下游时，该行业与上游外资企业建立前向联系的可能性越大，从而前向溢出的可能性也越大；当一个行业处于产业链的上游时，该行业与下游外资企业建立后向联系的可能性越大，从而后向溢出的可能性越大。因此，东道国企业所处行业在产业链中的位置也会影响到垂直联系的发生，从而也影响到了行业间溢出。

结合研究结论，可以引申出政策建议如下：

（1）"市场换技术"战略的调整。"市场换技术"战略在我国失败的主要原因在于忽视了技术转移在我国发生的关键机制。正如分析所表明的，行业间溢出是更有效的技术溢出途径。因此，今后我国技术发展的战略应更加关注行业间的视角，通过促进内资企业与上下游外资企业的协作关系，就可借助其技术支持提升本国企业竞争力和技术实力，从而获得行业间溢出的好处。

（2）加强行业内的研发投入，缩小内外资企业间的技术差距。研发实力是促进内资企业技术水平和吸收能力提升的重要因素。为此，政府有必要提供各种激励措施，促进内资企业的自主创新和研发能力，从而促进外资的行业间技术溢出。

（3）行业政策的制定应具有针对性。东道国企业所处行业在产业链中的位置也会影响到垂直联系的发生，从而也影响到了行业间溢出。因此，对于上游行业的东道国企业，应致力于培育与下游外资企业的后向联系，从而促进后向溢出的发生；对于下游行业的东道国企业，则应致力于培育与上游外资企业的前向联系，从而促进前向溢出的发生。

第六章

FDI 对中国工业部门的外溢效应：微观数据的进一步研究

在开放条件下，吸引外商直接投资以促进经济快速增长是中国的发展战略之一。1979~2009 年期间，中国实际利用外商直接投资金额总计 9426.46 亿美元，同期 GDP 也由 1979 年的 4062.6 亿元增加到 2009 年的 340506.9 亿元。然而，中国现有发展模式也呈现出许多问题：中国产业处于全球价值链分工的低端；产业技术升级过度依赖外来技术，缺乏自主创新能力；产业的发展主要依赖资金、能耗以及低廉劳动力的大量投入。现在的问题是，中国境内存在大量外商直接投资，为什么这些外资促进中国 GDP 的增加，但却没有改善中国经济的产业结构呢？

对于发展中国家而言，由于跨国公司与当地企业间存在着巨大技术差距，外商直接投资对当地企业的技术溢出是促进东道国企业创新和产业结构升级的重要渠道。[①] 显然，对 FDI 溢出机制的探讨是理顺 FDI 与中国产业结构升级关系的关键所在。

尽管 FDI 技术溢出效应在理论上得到了普遍的认同，关于 FDI 技术溢出效应的实证研究却得出了并不统一的结论。Caves（1974）、Kokko 等人（1996）、Lipsey 和 Sjoholm（2001）对澳大利亚、乌拉圭以及印度尼西亚的实证研究证实了溢出效应的存在；而 Haddad 和 Harrsion（1993）、Aitken 和 Harrison（1999）以及姚洋和章奇（2001）对摩洛哥、委内瑞拉和中国的同类研究却得出了相反的结论，即 FDI 的溢出效应是不存在的。导致实证结果分歧的原因很多，一些学者试图从东道国吸收能力的角度来进行解释，如人力资本（Borensztein 等，1998；赖明勇等，2005）、东道国自身研发水平（Keller，2004）、金

[①] 技术溢出是技术转移的一种非自愿形式。外商直接投资的技术溢出效应指的是，跨国公道国设立子公司而引起当地技术或生产力的进步而其子公司又无法获取全部收益的情形。

融市场效率（Alfaro 等，2004）、贸易开放度（Holmes 和 Schmitz，2001）等。

需要指出的是，上述研究大多忽视了行业内溢出与行业间溢出的区别。根据溢出的方向，技术溢出可以分为行业内溢出（水平溢出）和行业间溢出（垂直溢出）。行业内溢出指的是那些在相同部门或区域的企业间非自愿的技术知识的扩散，传导的渠道有示范效应（Swan，1973）、竞争效应（Wang 和 Blomstrom，1992）、员工的培训和劳动力流动（Gerschenberg，1987；Pack，1993）等。FDI 行业间溢出通常由买方和卖方之间的联系产生，即外资企业通过与国内企业上、下游产业的前后向联系带动了当地企业的技术进步（Rodriguez – Clare，1996；Markusen 和 Venables，1999）。其中，外商企业在与供应商的联系中发生知识溢出被称为后向联系渠道的技术溢出；外商企业在与客户的联系中发生知识溢出被称为前向联系渠道的技术溢出。后向联系与前向联系是行业间溢出发生作用的两种渠道①。

对现有文献的回顾表明，FDI 溢出发生的机制更有可能是通过行业间而非行业内。

首先，探讨跨国公司最优决策的文献表明，跨国公司管理层决策的一个重要特征是最小化模仿的可能。跨国公司通过组织生产最大化了模仿时滞，从而减轻了由行业内技术溢出导致的技术知识的租金消散（Ethier 和 Markusen，1996）。对于跨国公司而言，相同行业内的溢出意味着损失，故跨国公司会限制技术的行业内溢出。同时，其它部门制造商成本的降低并不会造成其租金损失。如果潜在上游供应商的效率得到提高，这对于跨国公司而言是十分有利的。因此，跨国公司对补充性和非竞争部门的行业间溢出可能性更大（Kugler，2006）。Moran（2001）的研究表明，跨国公司通常会向其供应商提供技术支持，以提高它们产品的质量或促进创新。跨国公司会给其供应商提供管理培训、原材料和中间投入购买上的帮助，有些甚至还帮助供应商寻找其它客户。

其次，FDI 的潜在收益能否实现将取决于东道国的市场结构（Kugler，2006）。当东道国的市场需求由于替代品的减少而缺乏弹性时，FDI 会为跨国公司产生较高的收益。在其它条件相同的情形下，跨国公司会选择行业内直接竞争较少，而上游行业充分竞争的国家或地区进行投资。由于 FDI 选择的行业

---

① 在本书中，后向联系与前向联系统称为垂直联系。

中面临的直接竞争者较少,故行业内溢出十分有限。

近几年来,一些学者意识到了行业间溢出的重要性,并从行业层面考察了中国工业部门的垂直溢出效应(姜瑾、朱桂龙,2007;金成晓、王猛,2009)。然而,利用企业水平数据来研究中国 FDI 溢出效应的文章非常有限。据目前所知,如下七个研究使用了企业水平的数据来考察中国的 FDI 溢出:Buckley 等(2002),Hu 和 Jefferson(2002),Tong 和 Hu(2003),Hale 和 Long(2006),Filip 等(2010),Girma 等(2006),以及 Lin 等(2009)。前三个研究利用中国国家统计局的工业企业数据,考察了 FDI 对中国国内企业全要素生产率的影响,然而,它们都没有区分行业内溢出与行业间溢出。利用世界银行的企业调研数据,Hale 和 Long(2006)分析了中国的 FDI 溢出。然而,Hale and Long(2006)仅仅考察了后向联系,而忽视了前向联系。同时,Hale and Long(2006)将后向联系作为被解释变量,而没有考察后向联系对 FDI 溢出的影响。Filip 等(2010)利用中国 17,645 家企业的数据分析了 FDI 溢出,然而仅仅只是考虑了水平溢出。Girma 等(2006)和 Lin 等(2009)利用企业数据,并分别考察了中国 FDI 的水平溢出和垂直溢出。Girma 等(2006)的研究发现,FDI 对中国国有企业创新的水平溢出为负,而垂直溢出并不显著。Lin 等(2009)的研究则发现,通过后向和前向联系,中国外商投资企业的供应商和客户获得了正向溢出;同时,这些外资企业的直接竞争者面临的竞争效应为负值。然而,Lin 等(2009)的研究仅仅是从外资直接投资的特征考虑溢出的影响因素,例如 FDI 的投资动机和来源等。基于以上研究,本章将从水平联系、后向联系以及前向联系视角考察 FDI 的溢出,同时,本章将侧重考虑东道国因素对 FDI 溢出的影响。

一、模型方法与数据

1. 模型设定

(1) 垂直联系与技术溢出

对于企业而言,创新是其提高技术水平的核心要素,也是其技术实力的重要体现。因此,如果垂直联系有利于企业的创新活动,则认为垂直联系促进了技术的溢出。在本章中,如果东道国企业为外国公司生产零部件或其他投入品,则认为跨国公司的后向联系存在;反之,如果东道国企业在生产中使用了由外国企业提供的中间品,则认为跨国公司前向联系存在。

具体而言,一个企业的创新会受到两方面因素的影响:(1)企业的研发投入。这是决定创新产出的直接投入变量;(2)跨国公司带来的技术溢出。这是决定创新产出的间接因素。在本章中,我们将考察后向联系、前向联系、培训与流动效应,以及竞争效应这几个渠道的技术溢出。其中,后向联系与前向联系是行业间溢出的两种渠道;而培训与流动效应,以及竞争效应是行业内溢出的两种重要渠道。

为了考察垂直联系与技术溢出的关系,构建模型如下:

$$Inno = a_0 + a_1 RD + a_2 BL + a_3 FL + a_4 TalentF + a_5 Comp + a_6 Sector + \varepsilon \quad (6.1)$$

其中,$Inno$、BL、FL 和 $Sector$ 为二分变量,其它变量为定量变量。具体而言,$Inno$ 表示企业是否发生了创新;RD 是企业的研发投入;BL 被用来度量是否存在后向联系;FL 被用来度量是否存在前向联系;$TalentF$ 表示培训与流动效应;$Comp$ 用来度量企业所面临的外国企业竞争;$Sector$ 为体现部门差异的控制变量。①

由于 $Inno$ 为二分变量,故本章将采用 logit 模型对其进行估计,从而有:

$$L = a_0 + a_1 RD + a_2 BL + a_3 FL + a_4 TalentF + a_5 Comp + a_6 Sector + \varepsilon \quad (6.2)$$

其中,$L = ln[Pr(Inno=1|x)/(1-Pr(Inno=1|x))]$。$Pr(Inno=1|x)$ 表示创新发生的概率,$Pr(Inno=1|x)/(1-Pr(Inno=1|x))$ 是有利于创新发生的机会比率,即企业发生创新与不发生创新的概率之比。通过考察模型(6.2)中 a_i 的正负及显著性,就可以分析这些因素对创新发生概率的影响。其中,a_1 反映企业研发投入对企业创新的影响;a_2 和 a_3 分别反映后向和前向联系渠道的行业间技术溢出影响;a_4 和 a_5 分别反映行业内技术溢出的影响。若 a_2 和 a_3 显著大于 0 时,则表示行业间溢出十分显著;反之,则不显著。同理,a_4 和 a_5 显著大于 0 时,表示行业内溢出十分显著;反之,则不显著。

(2)垂直联系及其影响因素

后向与前向联系是行业间溢出发生作用的两种渠道,因而,影响后向与前

---

① 本书考虑了如下五个制造业部门:服装与皮革制造业、消费品制造业、电子元器件制造业、电子设备制造业、汽车与汽车零部件制造业。为了考虑行业差异的影响,本书将在模型中引入四个部门虚拟变量。

向联系的因素势必会影响 FDI 的行业间溢出。需要指出的是，后向和前向联系的决策主体存在差异：后向联系指的是东道国企业为外国公司生产零部件或其他投入品，因此，后向联系的决策主体是跨国公司；前向联系指的是东道国企业在生产中使用了由外国企业提供的中间品，显然，前向联系的决策主体是东道国企业。东道国的各种因素通过影响跨国公司和东道国企业的决策来分别影响后向联系与前向联系。

跨国公司为寻找当地供应商及培育新的网络关系而发生的成本为联系成本（Liu，2011）。联系成本是影响跨国公司与东道国企业建立垂直联系的因素之一。对于跨国公司而言，在东道国寻找符合条件的合作伙伴是需要成本的，当这种成本过大时，跨国公司会选择鼓励已有全球供应商进入东道国市场。原因在于，这些供应商更了解其技术、质量和成本需求，并且有能力保持先进的技术和适应跨国公司快速的市场反应策略（WIR，2001）。也就是说，较高的联系成本会制约行业间溢出的发生。

Hsing（1996）认为，联系成本会随着跨国公司母国和东道国之间的社会差异而变化。相似的文化联系将使得跨国公司更容易与东道国政府和企业建立相互信任和人际关系（Granovetter，1985；Hsing，1996），从而降低联系成本并促进当地生产网络的发展。需要指出的是，企业外方合作伙伴的存在、企业中受过国外教育经理人数的增加，以及成为商业协会成员都可能会减少跨国公司与东道国企业间进行合作的联系成本：企业的外方合作伙伴可能为该企业提供信息和技术等方面的帮助，也能在一定程度上降低该企业与跨国公司合作的成本；国外的教育不仅有利于提高企业经理的管理水平和视野，同时，还会极大地降低企业与外国公司进行合作的交易成本；商业协会的存在解决了市场中存在的信息不对称问题、降低了企业间的交易成本，这些因素均可能促进前后向联系的发生。

假说一：企业外方合作伙伴、受过国外教育经理人数比例，以及成为商业协会成员会降低跨国公司与东道国企业的联系成本，从而促进了行业间溢出的发生。

Smarzynska（2002）发现，具有较少出口经验的东道国企业通过后向联系溢出得到的收益更大。可能的原因是，东道国的本土出口企业已经从与国外客户的联系中获益颇多，而本土非出口企业学习国外技术知识的渠道则十分有限。因此，本土非出口企业从联系中获得收益的潜力更大。同时，Smarzynska

(2002) 认为，相对于只关注国内市场的企业来说，具有丰富出口经验的国内企业由于更多的接触外国客户，面临着更激烈的竞争，因而获得的溢出更少。

另外一些学者提出了相反观点。他们认为，本土高效率企业的缺乏是本地联系构建的主要障碍（Brown，2000；Crone 和 Watts，2000）。为了促进本地联系的发生，本土企业必须具备一定的竞争力和吸收能力。具备了一定技术、吸收能力和人力资本的企业才能更好地与跨国公司建立联系。出口商通常具有更高的生产效率（Bernard 和 Jensen，1999；Melitz，2003），出口商和非出口商可以被视为具有不同水平的"吸收能力"。吸收能力越强的公司通过各种渠道提高其生产率的能力越强。因此，"吸收能力"越强的东道国企业，跨国公司与其发生关联的联系成本较低，企业自身模仿或创新的能力也较强，故有利于行业间溢出的发生。

假说二：企业出口倾向有利于行业间溢出的发生。

导致东道国企业与跨国公司之间负向垂直溢出的一个重要原因在于双方在谈判能力上的不对称性（Girma 等 2007）。通常，由于规模及国际经营的因素，外国跨国公司被认为比东道国企业更具谈判能力。在这种情形下，很难想象本土企业能够充分地享受生产率提高的收益（例如，Klein 等，1978；Graham 等，1999）。较高的国内市场份额反映国内企业的谈判能力较强，从而更有可能享受生产率提高的收益，故有利于行业间溢出的发生。

假说三：具有较高国内市场份额的国内企业发生行业间溢出的可能性越大。

正如 Krugman 和 Venables（1995）所指出的，通过生产投入联系在一起的企业可能会形成集聚，而这不仅会导致技术溢出和形成专业技能工人的共同市场，还会促进该地区专业化投入和服务的发展。作为结果，跨国公司有动机增加本地采购。也就是说，集聚会促进垂直联系的发生。在中国特有的国情下，工业园或出口加工区通常会促进产业集聚的形成（王振，2005；喻春光和刘友金，2008），从而有利于垂直联系的发生。正如前文指出的，垂直联系是行业间溢出发生作用的关键渠道，故位于工业园或出口加工区的企业发生行业间溢出的可能性较大。

假说四：位于工业园或出口加工区的企业，有利于行业间溢出的发生。

为了对上述四个假说进行检验，本章将考察如下几个因素的影响：是否有外方合作伙伴、受过国外教育经理的人数比例、商业协会、企业的出口倾向、企业的国内市场份额、企业厂址地点。其中，是否有外方合作伙伴、受过国外教育经理的人数比例，以及商业协会用来度量联系成本；企业出口倾向用来度量企业的"吸收能力"；企业国内市场份额用来度量谈判能力；企业厂址地点用来度量产业集聚的影响。

为了分析以上各因素对后向联系的影响，本章采用如下模型

$$BL = \beta_0 + \beta_1 Partner + \beta_2 Manaf + \beta_3 Asso + \beta_4 EX + \beta_5 ratio + \beta_6 Location + \beta_7 Sector + \varepsilon \quad (6.3)$$

其中，BL，Partner，Asso，Location 和 Sector 为二分变量（定性变量），而其他变量为定量变量。具体而言，BL 被用来度量是否存在后向联系，其定义与前面相同。Partner 被用来度量企业是否存在外方合作伙伴；Manaf 表示受过国外教育经理的人数比例；Asso 被用于衡量企业是否加入商业协会；EX 用于衡量企业的出口倾向；ratio 表示企业的国内市场份额；Location 被用于度量企业是否位于工业园或出口加工区；Sector 为体现部门差异的控制变量。

由于本模型中的因变量为二分变量，因此，本章将采用 logit 模型对其进行估计，从而有：

$$L = \beta_0 + \beta_1 Partner + \beta_2 Manaf + \beta_3 Asso + \beta_4 EX + \beta_5 ratio + \beta_6 Location + \beta_7 Sector + \varepsilon \quad (6.4)$$

其中，$L = \ln[Pr(BL=1|x)/(1-Pr(BL=1|x))]$，被称为对数单位（logit）。L 的取值范围是 $-\infty$ 到 $+\infty$。$Pr(BL=1|x)$ 表示后向联系发生的概率，$Pr(BL=1|x)/(1-Pr(BL=1|x))$ 是有利于后向联系发生的机会比率（odds ratio），即企业存在后向联系与不存在后向联系的概率之比。通过考察模型（6.4）中 β_i（i=1,2…7）的正负及显著性，就可以分析这些因素对后向联系发生概率的影响。

同理，为了考察前向联系与影响因素之间的联系，本章仍将使用 logit 模型（6.4）。与后向联系模型不同的是，此时，$\ln[Pr(FL=1|x)/(1-Pr(FL=1|x))]$。其中，表示前向联系发生的概率，而是有利于前向联系发生的机会比率（odds ratio），即企业存在前向联系与不存在前向联系的概率之比。FL 被用来度量是否存在前向联系：当 FL 为 1 时，企业在生产中使用了外国企业提供的中间品；当 FL 为 0 时，企业没有在生产中使用外国企业提供的中间品。模型中其它变量的定义与前相同。与前类似，通过考察模型中 β_i（i=1,2…7）的正负及显著性，就可以分析这些因素对前向联系发生概率的

影响。

本章模型中的变量,一部分来自于微观数据中的原始变量,另一部分则需要重新构造,具体定义及描述见表6.1。在本章模型变量中,以下几个变量为定性变量:Inno(衡量企业是否创新)、BL(衡量是否存在后向联系)、FL(衡量是否存在前向联系)、Partner(衡量是否存在外方合作伙伴)、Asso(衡量是否加入商业协会)、Sector1 – Sector5(五个部门的虚拟变量);其余变量均为定量变量。

表6.1 变量定义与描述

变量名	含义	描述
Inno	度量是否发生创新	Inno = 1 时,企业在现有生产线上引入了新的产品;反之,Inno = 0
RD	度量企业的研发投入	企业总的研发支出占总销售收入的比例
BL	后向联系指标	BL = 1 时,企业为外国公司生产零部件或其他投入品;反之,BL = 0
FL	前向联系指标	FL = 1 时,企业在生产中使用了外国企业提供的中间品;反之,FL = 0
TalentF	培训与流动效应指标	企业拥有技术职称且具有外国工作经验的人员总数
Comp	竞争效应指标	企业主要生产线上面临的外方独资和具有外方所有权的竞争企业总数
Partner	是否存在外方合作伙伴	Partner = 1 时,存在外方合作伙伴;Partner = 0 时,没有外方合作伙伴
Manaf	受过国外教育经理的人数比例	该企业雇佣的经理中受过国外教育的人数比例
Asso	是否加入商业协会	Asso = 1 时,该企业为商业协会成员;反之,Asso = 0
EX	企业的出口倾向	企业总出口与总销售之比
ratio	企业的国内市场份额	该企业在国内市场上的销售份额

续表

变量名	含义	描述
Location	企业厂址地点	Location = 1 时，该企业位于工业园或出口加工区；反之，Location = 0
Sector1	服装与皮革制造部门虚拟变量	Sector1 = 1 时，为服装与皮革制造部门；Sector1 = 0 时，为其它部门
Sector2	消费品部门虚拟变量	Sector2 = 1 时，为消费品部门；Sector2 = 0 时，为其它部门
Sector3	电子元器件制造部门虚拟变量	Sector3 = 1 时，为电子元器件制造部门；Sector3 = 0 时，为其它部门
Sector4	电子设备制造部门虚拟变量	Sector4 = 1 时，为电子设备制造部门；Sector4 = 0 时，为其它部门
Sector5	汽车与汽车零部件制造部门虚拟变量	Sector5 = 1 时，为汽车与汽车零部件制造部门；Sector5 = 0 时，为其它部门

2. 数据描述

本章研究的数据来源于世界银行 2001 年对中国企业的微观调查数据。[①] 此次调查的企业分布于北京、成都、广州、上海和天津这五座城市。样本企业来源于十个行业。其中五个为制造行业，包括服装与皮革制造业、消费品制造业、电子元器件制造业、电子设备制造业、汽车与汽车零部件制造业；另外五个为服务行业，包括会计核算及相关服务、广告与营销、企业物流、通讯服务、以及信息技术服务。由于本章主要考察的对象是中国工业部门，因此，服务业的企业数据将不予考虑。

表 6.2　变量的统计性描述

变量名	观测数	均值	标准差	最小值	最大值
Inno	997	0.441	0.497	0	1
RD	954	0.080	1.368	0	41

[①] 数据来源：Yusuf, S., Nabeshima, K., & Hu, Y. F. (2001). Competitiveness, technology and firm linkages in manufacturing sectors, 1998 – 2000. Washington, D. C.: The World Bank.

续表

变量名	观测数	均值	标准差	最小值	最大值
BL	973	0.211	0.408	0	1
FL	961	0.378	0.485	0	1
TalentF	583	2.724	20.558	0	323
Comp	838	50.257	321.690	0	7500
Partner	998	0.311	0.463	0	1
Manaf	953	0.079	0.203	0	1
Asso	998	0.564	0.496	0	1
EX	469	0.497	0.409	0	1
ratio	925	15.019	23.314	0	100
Location	996	0.256	0.437	0	1
Sector1	998	0.222	0.416	0	1
Sector2	998	0.165	0.372	0	1
Sector3	998	0.203	0.403	0	1
Sector4	998	0.192	0.394	0	1
Sector5	998	0.216	0.412	0	1

表6.2 显示的是变量的基本统计特征。在本章考虑的变量中，除了Partner变量以及Sector1 – Sector5 部门虚拟变量外，其余变量均存在缺失数据，其中变量TalentF 和EX 缺失数据最多。

表6.3 行业差异对创新、后向联系和前向联系的影响（单位:%）

行业	创新 存在	创新 不存在	后向联系 存在	后向联系 不存在	前向联系 存在	前向联系 不存在
服装与皮革制造部门	22.07	77.93	3.18	96.82	25.23	74.77
消费品	41.21	58.79	13.13	86.88	28.93	71.07
电子元器件制造部门	50.25	49.75	39.09	60.91	47.12	52.88

续表

行业	创新 存在	创新 不存在	后向联系 存在	后向联系 不存在	前向联系 存在	前向联系 不存在
电子设备制造部门	60.21	39.79	21.67	78.33	55.31	44.69
汽车与汽车零部件制造部门	49.07	50.93	28.24	71.76	34.11	65.89
合计	44.13	55.87	21.07	78.93	37.77	62.23
	Pearson chi2（12）= 69.6293 P值 = 0.000		Pearson chi2（12）= 93.5732 P值 = 0.000		Pearson chi2（12）= 51.6154 P值 = 0.000	

注：Pearson卡方统计量用于检验对行列变量的独立性。

如表6.3所示，不同部门创新以及垂直联系发生的比率均存在显著差异，这是本章引入部门虚拟变量的原因所在。通过引入部门虚拟变量，就可以控制部门差异对创新以及垂直联系的影响。在所有五个行业，与跨国公司建立后向联系的国内企业占少数。可能的原因是，跨国公司面临的是全球竞争市场，在质量上对投入产品有更高的要求，而国内企业生产技术相对落后，这制约了后向联系的发生。同时还发现，在五个行业，前向联系比后向联系发生的几率要大。

二、实证结果与分析

1. 垂直联系与技术溢出

（1）垂直联系与企业创新的相关性

对于企业而言，创新是其提高技术水平的核心要素，也是其技术实力的重要体现。因此，如果垂直联系有利于企业的创新活动，则我们认为垂直联系促进了技术的溢出。在本章中，如果东道国企业为外国公司生产零部件或其他投入品，则认为跨国公司的后向联系存在；反之，如果东道国企业在生产中使用了由外国企业提供的中间品，则认为跨国公司前向联系存在。

本章将考察以下五种类型的创新：①在现有生产线上引入新的产品；②引入新的生产线；③新的工艺改进；④新的管理技巧；⑤新的质量控制方法。

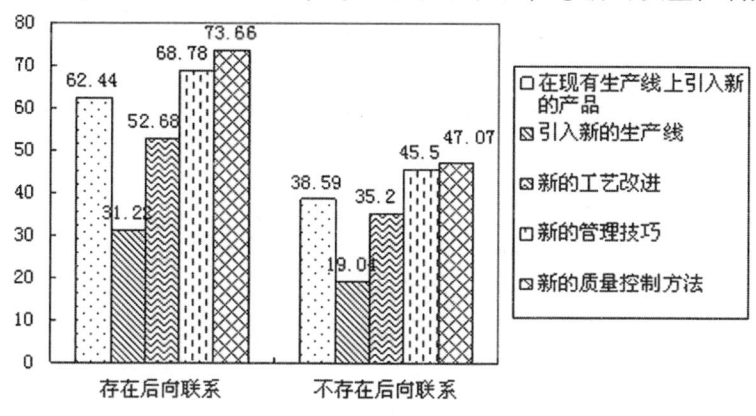

图 6.1 后向联系与创新的相关性

图 6.1 显示的是后向联系与创新活动的相关性。从图中可知，与不存在后向联系的企业相比，存在后向联系的企业在现有生产线上引入新产品的比率较高（62.44% > 38.59%），并且这种影响十分显著。不仅如此，其它四种创新活动在存在后向联系的企业中发生的几率也较高。这表明，后向联系有利于企业的创新活动。

接下来，我们将考察前向联系与企业创新活动之间的关系，见图 6.2。

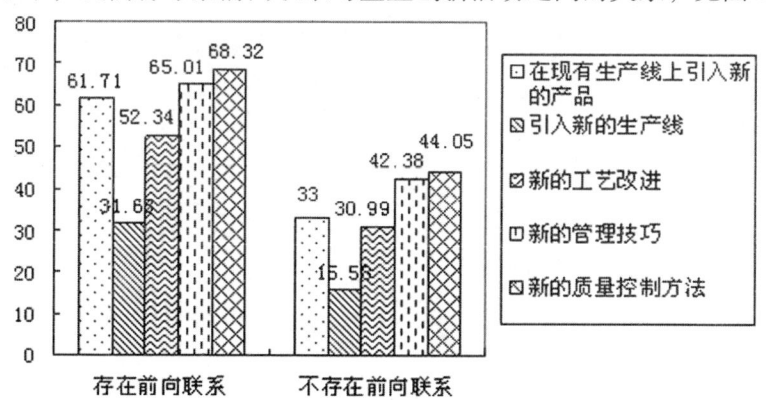

图 6.2 前向联系与创新的相关性

从图 6.2 可知，存在前向联系的企业发生各种创新的几率都较高。这表明，前向联系有利于企业的创新活动。

（2）垂直联系与技术溢出的实证分析

为了考察垂直联系与技术溢出的关系，对模型（6.2）进行估计，得到回归结果见表6.4。

表6.4 垂直联系与技术溢出的分析结果

	Inno			Inno		
	Coef	S.E.	e^b	Coef	S.E.	e^b
RD	0.1723	0.521	1.1881	0.1296	0.307	1.1383
BL	0.8328***	3.333	2.2997	0.6961***	0.258	2.0058
FL	0.9719***	4.727	2.643	0.9765***	0.209	2.6553
TalentF	0.0136	1.073	1.0137	0.0145	0.014	1.0146
Comp	0.0003	0.436	1.0003	0.0006	0.001	1.0006
部门效应（default=服装与皮革制造部门）						
消费品				0.5579	0.381	1.747
电子元器件制造部门				0.7780**	0.358	2.1772
电子设备制造部门				0.7917**	0.357	2.2071
汽车与汽车零部件制造部门				0.8421**	0.353	2.3212
Hosmer-Lemeshow拟合度统计量（p值）	379.06 (0.3752)			420.4 (0.3507)		

注：S.E.表示标准差；*，**，***分别表示系数的t统计量在10，5 and 1%水平上显著；e^b表示X单位变化所导致机会比率的变化；Hosmer-Lemeshow拟合度检验的结果表明，两个模型的拟合效果都很好。

表 6.4 显示了模型 (6.2) 的两组结果：左列没有考虑部门差异影响；右列则考虑了部门差异的影响。两组模型分析结果均得到了相同的结论，即后向联系与前向联系对企业创新的影响显著为正。当考虑部门差异时，对于存在后向或前向联系的企业而言，在其它条件不变的情形下，创新的几率会多 2 或 2.66 倍。然而，企业自身研发投入、企业拥有技术职称且具有外国工作经验的人员总数，以及企业主要生产线上面临的外方独资和具有外方所有权的竞争企业总数对创新也呈正向影响，但不显著。[1] 这表明，在中国工业部门，通过后向联系和前向联系的行业间溢出是促进企业自身创新更为有效的渠道；而企业研发投入以及行业内溢出对企业创新的影响不显著。[2] 其原因可能在于，对于在中国的跨国公司而言，相同行业内的溢出意味着损失，故这些跨国公司会限制技术的行业内溢出；行业间溢出对跨国公司而言并不意味着损失，甚至有利于跨国公司竞争力的提升。基于以上考虑，跨国公司会尽量避免行业内溢出，而鼓励行业间溢出的发生。

---

[1] 当使用企业研发人员数来代替研发投入时，模型 (6.2) 的回归得到了相似结论。即使考虑到地区差异的影响，并且在模型 (6.2) 中引入地区虚拟变量，仍可得到行业间溢出显著而行业内溢出不显著的结论。

[2] 为了检验模型 (6.2) 稳健性，当以是否引入新生产线、是否存在新的工艺改进、是否存在新的管理技巧、是否存在新的质量控制方法分别作为创新与否的代理变量时，模型 (6.2) 均得到相似结论：即通过后向联系和前向联系的行业间溢出是促进企业自身创新更为有效的渠道；企业研发投入以及行业内溢出对企业创新的影响不显著。

图表数据:

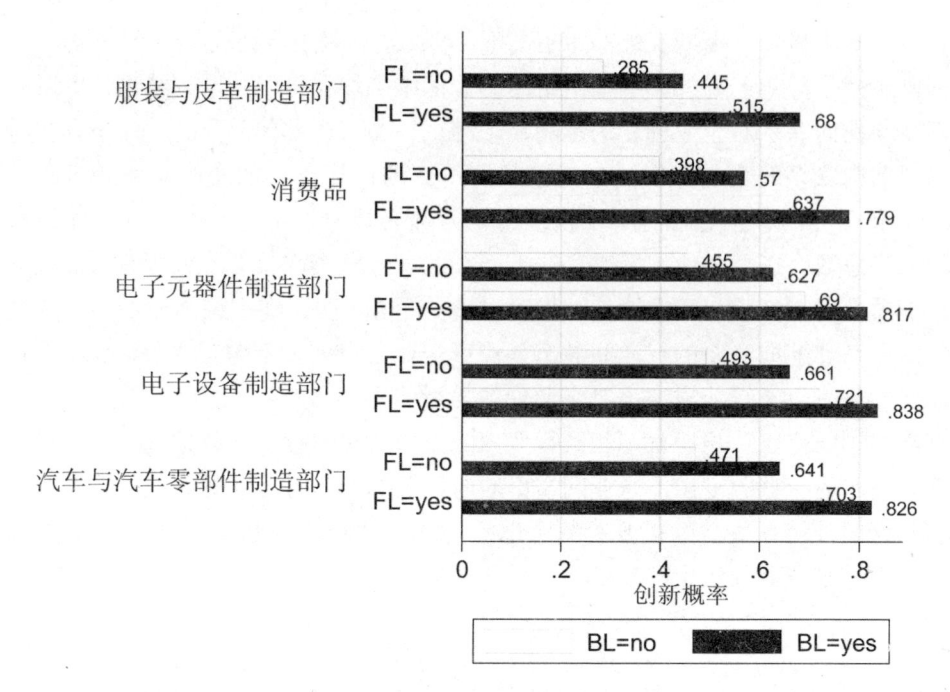

部门	FL	BL=no	BL=yes
服装与皮革制造部门	FL=no	.285	.445
	FL=yes	.515	.68
消费品	FL=no	.398	.57
	FL=yes	.637	.779
电子元器件制造部门	FL=no	.455	.627
	FL=yes	.69	.817
电子设备制造部门	FL=no	.493	.661
	FL=yes	.721	.838
汽车与汽车零部件制造部门	FL=no	.471	.641
	FL=yes	.703	.826

图6.3　垂直联系对创新概率的影响

注：BL 表示后向联系，FL 表示前向联系。

图 6.3 显示的是后向联系、前向联系对创新发生概率的影响。从图 6.3 可知，在其它变量取均值的情形下，同时具有后向联系和前向联系的企业发生创新的概率最高；随着后向联系或前向联系的条件不被满足，创新发生的概率将逐渐变小。换句话说，后向联系与前向联系的存在有利于企业创新的发生。正如前面分析所表明，后向联系与前向联系是行业间溢出的两种重要渠道。只有当中国本土企业与跨国公司建立后向联系或前向联系时，行业间溢出才有可能发生，从而促进该企业的创新。同时我们发现，这一结论并不会随着行业的不同而发生变化。本章考察的五个制造部门均得到了相同结果。具体而言，在其它变量取均值的情形下，同时具有后向联系和前向联系的企业发生创新的平均概率最高，为 0.788；而既没有后向联系又没有前向联系的企业发生创新的平均概率最低，为 0.4204。

目前为止，本章检验了中国工业部门行业间溢出的显著性。接下来，本章将对影响 FDI 行业间溢出的东道国因素进行实证分析。

2. 垂直联系及其影响因素分析

（1）垂直联系与影响因素的相关性

通过考察企业是否为外国公司生产零部件或其他投入品，我们就可以考察跨国公司后向联系的存在性。类似的，通过考察企业在生产中是否使用了由外国企业提供的中间品，我们就可以考察跨国公司前向联系的存在性。

本章将考察如下几个因素对垂直联系的作用：企业所处行业、是否有外方合作伙伴、商业协会、企业厂址地点、企业的国内市场份额、受过国外教育经理的数量、企业的出口倾向。

①企业所处行业

为了考察行业因素对垂直联系的影响，本章统计了不同行业中垂直联系发生的比率，见表6.5。在该表中，纵列表示行业类型，横列表示企业垂直联系发生与否的比率。在本章中，通过考察企业是否为外国公司生产零部件或其他投入品来度量跨国公司后向联系的存在性，通过考察企业在生产中是否使用了由外国企业提供的中间品来度量跨国公司前向联系的存在性。在企业的问卷调查中，企业的回答被分为了以下四类：是；否；不知道；拒绝回答。在表6.5中，我们只对前两者进行了统计。

表6.5 行业因素对垂直联系的影响　　　单位:%

行业	该企业为外国公司生产零部件或其他投入品		企业在生产中使用了外国企业提供的中间品	
	是	否	是	否
服装与皮革	3.15	95.95	24.77	73.42
消费品	12.73	84.24	27.88	68.48
电子元器件	37.93	59.11	44.33	49.75
电子设备	20.63	74.6	52.38	42.33
汽车与汽车零部件	28.24	71.76	33.8	65.28
行列变量独立性检验	Pearson chi2（12）= 110.9108　Pr = 0.000		Pearson chi2（12）= 65.6783　Pr = 0.000	

注：Pearson卡方统计量是用来检验行变量与列变量间是否相互独立。由于Pr = 0.000，行业因素对后向联系和前向联系的影响十分显著。

从表6.5可知，在不同行业中，成为跨国公司上游供应商的企业所占比例较少。其中可能的原因在于国内企业生产技术的相对落后。一般而言，跨国公司面临的是全球竞争市场，在质量上对产品有更高的要求，我国企业生产技术的落后制约了中间品质量的提高，从而不利于企业进入跨国公司的上游供应商。与后向联系相比，前向联系发生的几率较大。

后向联系和前向联系发生的程度会随着行业不同而有所差异。其中，服装和皮革制造业中后向联系和前向联系发生的比率最少（分别为3.15%和24.77%），其原因在于，该行业的技术工艺很难被分解成不同的阶段或服务（UNCTAD，2001）。

相比服装与皮革制造业，电子设备制造业、电子元器件等行业的生产工艺更容易被划分为不同的部分，因而这些行业存在垂直联系的可能性也越高。

②是否存在外方合作伙伴

为了考察外方合作伙伴对垂直联系的影响，本章统计了不同情形下垂直联系发生的比率，见表6.6。

表6.6 外方合作伙伴对垂直联系的影响　　单位:%

存在外方合作伙伴	该企业为外国公司生产零部件或其他投入品		企业在生产中使用了外国企业提供的中间品	
是	34.63	62.46	63.11	34.3
否	14.29	83.82	24.49	71.72
行列变量独立性检验	Pearson chi2（12）= 58.2887　Pr = 0.000		Pearson chi2（12）= 141.7590　Pr = 0.000	

注：Pearson 卡方统计量是用来检验行变量与列变量间是否相互独立。由于 Pr = 0.000，存在外方合作关系对垂直联系的影响十分显著。

在表6.6中，纵列表示企业是否存在外方合作伙伴，横列表示企业垂直联系发生与否的比率。从表中可知，存在外方合作伙伴的企业为外国公司生产零部件或其他投入品的可能性更大（34.63% > 14.29%）。也就是说，外方合作关系的存在有利于后向联系的发生。其中的可能原因是，企业的外方合作伙伴可以为该企业提供信息和技术等方面的帮助，从而促进了该企业与其它外国企业后向联系的发生。

并且，外方合作关系的存在也有利于前向联系的发生。存在外方合作伙伴时，企业在生产中使用外国企业提供的中间品的比率较高（63.11% > 24.49%）。

③商业协会

为了考察商业协会对垂直联系的影响，本章统计了不同情形下企业垂直联系发生的比率，见表6.7。

表6.7　商业协会对垂直联系的影响　　单位:%

加入商业协会	该企业为外国公司 生产零部件或其他投入品		企业在生产中使用了 外国企业提供的中间品	
	是	否	是	否
是	21.75	75.58	40.29	56.86
否	19.12	79.26	31.57	64.29
行列变量独立性检验	Pearson chi2（12）= 2.6773 Pr = 0.444		Pearson chi2（12）= 8.7142 Pr = 0.033	

注：Pearson卡方统计量是用来检验行变量与列变量间是否相互独立。商业协会对后向联系的影响不显著（Pr = 0.444）；商业协会对前向联系的影响显著（Pr = 0.033）。

在表6.7中，纵列表示企业是否加入商业协会，横列表示企业垂直联系发生与否的比率。从表中可知，加入商业协会的企业为外国公司生产零部件或其他投入品的可能性更大（21.75% > 19.12%），但是这种影响并不显著（Pr = 0.444）。同时，加入商业协会使得企业使用外国企业提供的中间品的可能性变大（40.29% > 31.57%），并且这种影响是十分显著的（Pr = 0.033）。因而，商业协会有利于前向联系的发生。

为了进一步明确商业协会对后向联系的影响，本章现在考虑另外几个度量后向联系的指标：为外国公司生产最终品、根据外国公司的规格来生产产品、企业自主设计为外国企业生产中间投入品、企业为外国企业提供设计服务或研发支持。如果一个企业存在以上活动，则表明该企业与外国企业之间存在后向联系。具体分析结果见图6.4。

```
         50 ┐
         40 ┤      47.06
    比    30 ┤ 30.3              33.64
    率    20 ┤      18.18    18.66  11.75
         10 ┤          8.2            4.84
          0 ┴─────────────────────────────
              商业协会成员        非商业协会成员
```

☐ 为外国公司生产最终品
▦ 根据外国公司的规格生产产品
⊠ 自主设计为外国企业生产投入品
⊡ 为外国企业提供设计服务或研发支持

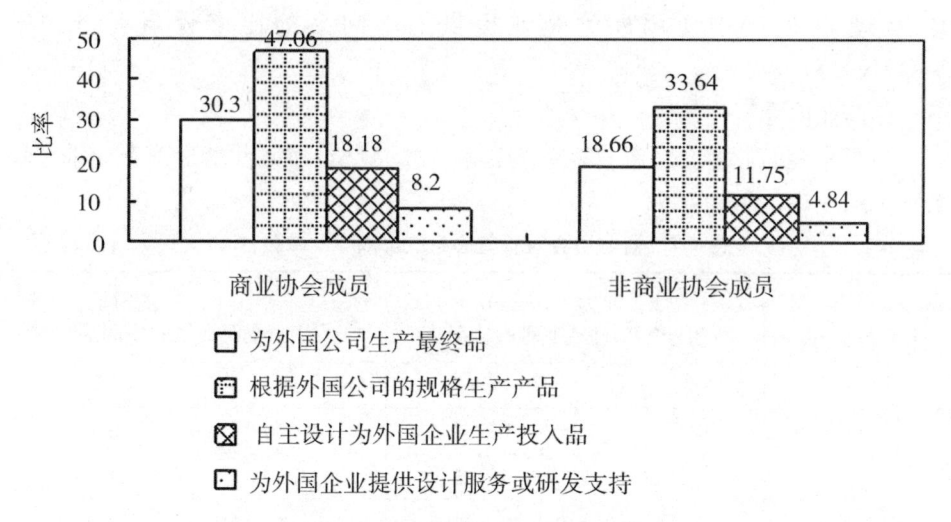

图 6.4 商业协会对后向联系的影响

图 6.4 显示了企业在是否加入商业协会的情形下各种后向联系活动发生的比率。从图中可知，当企业加入商业协会时，该企业为外国公司生产最终品、根据外国公司的规格来生产产品、自主设计为外国企业生产中间投入品、为外国企业提供设计服务或研发支持的可能性更大，并且商业协会的影响是十分显著的。

因此，商业协会的存在有利于前后向联系发生的。但是，商业协会是通过什么机制来促进垂直联系发生的呢？

对样本数据的统计表明，加入商业协会的企业强调了以下四个因素的作用：83.84% 的企业认为商业协会有利于成员获取市场信息；43.42% 的企业认为商业协会将有助于成员获取信贷；39.86% 的企业认为，商业协会可以定义标准且监控质量和企业业绩；30.78% 的企业认为，作为权威机构，商业协会有利于成员供应商和客户间的合作。由此可见，商业协会的存在解决了市场中存在的信息不对称问题、为企业融资提供了条件、促进了成员企业的技术水平、降低了企业间的交易成本，这些因素进一步促进了前后向联系的发生。

④企业厂址地点

为了考察企业是否在工业园或出口加工区对垂直联系的影响，本章统计了不同情形下企业垂直联系发生的比率，见表 6.8。

表 6.8　企业选址地点对垂直联系的影响　　　单位:%

位于工业园或 出口加工区	该企业为外国公司 生产零部件或其他投入品		企业在生产中使用了 外国企业提供的中间品	
	是	否	是	否
是	34.39	62.45	57.71	38.74
否	15.95	82.16	29.19	67.43
行列变量独立 性检验	Pearson chi2（12）= 41.9284 Pr = 0.000		Pearson chi2（12）= 71.2718 Pr = 0.000	

注：Pearson 卡方统计量是用来检验行变量与列变量间是否相互独立。选址地点对前后向联系的影响显著（Pr = 0.000）。

在表 6.8 中，纵列表示企业是否在工业园或出口加工区，横列表示企业垂直联系发生与否的比率。由表中可知，位于工业园或出口加工区的企业为外国公司生产零部件或其他投入品的可能性更大（34.39% > 15.95%），并且这种影响十分显著（Pr = 0.000）。这表明，工业园或出口加工区存在的有利条件促进了后向联系的形成。同时，位于工业园或出口加工区的企业使用外国企业中间品的可能性更大（57.71% > 29.19%），并且这种影响十分显著（Pr = 0.000）。因此，选址的区位优势对前向联系也存在有利影响。

正如 Krugman 和 Venables（1995）所指出的，通过生产投入联系在一起的企业可能会形成集聚，而这不仅会导致技术溢出和形成专业技能工人的共同市场，还会促进该地区专业化投入和服务的发展。作为结果，跨国公司有动机增加本地采购。也就是说，集聚会促进垂直联系的发生。显然，在中国特有的国情下，工业园或出口加工区会促进了产业集聚的形成，从而有利于垂直联系的发生。

⑤企业的国内市场份额

企业的国内市场份额体现了企业在市场上的主导地位。为了考察这种市场地位与后向联系发生的关系，我们绘制两种情形下企业国内市场份额的核密度估计图，见图 6.5。

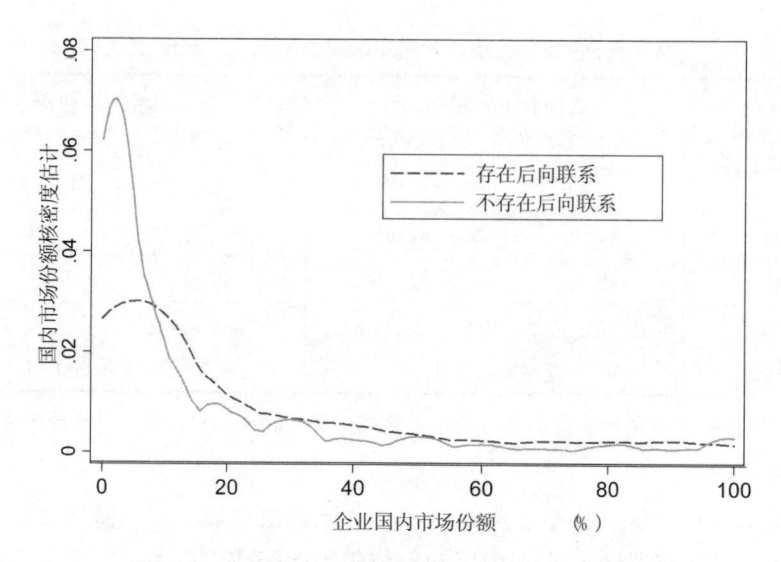

图 6.5　国内市场份额核密度估计图（后向联系）

从图 6.5 可知，与不存在后向联系的企业相比，存在后向联系的企业的国内市场份额位于 10%~100% 之间的可能性更大，而位于 0~10% 之间的可能性较小。由此，我们可以大致推测，较高的国内市场份额（较强的市场主导地位）有利于后向联系的发生。

同理，可绘制前向联系情形下的国内市场份额核密度估计图如下：

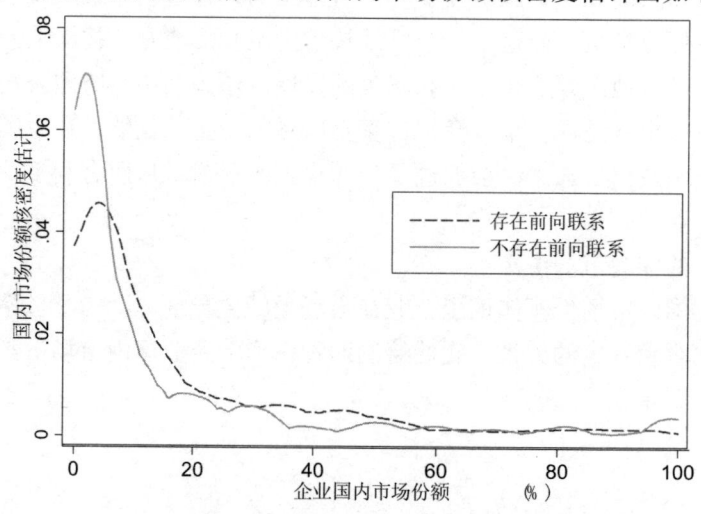

图 6.6　国内市场份额核密度估计图（前向联系）

150

从图 6.6 可知，与不存在后向联系的企业相比，存在前向联系的企业的国内市场份额位于 8% ~ 100% 之间的可能性更大，而位于 0 ~ 8% 之间的可能性较小。由此，我们也可以推测，较高的国内市场份额有利于前向联系的发生。

因此，较高的国内市场份额有利于垂直联系的发生。其中的可能原因在于，较高的国内市场份额意味着企业具有较强的市场主导地位和竞争力，这使得垂直联系的建立成为了可能。在全球化的经济发展时代，任何企业的发展都无法脱离国际化分工体系。与跨国公司垂直联系的建立会进一步增强企业的竞争力和市场地位，反过来，这又会强化两者之间的相互联系。

⑥受过国外教育经理的数量

为了考察受过国外教育经理的数量与垂直联系的关系，我们绘制两种情形下受过国外教育经理的数量的核密度估计图，见图 6.7。

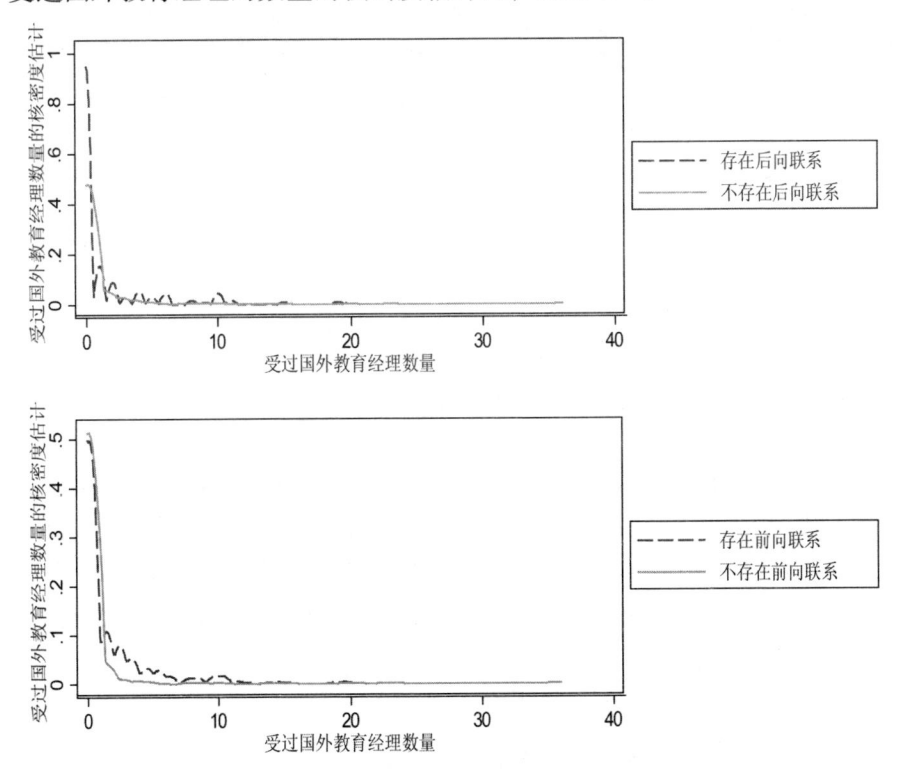

图 6.7 受过国外教育经理的数量的核密度估计

与前面分析类似，存在垂直联系的企业中，受过国外教育经理的数量较多。这表明，国外的知识溢出是有利于垂直联系发生的。国外的教育不仅有利于提高企业经理的管理水平和视野，同时，还会极大地降低企业与外国公司进行合作的交易成本，从而有利于垂直联系的发生。

⑦企业的出口倾向

在本章中，我们采用2000年企业的总出口与总销售之比来衡量出口倾向。为了考察企业的出口倾向与垂直联系的关系，我们绘制两种情形下企业的出口倾向核密度估计图，见图6.8。

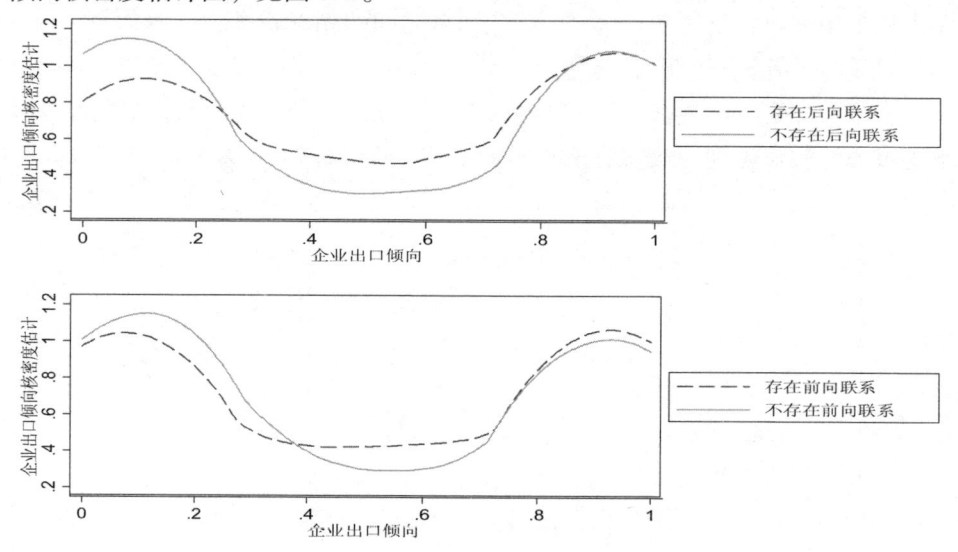

图6.8 企业的出口倾向核密度估计

从图6.8可知，当存在前向联系或后向联系时，通常伴随着较高的企业出口倾向。因此，我们可以推测，出口经验的积累有利于垂直联系的发生。正如前面分析所指出的，具有较高出口倾向的内资企业通常具有较高的生产率（Melitz，2003），显然，较高的生产率使得内资企业具有较高的竞争力，并且促进了垂直联系的发生。

(2) 垂直联系与影响因素的实证分析

①后向联系及其影响因素的实证分析

为了考察后向联系与各种影响因素之间的联系，本章对模型（6.4）进行估计得到结果如下（见表6.9）。

表6.9 东道国因素对后向联系的影响

BL	系数	S.E.	e^b
Partner	0.5737**	0.241	1.7749
Manaf	0.1548	0.462	1.1675
Asso	0.1445	0.257	1.1554
EX	0.8913**	0.350	2.4382
ratio	0.0098*	0.005	1.0099
Location	0.1000	0.252	1.1052
部门效应 (default = 服装与皮革制造部门)			
消费品	2.2074***	0.511	9.092
电子元器件制造部门	2.8221***	0.457	16.8122
电子设备制造部门	1.9187***	0.503	6.8119
汽车与汽车零部件制造部门	3.0131***	0.494	20.3498
Hosmer-Lemeshow 拟合度统计量（p值）	384.13 (0.6022)		

注：S.E.表示标准差；*，**，***分别表示系数的t统计量在10，5 and 1%水平上显著；e^b表示X单位变化所导致机会比率的变化；Hosmer-Lemeshow 拟合度检验的结果表明，该模型的拟合效果很好。

从表6.9可知，模型(6.4)中Partner、EX和ratio的系数显著为正，这表明，拥有外方合作伙伴、企业较高的出口倾向、企业具有较高的国内市场份额均有利于后向联系的发生，从而促进行业间溢出。

同时，体现部门差异虚拟变量的系数也显著大于0，这表明，部门差异对后向联系存在显著影响。其中，电子元器件制造部门和汽车与汽车零部件制造部门发生后向联系的可能性较大（3.01），而服装与皮革制造部门部门发生后向联系的可能性较小（2.82）。其可能原因在于，外国企业对布匹的种类和质量要求较高，而当地纺织品企业很难满足要求，故这些外国企业更倾向于进口而非本地采购；电子元器件制造部门和汽车与汽车零部件制造部门经过多年的发展，已经具备了一定的技术实力，同时，这两个行业的技术更易分解成独立的阶段或服务，故跨国公司更倾向于外部采购（UNCTAD，2001）。

在表6.9中，Manaf、Asso和Location的系数不显著，然而，我们还不能立刻得到如下结论，即受过国外教育经理的人数比例、企业是否加入商业协会、企业是否位于工业园或出口加工区对后向联系的影响不显著。其原因在于，对回归自变量的相关性分析发现，Manaf 与 partner、EX、Location 之间存在显著相关性；Asso 与 EX、ratio 之间存在显著相关性；Ratio 和 partner、Asso、EX、Location 之间存在显著相关性；Location 与 partner、Manaf、ratio 之间存在显著相关性（见表 6.10）。因此，模型（4）中可能存在多重共线性问题，而 Manaf、Asso 和 Location 的系数不显著可能就是由多重共线性所导致。

表 6.10 Spearman 秩相关系数

	Partner	Manaf	Asso	EX	ratio	Location
Partner	1					
Manaf	0.2703 * * * (0.0000)	1				
Asso	0.0311 (0.3265)	-0.0154 (0.6355)	1			
EX	0.0517 (0.2634)	0.1273 * * * (0.0067)	-0.3407 * * * (0.0000)	1		
ratio	0.0658 * * (0.0455)	0.0595 * (0.076)	0.1096 * * * (0.0008)	-0.4218 * * * (0.0000)	1	
Location	0.2218 * * * (0.0000)	0.1606 * * * (0.0000)	0.0272 (0.3914)	0.0303 (0.5132)	0.1056 * * * (0.0013)	

注：括号中的数值表示相关系数的显著性水平；*，* *，* * *分别表示系数的 t 统计量在 10，5 and 1% 水平上显著

为了检验模型（6.4）结果的稳健性，本章将考虑以下几种不同情形：回归中不包含变量 partner、EX、Location；回归中不包含 EX、ratio；回归中不包含 partner、Asso、EX、Location；回归中不包含 partner、Manaf、ratio。如果在以上四种情形中，Manaf、Asso、Ratio 和 Location 的系数分别由不显著变为显著，或者显著性增加，这就表明，正是多重共线性导致了回归系数的不显著。对以上四种情形估计的结果见表 6.11。

154

表 6.11　东道国因素对后向联系影响的稳健性分析

BL	系数			
	情形 1	情形 2	情形 3	情形 4
Partner		0.9660***		
Manaf	1.6145***	0.9204**	1.5989***	
Asso	0.2112	0.1533		0.1363
EX				0.9786***
ratio	0.0071**		0.0074**	
Location		0.6712***		0.1848
部门效应 (default = 服装与 皮革制造部门)				
消费品	1.4208***	1.6871***	1.4131***	2.4176***
电子元器件 制造部门	2.5849***	2.7095***	2.5972***	3.2471***
电子设备 制造部门	1.8346***	1.8138***	1.8283***	2.2502***
汽车与汽车 零部件 制造部门	2.2520***	2.4584***	2.2621***	3.3991***
Hosmer – Lemeshow 拟合度统计 量（p 值）	377.87 (0.4487)	289.06 (0.0016)	308.80 (0.4605)	377.38 (0.5138)

注：*，**，***分别表示系数的 t 统计量在 10，5 and 1% 水平上显著

从表 6.11 可知，四种情形下所有系数的符号均保持一致性，这表明，对后向联系模型的估计具有很强的稳健性。在情形一中，当剔除了与 Manaf 变量相关的变量后，Manaf 的系数由不显著变为显著大于 0。这表明，受过国外教育经理的人数比例对后向联系存在着显著正影响；在情形二中，即使剔除了与 Asso 相关的变量，其系数仍然不显著。这表明，企业是否加入商业协会对企

业后向联系的影响不显著①;在情形三中,当剔除了与 ratio 相关的变量时,ratio 系数的显著性增强,这进一步验证了较高国内市场份额均对后向联系的正向影响;在情形四中,即使剔除了与 Location 相关的变量,其系数仍然不显著,这表明,企业是否位于工业园或出口加工区对后向联系的影响不显著。

②前向联系及其影响因素的实证分析

类似的,我们可以考察前向联系与各种影响因素之间的联系,并得到回归结果如下,见表 6.12。

表 6.12　东道国因素对前向联系的影响

FL	系数	S. E.	e^b
Partner	0.9863***	0.229	2.6813
Manaf	1.6706***	0.557	5.3151
Asso	0.1745	0.246	1.1906
EX	−0.0113	0.323	0.9887
ratio	−0.0006	0.005	0.9994
Location	0.7241***	0.248	2.0629
部门效应 (default = 服装与皮革制造部门)			
消费品	0.5810	0.375	1.7878
电子元器件制造部门	0.7381**	0.314	2.0919
电子设备制造部门	1.3559***	0.403	3.8803
汽车与汽车零部件制造部门	0.3413	0.359	1.4067
Hosmer − Lemeshow 拟合度统计量（p 值）		416.19 (0.1644)	

---

①　情形二中 Hosmer − Lemeshow 拟合度检验的卡方值为 289.06,p = 0.0016。这表明,该模型的拟合效果很差。当仅剔除 EX 和 ratio 变量之一时,Asso 的系数仍然不显著。

注：S.E. 表示标准差；*，**，***分别表示系数的 t 统计量在 10，5 and 1% 水平上显著；e^b 表示 X 单位变化所导致机会比率的变化；Hosmer – Lemeshow 拟合度检验的结果表明，该模型的拟合效果很好。

由表 6.12 可知，Partner、Manaf 和 Location 的系数显著大于 0，这表明，存在外方合作伙伴、受过国外教育经理人数比例、位于工业园或出口加工区均有利于前向联系的发生。

当考虑部门差异时，与服装与皮革制造部门、消费品、汽车与汽车零部件制造部门相比，电子元器件制造部门和电子设备制造部门发生前向联系的可能性更大。这表明，电子元器件制造部门和电子设备制造部门的国内企业更有可能购入跨国公司的中间投入品进行生产，从而形成前向联系。

进一步的，Asso、EX 和 ratio 的系数不显著，然而，我们还不能得到如下结论，即企业是否加入商业协会、企业出口倾向、较高国内市场份额对前向联系的影响不显著。其原因在于，对回归自变量的相关性分析发现，Asso 与 EX、ratio 之间存在显著相关性；EX 与 Manaf、Asso、ratio 之间存在显著相关性；Ratio 和 partner、Asso、EX、Location 之间存在显著相关性（见表 6.10）。因此，模型回归中可能存在多重共线性问题，而 Asso、EX 和 ratio 的系数不显著可能就是由多重共线性所导致。

为了检验模型结果的稳健性，我们将分别考虑以下几种不同的情形：回归中不包含变量 EX、ratio；回归中不包含 Manaf、Asso、ratio；回归中不包含 partner、Asso、EX、Location。如果在以上三种情形中，Asso、EX 和 ratio 的系数分别由不显著变为显著，这就表明，正是多重共线性导致了回归系数的不显著。对这三种情形的估计结果见表 6.13。

表 6.13 东道国因素对前向联系影响的稳健性分析

FL	系数		
	情形 1	情形 2	情形 3
Partner	1.3818***	1.0765***	
Manaf	2.1781***		3.1391***
Asso	0.4249***		
EX		0.1514	
ratio			0.0014

续表

	系数		
Location	0.8418***	0.5753**	
部门效应			
(default = 服装与皮革制造部门)			
消费品	0.3630	0.7749**	0.1518
电子元器件制造部门	0.6988***	0.9050***	0.8661***
电子设备制造部门	1.0964***	1.6882***	1.1325***
汽车与汽车零部件制造部门	0.4435*	0.5092	0.4181*
Hosmer – Lemeshow 拟合度统计量（p 值）	286.52 (0.0011)	398.88 (0.2315)	396.97 (0.0002)

注 *，**，*** 分别表示系数的 t 统计量在 10，5 and 1% 水平上显著

在情形一中，当剔除了与 Asso 相关的变量后，Asso 的系数由不显著变为显著大于 0，这表明，企业加入商业协会对前向联系存在正向影响；在情形二和情形三中，即使剔除与 EX、ratio 相关的变量，两者的系数仍然不显著。这表明，企业出口倾向、较高的国内市场份额对前向联系的影响不显著。

③垂直联系及其影响因素关系的进一步探讨

对影响行业间溢出影响因素的分析表明：拥有外方合作伙伴、受过国外教育经理的人数比例、企业较高的出口倾向、企业具有较高的国内市场份额均有利于后向联系的发生，然而，是否加入商业协会、企业是否位于工业园或出口加工区对后向联系的影响不显著；存在外方合作伙伴、受过国外教育经理人数比例、企业加入商业协会、位于工业园或出口加工区均有利于前向联系的发生，然而，企业出口倾向、较高的国内市场份额对前向联系的影响不显著。

拥有外方合作伙伴、受过国外教育经理的人数比例同时有利于后向和前向联系的发生，这表明，外方合作伙伴和受过国外教育经理的存在可以有效降低跨国公司与中国国内企业的联系成本，从而有利于跨国公司与国内企业的垂直联系渠道的行业间溢出。

企业加入商业协会有利于前向联系，但对后向联系的影响不显著。对样本数据的统计表明，加入商业协会的企业强调了以下四个因素的作用：83.84%

的企业认为商业协会有利于成员获取市场信息；43.42%的企业认为商业协会将有助于成员获取信贷；39.86%的企业认为，商业协会可以定义标准且监控质量和企业业绩；30.78%的企业认为，商业协会有利于成员供应商和客户间的合作。由此可见，商业协会的存在解决了市场中存在的信息不对称问题、为企业融资提供了条件、促进了成员企业的技术水平、降低了企业间的交易成本。这些因素促进了企业从跨国公司购买中间投入品的可能性。然而，当跨国公司在选择中间投入品的供应商时，东道国企业是否加入商业协会无关重要。其中的可能原因有两方面：首先，当跨国公司在东道国设立新的生产厂房时，它们倾向于引入已有网络的供应商，因为它们了解其技术、质量和成本需求，并且有能力保持先进的技术，而且能够并且能够与跨国公司快速的市场反应策略向匹配（WIR，2001）；其次，是否为商业协会成员可能无法准确体现东道国企业的技术实力和产品质量，因而，跨国公司在选择供应商时并不会特别关注企业的商业协会成员身份。

企业较高的出口倾向有利于后向联系的发生，其原因在于，具有较高出口倾向的企业通常有较高的生产率（Melitz，2003）和"吸收能力"。一方面，生产率较高的东道国企业满足跨国公司生产技术要求的能力较强，跨国公司与其发生后向联系的成本较低，故跨国公司购买其产品的可能性更大；另一方面，"吸收能力"较强的东道国企业获取下游跨国公司技术的能力也更强，从而与跨国公司建立供应联系的动机也较强。然而，企业较高的出口倾向对前向联系的影响却不显著。这表明，对于从跨国公司购买中间投入品而言，出口倾向高的内资企业与出口倾向低的内资企业并没有太大差异。对于跨国公司而言，当其向内资企业提供中间投入品时，考虑更多的是利润，而并非内资企业的生产率和"吸收能力"。

较高国内市场份额有利于后向联系，但对前向联系影响不显著。较高的国内市场份额意味着企业具有较强的技术实力和竞争力，这会增加跨国公司对其采购的可能性；同时，较高的国内市场份额反映企业的谈判能力较强，从而更有可能享受生产率提高的收益，此时，东道国企业也更有动机增加与跨国企业的联系。然而，东道国企业国内市场份额的多少对前向联系影响不显著。这表明，对于从跨国公司购买中间投入品而言，国内市场份额大的企业和份额小的企业并没有太大差异。对于跨国公司而言，当其向内资企业提供中间投入品时，考虑更多的是利润，而并非内资企业的市场占有率。

位于工业园或出口加工区有利于前向联系,但对后向联系的影响不显著。其中可能的原因在于,位于工业园或出口加工区的企业通常会购入跨国公司的中间投入品,以提升其产品质量与竞争力。然而,当跨国公司在选择中间投入品的供应商时,东道国企业是否位于工业园或出口加工区无关重要。这表明,东道国企业地址并非影响跨国公司选择中间投入品供应商的关键因素。

三、小结

利用世界银行对中国的企业调研数据,本章考察了中国工业部门 FDI 行业内溢出与行业间溢出的相对显著性。实证分析的结果显示,后向联系和前向联系有利于企业的创新活动;然而,企业拥有技术职称且具有外国工作经验的人员总数,以及企业主要生产线上面临的外方独资和具有外方所有权的竞争企业总数对企业创新的影响不显著。需要指的是,即使考虑到部门和地区差异,实证分析仍然得到了相同结论。这表明,在中国工业部门,与行业内溢出相比,行业间溢出更为显著。本章的研究与 Lin, Liu, and Zhang（2009）的结论相一致。也就是说,为了促进中国企业的创新,通过与跨国公司建立业务上的关联来促进技术的行业间溢出是更为有效的途径。

本章对现有文献的贡献主要有两方面:首先,通过利用微观数据,本章首次从实证角度综合分析了东道国行业间溢出的影响因素;其次,本章实证研究的结果表明,东道国的各种因素对后向和前向联系的影响不尽相同。这表明,后向和前向联系的决策主体可能存在差异。本章认为,后向联系的决策主体是跨国公司,而前向联系的决策主体是东道国企业,正是因为两者决策主体的不同导致了影响结果的差异。一般而言,跨国公司在选择上游供应商时,通常会考虑到联系成本以及上游企业的技术实力,因此,凡是降低联系成本或体现东道国企业技术实力的因素都有利于后向联系的形成。东道国企业也会出于经营动机的需要选择是否与跨国企业建立前向联系。企业出口倾向、较高的国内市场份额对前向联系的影响不显著表明,跨国公司在考虑是否与东道国企业建立前向联系时,考虑更多的可能是利润,并不会过多考虑内资企业的生产率和"吸收能力"。

当然,本章也存在研究的局限性。首先,由于使用的数据是 2000 年的数据,因此,得到的结论适用于 2000 年左右时间段。为了使得本章研究更具现实性和价值，最新企业微观数据的获取与检验是十分必要的，而这也是今后需要补充和完善之处。其次，本章主要是从东道国视角来探讨影响行业间溢出的因素，而并没有涉及 FDI 投资动机或来源国因素。最后，垂直联系渠道的行业间溢出本质上是东道国企业通过加入全球化的分工体系来提升自身实力，然而，以不适当的方式加入全球商品价值链，容易被锁定在低附加价值的低端路径，从而出现"贫困的增长"（刘志彪，2007）。因此，从全球价值链的视角进一步探讨垂直联系的作用是今后需要努力的方向。

第七章

中国汽车产业升级的案例分析

汽车行业是技术密集型产业，其发展水平是一个国家工业整体水平的代表；汽车行业与其它行业具有较高的产业关联度，并且，汽车供应链是国际物流业公认的最复杂、最专业的供应链。中国汽车产业能否顺利升级，直接关系到中国经济增长质量的提升。

通过汽车行业的案例分析，本章试图检验技术溢出在中国汽车行业技术水平提升中的作用，同时考察全球价值链嵌入模式对产业结构升级的影响。

一、跨国汽车公司在中国的技术转移过程

在开放经济条件下，技术转移是发展中国家产业升级的重要渠道之一。跨国汽车公司在中国的技术转移路径可以分为以下三个阶段①：

（1）成熟技术导入阶段（20世纪80年代–90年代中期）

外商进入中国汽车工业领域开始于20世纪80年代。1983年，北京汽车制造场与美国汽车公司（AMC，后由克莱斯勒代替）合资经营北京吉普车汽车有限公司；1985年，上海有关企业与德国大众汽车公司共同投资上海大众汽车有限公司；1986年，广州汽车厂及中信公司与法国标致汽车公司等在广州合资经营的企业成立；1987年7月，一汽与美国克莱斯勒汽车公司就引进轻型发动机项目签署协议；1988年5月，内蒙古第二机械厂与英国特雷克斯设备有限公司合资成立北方重型汽车有限公司；1988年9月，中国北方工业总公司和德国戴姆勒—克莱斯勒公司关于重型汽车生产许可证转让合同签字；

---

① 肖群稀．跨国公司技术转移路径与中国汽车工业技术进步：[硕士学位论文]．上海：上海社会科学院，2007.

1990年11月，一汽和德国大众汽车公司15万辆轿车合资项目在北京签字；1990年12月，二汽与法国雪铁龙公司合资生产富康轿车项目在法国签字[①]。

在这一阶段，跨国公司对中国的市场不了解，因此技术转移处于一种尝试阶段。从合作初期跨国公司向我国输出的车型来看，桑塔纳、捷达、富康等都是已过了其在母国的成长期。以普桑为例，这款在其母国根本没有什么作为的车型，在中国却出人意表地达到了供不应求的地步，并独霸市场许多年。相对于国际市场上5年淘汰一个新车型而言，普桑在我国大大延长了它的生命周期。除车型陈旧之外，跨国公司也将一批不能继续在母国生产的、低端的、污染较严重的汽车动力技术转移到我国，而对二十世纪六、七十年代已开始研制的清洁能源车的技术，根本看不到技术转让的影子。

（2）先进技术导入阶段（20世纪90年代中期－2004年）

随着《汽车工业产业政策》的出台以及中国汽车市场规模的逐步扩大，通用、本田、丰田、福特、现代等世界汽车工业的巨头纷纷进入中国。2003年是外商投资中国汽车制造业力度最大的一年，有多个汽车投资项目在中国展开。2003年3月27日，宝马和华晨共同投资1.5亿欧元组建合资企业；5月29日，本田、广州汽车公司、东风汽车共同投资10.32亿元人名币组建本田汽车（中国）有限公司；6月9日，瑞典沃尔沃与中国重汽投资16亿元成立合资公司；7月1日，日产汽车与东风汽车合资组建新"东风汽车有限公司"；8月28日，意大利菲亚特公司与南京汽车集团对南京菲亚特增资6000万美元。

在这一阶段，由于新的竞争机制的引入，技术引进的局面陡然变化。例如，通用一开始就引进了技术较先进、配置较好的别克车型，后来推出的赛欧车型又让中国人第一次感受到经济型国民车的概念，同时建立的还有具有世界先进水平的汽车研发中心——泛亚。在这种竞争的压力下，大众的帕萨特、奥迪A6、波罗、宝来、高尔、高尔夫等一系列具备先进技术和与国际同步上市的轿车相继在中国下线。其它跨国汽车公司也纷纷推出具有先进技术和新颖设计，与世界同步流行的最新或经典车型，技术转移的进程大大加快。

（3）技术研发中心设立阶段（2004年－至今）

出于全球化战略的考虑，跨国汽车公司纷纷加大了在华的研发力度。2004

[①] 吕政. 国际产业转移与中国制造业发展. 北京：经济管理出版社，2006：232.

年6月，通用汽车宣布与上汽集团共同投入21亿元人民币，用以加强对其在华合资研发机构——泛亚汽车技术中心的建设。同年，丰田先后设立了2家研发中心，包括丰田汽车技术研发（上海）有限公司和丰田技术研发交流广州有限公司。2006年，东风日产乘用车研发中心落户广州，总投资额3.3亿元人民币，该研发中心将与日产总部的技术研发中心紧密合作，共同进行对乘用车领域的开发，以提高整车匹配以及部分总成的研发能力。2007年10月30日，福特公司宣布与南京航空航天大学、上海交通大学建立更广泛的全面合作，启动战略联盟。通过设立研发机构，增加在科研领域的投资，从而达到在中国进一步扩张的目的，已经成为跨国公司的必然选择。然而，外资公司在中国建立的研发中心，多为外方全球研发体系的一个分支，其建立只是为了配合中国市场销售而对原有车型进行的改造，目的是更好地占领中国市场，而不是纯粹的技术层面的研究开发。

二、汽车行业FDI的技术溢出

1. 汽车行业FDI技术溢出渠道

（1）示范效应

由于跨国公司拥有先进的技术和生产工艺，而且母公司转移给子公司的技术一般要比对外转让的技术更加先进，所以跨国公司的合资子公司在与国内的竞争对手相比有强大的技术比较优势，能获得更多的市场份额和利润。这种技术示范使国内企业利用各种方法，如通过对产品进行"逆向工程"的研究和开发等方式间接获取生产该产品的技术和工艺，提高本企业的生产技术水平。

奇瑞汽车的第一款车"风云"就是在模仿一汽大众捷达的基础上推出的，使用的是捷达的配套厂商，风云和捷达的许多配件是通用的，甚至风云上的个别零部件还有"大众"的标志；在随后推出的QQ微型车也与通用的SPARK车型也有许多相似之处。与之类似，吉利的第一款车"豪情"也是通过模仿夏利的车身和底盘，采用天津丰田发动机公司为夏利配套的四缸发动机。后来，排量1.3L的吉利MR479发动机与丰田8A发动机无论是功率扭矩、压缩比还是发动机结构都完全相同。正是通过对丰田8A发动机实施的逆向工程，吉利对发动机的理解有了很大程度的提高，为后来通过扩大缸径、增大行程的手段来加大排量提高动力提供了可能。为了进一步提高发动机性能，吉利在

MR479 发动机的基础上开发了 1.5L MR479QA 发动机和 1.6L 的 481 发动机，都是通过加大行程来提高发动机扭力输出，增加功率和扭矩，而成本几乎没有什么增加。可见，正是通过对丰田发动机实施的反求工程，使吉利能够是在利用最少资源的情况下，尽最大可能提高发动机的输出性能，可以说这是一种非常经济的发动机升级的办法①。

（2）竞争效应

20 世纪 80 年代以前，我国的汽车产业已初具雏形，但原有的技术、管理水平相对较低。而跨国汽车公司进入打破了原有的市场均衡，加剧了当地的市场竞争，迫使本地企业对跨国公司子公司实施模仿，促使它们采用更有效的技术和资源来提高竞争力。与此同时，竞争程度的提高导致轿车产业技术转让速度的加快。

随着我国轿车市场国际竞争的加剧，20 世纪 90 年代后半期以来，中国轿车生产中的技术能够与世界保持同步，注重环保、节能与安全的国际新技术，包括单缸 4 气门或 5 气门发动机、电子控制的可变气门定时、电控多点燃油喷射、电控三效催化闭环系统、4 挡及 5 挡自动变速器、连杆式后桥独立悬架、4 轮盘式制动器、防滑制动系统、驱动防滑控制系统、车载信息系统、双安全气囊及可调角度转向盘等，均在中国的合资企业中出现。而且，我国轿车市场新产品引进速度明显加快。上海大众的产品已由最初的桑塔纳系列，发展到了现在包括桑塔纳 3000、帕萨特、POLO、GOL 等在内的四大平台，几十个品种。一汽大众的大众和奥迪两大品牌，包括捷达、宝来、高尔夫、开迪和奥迪 A6、奥迪 A4 等一大串系列产品。上海通用汽车目前已经形成凯迪拉克、别克二大品牌，凯迪拉克 ETS、别克赛欧紧凑型轿车、别克君威轿车、别克 GL8 商务公务旅行车、别克凯越轿车五大系列 17 种品种的产品矩阵。神龙汽车目前在国内生产富康、爱丽舍、毕加索、赛纳四个系列车型②。

（3）人员培训和劳动力流动

作为美国通用汽车公司与上汽集团的合资企业，泛亚汽车技术中心非常重视员工的培养，除了专业基础培训，轮岗培训和学历教育外，公司大部分技术

---

① 田硕. 我国汽车产业自主创新模式研究：[博士学位论文]. 长春：吉林大学图书馆，2007.
② 任剑婷，韩太祥. 中国汽车产业的竞争与技术溢出——基于轿车制造业的分析. 上海大学学报（社会科学版），2006（5）：117～123.

人员都曾赴通用汽车公司驻澳大利亚、德国和美国的工程设计中心接受系统培训，另外，泛亚的工程师有权进入通用汽车全球的"设计工程数据库"，了解全球其他通用汽车工程师在某一零件设计过程中的经验教训；利用全球项目的合作、技术专家的支持、海外考察与培训等多种手段，提高了通用泛亚员工的技术水平。

作为劳动力流动效应的一个最著名的例子就是奇瑞。奇瑞开发团队的关键人物是尹同耀，他1983年毕业于合肥工业大学汽车工程专业，此后在一汽工作了12年半，曾任合资项目一汽大众的车间主任，并且作为一汽大众车间主任曾经到德国接受培训。尹同耀除了把捷达的底盘技术带到奇瑞，在业内也以擅长"挖人"著称。出身一汽的尹同耀深知国企技术队伍的实力，对一汽和二汽专家队伍的"拉拢"造就了奇瑞研发体系的基础模样。当尹到达芜湖组建班子时，整个项目共有8个人，均有合资企业搞汽车的经历。1997年，核心团队聚集起50多人。其中车身部鲁部长、东方之子项目的高经理是尹同耀在合肥工大的同班同学，鲁部长原来在合资企业安徽安凯客车公司，高在石家庄汽车制造厂，他们都是怀着造自主品牌轿车的理想走到一起的。2001年，二汽技术中心的十几位研发工程师集体跳槽到奇瑞，他们又把已经流散在外的原二汽技术中心的同事找到奇瑞，于是，一支20多人的汽车开发团队组建起来。这些技术人员不仅每个人都是精兵强将，是二汽技术中心开发轿车的骨干，都参加了二汽与雪铁龙合资项目的产品研制和开发，其中多人在法国受过培训，而且他们曾经长期共事，一起开发过产品。并且，在此前完成了对东风雪铁龙爱丽舍车型的开发，这使其积累了宝贵的开发经验①。

（4）联系效应

随着外资整车、零部件企业进入中国市场，带动中国汽车零部件企业的成长和供应渠道的完善，进而，这些成长起来的中国零部件厂商又为中国本地的汽车整车企业提供了一整套完备的零部件配套网络，使得中国本地的汽车整车生产企业也有的长足发展的空间，如安徽奇瑞，这家自行设计、自主开发的整车汽车生产企业所采购的大部分零部件都来自于长江三角洲地区为上海大众配套的零部件生产企业。因而，可以肯定的说，没有为合资生产汽车实现国产化

---

① 宿慧爽．基于FDI的技术转移对我国技术创新的影响研究：[博士学位论文]．长春：吉林大学图书馆，2007．

而发展起来的零部件配套体系，没有技术扩散后向联系的实现，也就不会有中国本地汽车生产企业的崛起和发展。

由此可见，这四个渠道促进了汽车行业中 FDI 的技术溢出，实现了中国汽车制造业的初步建立。然而，FDI 的技术溢出并非是自发产生的。在中国汽车产业的发展过程中，仍然存在一些制约 FDI 技术溢出的因素。

2. 汽车行业 FDI 技术溢出的制约因素

汽车行业的竞争已不仅仅是整车制造厂商之间的竞争，而是包括了零配件制造企业在内的汽车供应链之间的激烈竞争。整车制造企业拟定整个供应链战略时就要把汽车零配件企业考虑进来，使其成为整个供应链不可分割的一部分。然而，与国外国外零部件企业相比，中国本土零部件生产企业在规模与自主研发能力上都存在巨大差距。

（1）生产规模上的"滞后性"

中国本土的零部件生产企业虽然数量多，但规模小、集中度低，造成行业整体效益很低。

2007 年 7 月，全球《财富》杂志公布了 2007 年（2006 年度）全球 500 强排名，全球共有 12 家（含轮胎）汽车零部件企业榜上有名。其中，博世公司从 2004 年起至今已第三次名列全球 500 强汽车零部件企业首位；电装公司营业收入从 2006 年（2005 年度）第二位跌到第三位；而美国江森自控公司从 2006 年（2005 年度）第三位升至第二位；德尔福公司仍排名第四；伟世通公司则从 2006 年（2005 年度）的全球排名 386 位，2007 年（2006 年度）跌出了全球 500 强行业；2006 年未进入全球 500 强的日本丰田工机则在 2007 年（2006 年度）全球 500 强中排名 467 位[①]。然而，在这些企业中，还没有看到中国企业的身影。显然，中国零部件的发展还处于起步阶段。

为了对当前中国零部件制造业中内资企业的生产规模有个粗略的估计，利用《中国汽车工业年鉴 2007》中 200 个零部件制造业的数据，可绘制不同行业单位内资企业的产出份额分位数见图 7.1[②]。

---

① 吴憩棠. 2006 年度全球 500 强中的汽车零部件企业. 汽车与配件，2007（37）：39~42.
② 单位内资企业的产出份额＝内资企业产量占总产量比例/内资企业数

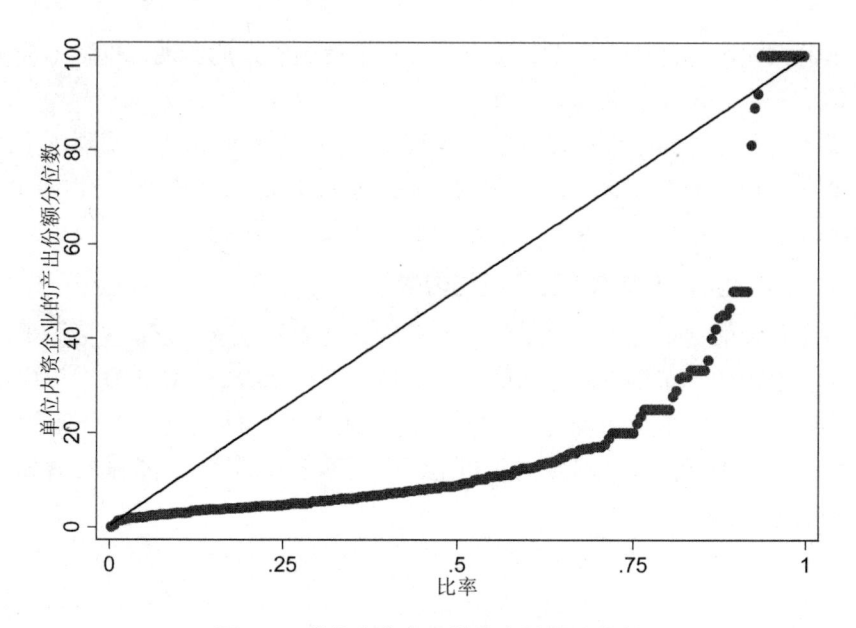

图 7.1　单位内资企业的产出份额分位数

在图 7.1 中，纵轴表示的是单位内资企业的产出份额（单位:%）分位数，而横轴表示的是与分位数相对应的比率。例如，0.375 分位数对应的比率是 0.01（即 1%），这表示，在所有零部件生产行业中，1% 的行业中单位内资企业的产出份额不超过 0.375%；4.578948 分位数对应的比率是 0.25（即 25%），这表示，在所有零部件生产行业中，25% 的行业中单位内资企业的产出份额不超过 4.5789%；8.8 分位数对应的比率是 0.5（即 50%），这表示，在所有零部件生产行业中，50% 的行业中单位内资企业的产出份额不超过 8.8%。由此可见，就大多数行业而言，我国内资企业的生产规模都不大，产业集中度较低。

（2）自主研发能力的"滞后性"

我国汽车零部件制造业的"滞后性"不仅体现在生产规模上，同时还表现为自主研发能力的巨大差距。

根据中国汽车工业协会的数据，我国汽车生产企业提取的研究开发资金仅占销售额的 2% 左右，欧美的零配件厂家不仅规模大，而且通常把约为全年销售额 5% 的资金用于开发产品，日本则为 6%。以 2000 年为例，该年度我国汽车零配件产业的研究开发经费增长较快，R&D 投入强度（R&D 投入/销售额）为 2.62%，但是比起欧美国家，差距巨大。另一方面，中国零配件产业 R&D 的投入在 2% 左右大幅波动，反映了该产业的企业还没有将 R&D 作为企业发展的长期战略并给予较为稳定的资金投入①。虽然我国一些大型的零部件企业开始认识到了技术发展的重要性，逐步加大技术研发的投入，但是我国零部件行业进入壁垒较低，大部分企业只需小规模的投资，占地少，设备相对简单，对员工的素质要求不高等状况，其技术研发的基础很差，并且缺乏技术研发的平台、技术人才引进和资金投入。

汽车发动机是汽车制造中最核心的零部件之一。我们对中国 2006 年车用发动机生产企业的经济指标进行统计，见表 7.1。

表 7.1 中国 2006 年车用发动机生产企业主要经济指标及分类构成统计

经济指标分类	内资企业小计	港澳台商投资企业	外商投资企业
企业个数，个	35	4	13
亏损企业数，个	7	0	1
汽车工业总产值（当年价），万元	3498164	74512	2663847
汽车工业销售产值（当年价），万元	3558521	81826	2640590
汽车工业增加值，万元	807354	12291	758491
利润总额，万元	104232	3283	288972
研究与发展人员，人	3146	38	356
研究与发展经费支出，万元	68501	451	32252

数据来源：《中国汽车工业年鉴2007》。

从表 7.1 中可知，就车用发动机行业而言，内资企业数目是外商投资企业数目的三倍左右。然而，内资企业亏损数是外商投资企业亏损数的七倍。由此可见，外商投资企业的盈利能力远远超过了内资企业。就单位企业的研发经费

---

① 张春勋. 我国汽车零部件产业技术创新能力提升路径. 重庆工商大学学报（西部论坛），2007（6）：104~108.

投入强度而言，外商投资企业要高于内资企业（2481 万元 > 1957 万元）[①]。并且，就研发人员人均研发经费支出而言，外商投资企业也要远高于内资企业（91 万元 > 22 万元）[②]。由此可见，内外资零部件企业在研发投入上的巨大差距导致了两者盈利水平与竞争力的区别。

（3）本土企业在汽车零部件高端市场的"失守"

随着中国汽车产业和零部件制造业的发展，某些中低附加值产品领域，内资企业具有一定的技术开发能力，然而，产业技术能力仅停留在适应性水平上，主要集中在科技含量相对较低的机械零部件方面。时至今日，内资企业仅能在零部件低端市场开展激烈，而高端市场则被外国零部件制造商所垄断。

表 7.2 中国 2006 年部分高端汽车零部件行业统计

产品名称	主要生产企业数	总产量	三资企业企业数	产量	占总产量百分比
ABS 系统	8	2426970	3	2230000	92
调温器	3	5470000	1	5080000	93
车门	6	1973198	2	1881398	95
微电机	17	14940	9	14487	97
风扇离合器	3	1790629	2	1741629	97
电动天窗	3	267907	2	262407	98
发动机管理系统（EMS）	1	1770000	1	1770000	100
液力变矩器	1	70000	1	70000	100
起发电机	1	51404	1	51404	100
防盗报警系统	1	240000	1	240000	100
电动后视镜	3	62	2	62	100
座椅调角器	1	116444	1	116444	100

数据来源：《中国汽车工业年鉴 2007》。

从表 7.2 可知，在发动机管理系统（EMS）、液力变矩器、起发电机、防

[①] 单位企业的研发经费投入强度 = 研究与发展经费支出/企业个数
[②] 研发人员人均研发经费支出 = 研究与发展经费支出/研究与发展人员

盗报警系统、电动后视镜和座椅调角器这些高端市场，三资企业在中国的产量占总产量的比率为100%，实现了绝对的垄断；而在ABS系统、调温器、车门、微电机、风扇离合器和电动天窗这些市场上，三资企业的产量占有率也超过了90%。这充分说明了我国汽车零部件高端市场上中国企业的"失守"境况。

我国汽车零部件业发展滞后的原因有很多，主要有以下几个方面：

早期汽车产业政策的"国产化"偏好。早在1994年颁布的《汽车产业政策》，提出了国产化要求，实施了国产化率与优惠级差进口税率挂钩的政策。其中的含义是，希望通过合资引进先进的产品技术实现零部件的国产化，最后实现自主开发。然而，国产化不同于自主开发能力的提升。由于缺乏"干中学"知识的长期积累，国内企业的技术能力始终停留在复制模仿的水平[①]。并且，外国产品技术引入使得中国企业对国外技术的依赖性逐渐增强，甚至取消了自身的产品研发机构，其结果造成了中国企业现有自主创新能力的萎缩。例如，为奇瑞的东方之子、QQ和旗云等车型设计立下汗马功劳的20多名技术骨干就是来自于二汽技术中心。他们之所以出走奇瑞，直接的导火索是下定决心走合资之路的二汽打算撤销技术中心。他们离开二汽后，二汽原有的轿车自主开发能力基本不复存在；

行业管制弱化了企业提高技术能力的动机。为了支持我国汽车产业的发展，我国政府对汽车制造业实行严格的行业管制。这使得中国汽车市场长期维持高价。在早期，这对于我国汽车产业的建立起到了积极作用，但是在长期，这极大降低了企业进行技术积累和开发的动力，从而导致技术能力提升缓慢。由于汽车零部件企业主要是来图或来样生产，低效率的生产模式和低端零部件产品在整车高价格的支撑下依然能够获利，对技术创新能力提升的动机弱化，导致创新内在动力不足，技术能力不强；

企业对低层次模仿战略的逆向选择。汽车零部件产业中企业在技术研发上的投入存在着巨大的不确定性和市场风险，而模仿战略的选择可以避免研发的巨大成本和不确定性，并利用外来技术在短期内提高企业的收益。我国的汽车零部件企业大多规模偏小、技术和资金实力薄弱，模仿战略是使得这些企业迅速进入跨国公司供应链的较佳选择。然而，这种战略的机会成本就是由于缺少

---

① 将技术扩散与"干中学"理论相结合的代表性论文见Parente（1994）。

"研究中学"阶段,使企业技术能力提升缓慢,长期预期收益减少;

技术交流不充分。我国相当部分整车制造商和零部件供应商之间还没有建立技术创新型的联盟伙伴关系。整车制造商和零部件供应商技术的交流基本上是单向的,即从整车制造商流向零部件供应商。无论是全能型汽车制造企业的零部件供应商,还是独立零部件企业都基本趋同,即与整车生产企业进行技术交流均是被动型的。当整车企业完成新车型设计后,零部件企业只需照图生产制造,很少有机会参与整车厂的研究与开发。这种单向被动的技术流动不仅妨碍了零部件企业的技术进步,而且也限制了汽车新车型的开发。

我国汽车零部件行业整体发展的滞后性制约了FDI的技术外溢:一方面,本土企业自主研发实力的落后会影响企业的技术吸收能力,从而不利于技术溢出;另一方面,从联系效应视角来看,本土零部件产业发展的滞后不利于其与跨国汽车公司建立垂直联系,从而不利于垂直溢出的发生。进一步的,本土零部件企业的发展还会反作用于下游本土整车制造商的发展。如果本土零部件企业的技术与规模能够得到提升,那么,这不仅可以打破国外企业的技术与市场垄断,而且还能为下游本土整车制造商提供高质量的零部件,从而提升本土整车制造企业的技术水平。因此,本土零部件产业发展的滞后会极大制约中国自主整车技术的发展。

三、全球价值链嵌入模式与汽车产业升级

1. 市场换技术的嵌入模式

我国国内的主要汽车集团主要通过和跨国汽车公司进行合资,嵌入其主导的全球价值链,并试图通过市场换技术的方式提升自身实力。从短期来看,这种模式提升了我国汽车产业的整体发展水平,然而,这也造成了一个弊端,即我国汽车产业普遍缺乏核心技术,从而在全球汽车价值链分工中处于不利的地位。正如前文所述,低端嵌入全球价值链会使得中国被"锁定"在价值链低端。而这将不利于我国汽车产业长远竞争力的提升。

从目前我国汽车产业的发展来看,跨国企业在整车开发和零部件制造上对中国采取了许多技术限制。

(1) 轿车整车开发的技术封锁

大众汽车是我国汽车工业的第一个轿车合资伙伴,上海大众也成为"市

场换技术的第一个实践者"。但是从现实来看，以往"市场换技术"战略并不成功，中国企业非但没能换来核心技术，而且在一定程度上，对本土企业的自主创新产生了抑制作用。

无论上海大众自己开发的 Neeza，还是一汽大众搞的新捷达，都几近胎死腹中。原因只有一个，即大众汽车对合资企业的技术封锁[①]。

Neeza 是上海大众在 2006 北京车展上推出的"全新自主研发设计的概念车"，车展期间上海大众透露，将会利用车展收集反馈，可能在几年内实现量产。基于中国团队的打造和中国特色的设计理念，Neeza 被众家媒体取谐音称作"哪吒"。参与该款车设计的一位上海大众设计师曾表示，由于交叉车型的定位，Neeza 的可塑性很强，如果量产，可以有很多派生车型。然而，不到一年时间，事情悄然出现变化。2006 年 8 月初，若干海外汽车媒体对 Neeza 的归属悄然变换了说法，明确称"这是一款上海大众和德国大众联手推出的概念车"，而不再是此前强调的百分百上海大众的功劳。之后，上海大众内部人士就已吹风，称 Neeza 还只是概念车而已，虽然在外观上有颇多建树，但缺少汽车最关键的部分——动力系统和底盘。这将为 Neeza 的量产造成一定困难。而后从上海大众得到的进一步消息是，Neeza 作为"整车量产已经不太可能"，原因是大众不会为这款车型提供发动机和底盘。

大众在中国的另一个合资伙伴———一汽大众至今也没有拿得出手的自主研发项目。2007 年 5 月，有消息称，一汽大众开发历时 4 年、花费 2 亿元人民币的新捷达项目已经流产，原因是没有厂商能提供零部件配套。知情人士表示，新捷达要投产必须得到大众的首肯。此前的事实证明这条路几乎走不通。据说，老一汽人也曾想照葫芦画瓢模仿造出自己的"捷达"车型。但是，就在一汽人刚开始路试时，被一汽大众德方人员发现并汇报给了德国大众总部，而德国大众总部立即在第一时间向一汽方面发出了严重警告，刚冒出苗头的自主品牌就这样死于襁褓之中。2007 长春车展，一汽集团总经理竺延风曾放出豪言，一汽计划投入 130 亿元打造自主品牌，8 年推出 50 款自主品牌轿车。但据一汽大众销售公司某位高层透露，一汽大众不会参与这 50 款自主品牌轿车的打造。

---

① 杨开然，关因. 合资汽车企业遭遇大众汽车的技术封锁. 京华时报, 2007. 国务院发展研究中心信息网.

正如中国汽车工业咨询公司副总经理张明所指出的，合资公司内部，主管技术和采购的管理人员都由外方担任，产品引入都是由外方主导，外方对技术的把持一直很严格。目前，最早引入的桑塔纳车型国产化率已经达到98%，帕萨特、POLO等近年来引进车型的国产化率也已超过70%，但是合资公司仍然只是装配工厂，在整车开发以及发动机等核心技术等方面仍没有突破，技术完全受控于外方①。

为什么跨国公司会强化对轿车整车开发的技术垄断呢？具体而言，轿车整车开发分为五个层次：1. 引进产品的国内市场匹配；2. 引进产品的零部件国产化及小改型；3. 内外部结构重大改型；4. 全新车身开发；5. 平台开发（底盘、发动机）。以上海大众为例，该公司目前正处于第三层面向第四层面的过渡，还远没有达到底盘级的程度。汽车技术也是分层面的，平台技术是汽车企业的核心竞争力，属于商业机密的范围。跨国汽车公司在开发技术平台时会消耗巨额的财力和物力，而这些核心技术是跨国公司核心竞争力的关键所在。因此，大众等汽车公司决不会轻易将耗时、耗力、耗财研发出的平台技术外漏。这也是上海大众Neeza等合资公司自主研发的车型必然流产的原因所在。

（2）汽车零部件行业的技术封锁

随着我国汽车产业的发展，对汽车零部件业的需求量每年都高度增长。跨国汽车零部件配套商嗅到了国内汽车零部件行业的巨大潜力，争先恐后在中国以各种方式建立了合资或独资企业。据统计，目前外商在我国投资的零部件企业已接近500家，国际著名的汽车零部件企业，几乎都在中国建立了合资或独资企业。

据统计，目前外商在我国投资的零部件企业已接近500家，国际著名的汽车零部件企业，几乎都在中国建立了合资或独资企业。像博世、德尔福、电装、富士通、采埃孚等跨国汽车零部件巨头在加大投资的同时，都改变了以往的投资方式，要么独资，要么收购中方，达到完全控股，这种局面很不利于中国汽车零部件产业的技术提升。据不完全统计，外资在中国汽车零部件市场已经占到60%以上的份额。更有人估计，外资占据轿车零部件市场份额的80%以上，在汽车电子和发动机零部件等高技术含量领域，外资控制的企业高达

---

① 丛刚. 大众汽车的技术吝啬与中国的政策之殇. 21世纪经济报道，2007，国务院发展研究中心信息网.

90%，甚至更高①。在中国零部件亟需广为吸纳的至关重要的核心技术领域，外资更是寸步不让。

就零部件行业而言，典型的例子是上海博泽公司②。这是一家成立之初股比50：50的合资公司，到2002年股比调整为外方60%，中方40%。该公司主要为帕萨特、波罗、途安、宝来、高尔夫、福克斯等轿车配套门板系统。博泽外方在对合资企业进行技术输出时，共收取2种技术转让费用，即技术转让费和许可证费用。合资外方凭借其控制的技术，获得了更多的利益。当然这还不包括他们通过进口其生产的汽车零部件和采购指定进口的设备所获得的其它一些额外利益。然而在支付了上述这些费用以后，作为合资企业的上海博泽事实上根本得不到门板模块的核心技术。在日常工作中，德方的技术壁垒和封锁非常严密。合资企业的中方技术人员只能说掌握了一部分工艺制造方面的技术。而且，德方利用控股权，反对合资企业投资用于产品设计开发的计算机软件项目，这种对核心技术严加控制的手段可见一斑。

显然，跨国公司对关键技术的封锁减少了中国本土企业接触先进技术的机会，从而降低了本土企业产业升级的可能性。

汽车行业的竞争已不仅仅是整车制造厂商之间的竞争，而是包括了零配件制造企业在内的汽车供应链和价值链之间的激烈竞争。整车制造企业拟定整个供应链战略时就要把汽车零配件企业考虑进来，使其成为整个供应链不可分割的一部分。一方面，中国本土零部件生产企业在规模与自主研发能力上都存在巨大差距；另一方面，跨国公司对中国企业又实行技术封锁。这两方面的因素都制约了中国本土汽车产业的产业升级。

2. 民营汽车企业的自主创新模式

与上述国有大型汽车企业不同，国内一批新兴汽车企业，坚持自主创新，树立自主品牌，构建自己主导的全球价值链，增强了自身的核心竞争力（周煜和聂鸣，2007）。以奇瑞、吉利为例，虽然两者在发展路径上各不相同，但基本上走的是一条"模仿国外技术——消化吸收——整合国内外各种资源——改进性创新——自主创新"的发展模式。与国有大中型汽车相比，奇

---

① 裴达军. 外资"独资"后患：本土汽车零部件面临技术瓶颈. 中国商报, 2007. 国务院发展研究中心信息网.

② 吴建中. 汽车零部件企业的自主创新. 汽车与配件, 2007 (50)：15~18.

瑞和吉利并没有采取嵌入型发展模式,而是主动占领生产者驱动价值链中附加值最高的战略环节(如技术研发和自主品牌)。

以奇瑞为例,该公司从创立之初就坚持自主创新,现已形成以汽车工程研究总院、中央研究院、规划设计院、试验技术中心为依托,与奇瑞控股的关键零部件企业和供应商协同设计,与国内大专院校、科研所等进行产学研合作的研发体系。通过"以我为主,联合开发"的特色模式,该公司掌握了一批整车开发和关键零部件的核心技术,并在强调技术主权的基础上,充分整合全球范围内的资源,通过开展深度化、广泛化的国际合作,大幅度降低了整车制造和开发成本,缩短了开发周期。此外,奇瑞公司还高度重视观念创新、管理创新,不断完善体制机制,激发企业的创新活力,吸引并留住了一大批技术和管理人才。目前,公司共有员工2万人,其中工程技术人员6000余人。2008年,奇瑞公司成为中国首批"创新型企业";"节能环保汽车技术平台建设"项目获国家科技进步奖一等奖,"轿车整车自主开发系统的关键技术研究及其工程应用"项目获国家科技进步奖二等奖①。

而全球汽车及零部件价值链重组带来的生产环节外包、模块化外包以及全球垄断供应商的出现,为自主创新企业构建全球价值链创造了条件。

随着外资整车、零部件企业进入中国市场,带动中国汽车零部件企业的成长和供应渠道的完善,进而,这些成长起来的中国零部件厂商又为中国本地的汽车整车企业提供了一整套完备的零部件配套网络,使得中国本地的汽车整车生产企业也有的长足发展的空间,如安徽奇瑞,这家自行设计、自主开发的整车汽车生产企业所采购的大部分零部件都来自于长江三角洲地区为上海大众配套的零部件生产企业。因而,可以肯定的说,没有为合资生产汽车实现国产化而发展起来的零部件配套体系,没有技术扩散后向联系的实现,也就不会有中国民营汽车生产企业的崛起和发展。特别值得一提的是,在进行新产品开发方面,奇瑞并不是全部自主开发。也不是将整个车型完全交给一家国外设计公司设计,而是非常善于利用三种全球化资源:一是国外汽车设计公司。二是外国的技术人员,三是模块化的全球采购。奇瑞通过对这三种资源的整合,在自主研发平台上,组织各方技术人员进行联合开发,这样,既提高了自己技术人员

---

① 奇瑞汽车股份有限公司官方网站: http://www.chery.cn/about/about_ jsp_ catid_ 11%7C17%7C21.html

的研发能力，又节省了资金，还拥有自主知识产权（周煜和聂鸣，2007）。正是在占领了生产者驱动价值链中附加值最高的战略环节的基础上，奇瑞和吉利通过前向整合和后向整合，构建了自己领导的价值链。

四、小结

以汽车行业为例，本章考察了FDI对中国工业部门的外溢效应。案例分析的结果表明，通过示范效应、竞争效应、人员培训和劳动力流动、以及联系效应，FDI促进了技术在汽车行业的溢出，实现了中国汽车制造业的初步建立。然而，FDI的技术溢出并非是自发产生的。跨国公司的技术封锁和我国汽车零部件业的"滞后性"已经严重制约了FDI的技术溢出。

在经济全球化的背景下，汽车行业的竞争已不仅仅是整车制造厂商之间的竞争，而是包括了零配件制造企业在内的汽车供应链之间的激烈竞争。从联系效应视角来看，本土零部件产业发展的滞后不利于其与跨国汽车公司建立垂直联系，从而不利于垂直溢出的发生。进一步的，本土零部件企业的发展会反作用于下游本土整车制造商的发展。因此，本土汽车零部件产业的发展是促进垂直溢出且提升中国自主整车技术的关键。

从全球价值链的视角来看，汽车行业的竞争已不再是单独汽车厂商之间的竞争，而是以价值链为单位的集群式竞争，是包括了零配件制造企业在内的汽车供应链之间的激烈竞争。在当今时代，只有那些能够打造更具竞争力价值链的企业，才能够在全球化时代占据有利地位，而这正是中国汽车产业升级的重要渠道。然而，中国本土的零部件生产企业规模小、技术实力落后的现状制约了中国汽车产业长期的健康发展。只有配套产业发展壮大了，中国汽车整车产业才会最终形成自身的产业价值链，从而进一步提升汽车产业的核心竞争力。如果本土零部件产业只是依附于外资汽车企业的发展，而缺乏了自主创新，那么国内汽车企业将只会停滞在"引进——模仿——再引进"的循环陷阱阶段。

在全球化背景下，本土零部件产业的发展是中国汽车行业构造产业价值链的关键。因此，促进中国政策制造厂商与本土零部件企业的发展互动，成为了当务之急。

（1）构建整车制造商和零部件供应商的战略联盟

整车制造商和零部件供应商之间的战略联盟在日本汽车工业发展中起着至

关重要的作用。以丰田公司为例，该公司的配套零部件企业直接参与新车研制过程，负责有关零部件的开发和设计。丰田将零部件的计划、设计和质量保证等工作委托给零部件企业。零部件企业根据设计图纸开发和生产零部件。丰田整车企业与那些对汽车性能和设计产生重大影响的零部件企业保持长期业务关系。因为这些零部件往往需要高新技术，而且很难标准化。这种业务关系通常需要保持 5 年时间。但只要费用和质量上没有问题还继续保持关系。这样通过长期业务关系既可以减少寻找新零部件企业的调查费用，还可以减少沟通费用。为了保持竞争力，丰田公司在零部件企业之间开展新供应商与新技术培养项目，以发掘出更多有竞争力的新供应商和新技术。丰田整车企业和零部件企业之间形成了多种形式的知识交流网络。如建立丰田零部件企业咨询会、零部件研究会、人员交流会等。通过这些形式丰田整车企业和零部件企业之间交流意见并创新知识。特别是丰田为了解决零部件企业经营中存在的问题，成立了由 6 名高层职员和 50 名专家组成的咨询部。主要负责获取知识和积累信息并向零部件企业宣传。有时派技术人员长驻在零部件企业，帮助他们解决问题，并提供免费咨询。对零部件企业的访问次数达到年平均 4.2 次，每次长驻期限为平均 3.1 天。丰田整车企业和零部件企业之间人员交流也活跃。通过人员交流把丰田的知识传播给零部件企业，并帮助零部件企业解决难题[①]。

显然，丰田公司这种整车制造商与零部件供应商互惠互利的发展模式值得中国企业借鉴。通过战略联盟，可以有效地促进本土整车制造商与零部件供应商之间的技术交流，这有利于本土企业自主研发能力的提升。

（2）把握零部件产业的全球发展趋势

从前面分析可知，我国汽车零部件制造业在研发上远远落后于跨国企业，因此，加大研发投入成为了提升本土企业技术吸收能力的关键。在加大研发投入的同时，本土零部件产业的发展应当把握全球发展的趋势。

现阶段，从全球范围来看，汽车零部件产业发展主要呈现出零部件全球化采购、零部件企业与整车企业分离、技术合作开发的全球化、信息网络技术的广泛运用、系统化和模块化及电子化、零部件通用化、汽车动力的环保化、质量认证体系国际化等趋势。2005 年美国《汽车新闻》和《汽车工程》等杂志对目前每年生产的 5000 万辆左右汽车进行了统计分析，并预测出未来汽车技

---

① 田香兰. 日韩发展汽车零部件产业的启示. 汽车与配件，2007 (33)：46~49.

术发展的十大趋势。其中，汽车的安全、节能、环保以及智能化和信息化是未来汽车的发展趋势[1]。随着能源、排放、安全法规的日趋严格和客户对汽车舒适性要求的不断提高，电子技术在汽车上的作用越来越重要。

因此，在目前汽车零部件产业向汽车电子技术、系统集成与模块化、产品标准化和网络多媒体技术应用方向发展的情形下，中国零部件企业应把握技术发展的趋势，并有针对性地加大支持力度。

（3）实施国际化战略，打破技术封锁

对中国汽车零部件企业来说，实施国际化战略、进行跨国并购，是一个发展机会，甚至是一条追赶整车企业发展步伐的捷径。通过跨国并购，本土汽车零部件企业可以从一定程度上打破跨国公司对核心技术的封锁，从而促进技术溢出并提升本土企业的技术实力。

以 IAC 集团的跨国并购为例，从 2005 年开始，美国金融大亨、"破产重组之王"罗斯向汽车零部件业发动攻势。他通过一系列资本运作，对从欧洲、日本和美国并购到的企业进行重组。2005 年 10 月，罗斯组建了国际汽车零部件集团（IAC Group）。在 2006 和 2007 两年的时间里，IAC 集团收购的步伐极为迅速：2006 年 3 月 2 日，收购 C&A 欧洲部分业务；2006 年 4 月 13 日，收购 C&A 巴西业务（Plascar 集团）；2006 年 9 月 12 日，收购日本 MBK 集团；2006 年 10 月 16 日，收购李尔欧洲内饰业务；2007 年 4 月 2 日，收购李尔北美内饰业务；2007 年 6 月 11 日，收购阿根廷的三家工厂；2007 年 10 月 12 日，收购 C&A 北美软饰业务和墨西哥 Saltillo 工厂；2007 年 11 月 7 日，收购 C&A 墨西哥 Hermosillo 工厂。经过如此大规模的收购，IAC 集团迅速发展成一个在全球 17 个国家拥有 90 个基地（包括生产基地和研发中心）、拥有 2.8 万多名员工和 56 亿美元销售额，以汽车内、外饰零部件为主业的全球供应商[2]。

然而，IAC 集团的跨国并购并不是简简单单的资产重组，还包含了文化融合和不断创新两个方面。IAC 的文化融合包括两个层面，一是消费者层面，即 IAC 的产品如何适应当地的消费者市场与文化；二是公司内部层面，IAC 收购了许多其他公司，员工们都有不同价值理念与背景，如何把这些人融合起来并

---

[1] 国家发展改革委中国经济导报社. 2007 年汽车零部件行业风险分析报告，第 32 页.
[2] 赵三明. IAC：在并购中壮大的全球部件供应商. 中国工业报. http://auto.sohu.com/20080215/n255175933.shtml

发挥所长成为了关键。同时，创新是 IAC 经营管理中的又一关键点。通过不断创新努力，IAC 在北美的门板生产量达到 1800 万件，已经成为了北美最大的门饰生产厂商。

因此，我国汽车零部件企业也可借鉴国际化的发展战略，通过全球资源的整合利用来促进中国汽车零部件产业的发展。

（4）重视汽车金融公司的发展

在全球价值链分工体系下，产业升级或攀登产业链的高峰，必须高度重视作为"高级要素"投入的现代生产者服务业的发展（刘志彪，2008）。

在汽车制造行业，汽车金融公司是现代生产者服务业的典范。汽车金融公司通过提供金融服务，将汽车产业价值链中产品运动与资金运动紧密地结合在一起，从而使资金流在各个环节的运行紧密地结合在一起，从而使资金流在各个环节的运行更为通畅，提高汽车制造集团的资金运用效率。汽车金融公司向汽车产业价值链多个环节提供专业化的金融服务，使汽车制造集团的营销手段更为丰富，提高了汽车制造集团对汽车产业价值链的整合能力，进一步加强了汽车制造集团的综合竞争力。汽车金融公司在汽车产业价值链中所体现出的整合作用，对我国自主品牌汽车制造集团汽车金融服务的发展具有很好的启示（牛大勇和李柏洲，2007）。

第八章

结论与研究展望

一、研究结论

利用社会核算矩阵（SAM）乘数分析方法，笔者测度了不同行业间的关联性，并试图界定资源约束下升级中国产业结构的核心产业。基于 SAM 乘数理论行业间关联性的分析表明，农林牧渔业、制造业、服务业三者之间存在着行业关联性。任何一个行业需求的扩张都会对其它行业产生影响。然而，由于不同行业的后向联系与前向联系存在差异，不同行业的交互影响程度存在不对称性。对比无约束下的垂直联系、劳动力就业拉动、居民增收三个视角，随着引入约束条件苛刻性的增加，产业间的关联性会随之减弱，基于垂直联系定义的核心产业最后仅集中在制造业部门。

通过区分行业内与行业间溢出，笔者从技术溢出视角探讨了开放条件下中国产业结构的升级。分析的结果表明，FDI 与中国产业结构变动之间存在长期的稳定关系，外商直接投资的流入促进了我国各省市的产业结构优化。外商直接投资对当地企业的溢出效应是东道国产业结构升级的重要渠道。并且，实证研究表明，FDI 溢出发生的机制更有可能是通过行业间而非行业内。

首先，本书不区分水平溢出与垂直溢出，并从东道国吸收能力的视角探讨了 FDI 对中国工业部门的外溢效应。分析的结果表明，就全国样本而言，人力资本和投资环境的改善有利于 FDI 技术溢出的发挥，而市场竞争度、技术差距和开放度的加大则不利于 FDI 技术溢出。具体而言，当内资企业具有较高生产规模时，人力资本提高对 FDI 技术溢出的边际贡献较大，而投资环境的改善对 FDI 技术溢出的边际贡献较小；当一个地区东道国企业规模较大时，经济开放

181

度的负向影响较不显著，而技术差距的负向影响较为显著；同时，过度的市场竞争不利于 FDI 的溢出，当内资企业的规模适中时，市场竞争的负向作用最为显著。分地区的研究则表明，在东部地区，投资软环境对溢出的正向作用要显著于投资硬环境；在西部地区，投资硬环境对溢出的正向作用要显著于投资软环境；在中部地区，投资硬环境和投资软环境都发挥着重要作用。

其次，笔者考虑了行业内与行业间溢出的差异，并进一步从行业与企业层面考察了 FDI 的技术溢出。研究的结果表明，FDI 的水平溢出为负且不显著，而垂直联系渠道的技术溢出为正且十分显著。由此可见，FDI 溢出发生的机制更有可能是通过行业间而非行业内。对中国汽车行业的案例研究也证实了垂直联系渠道技术溢出的重要性。

利用行业与企业层面数据，笔者考察了影响行业间溢出的各种因素，并得到了如下一些结论：

（1）内外资生产率的差异过大，既不利于后向联系，也不利于前向联系的发生。

（2）垂直联系还会受到行业技术工艺的影响。随着一个行业的技术工艺被分解成不同的阶段或服务的可能性增加，垂直联系发生的概率也会增加。

（3）东道国企业所处行业在产业链中的位置也会影响到垂直联系的发生：影响力系数越大，则表明该行业处于产业链的下游，此时，该行业与上游外资企业建立前向联系的可能性越大；推动力系数越大，则表明该行业处于产业链的上游，此时，该行业与下游外资企业建立后向联系的可能性越大。

（4）拥有外方合作伙伴、位于工业园或出口加工区、加入商业协会、受过国外教育经理的数量越多、行业内研发支出的增加，这些因素都有利于垂直联系的发生。

（5）关于内资企业出口倾向对垂直联系的影响，行业数据与企业数据得出了不一致的结论。这表明，内资企业出口倾向对垂直联系的影响具有两面性。也就是说，我们不能简单地认为，内资企业出口倾向与垂直联系之间存在单纯的正向或负向联系。

二、政策建议

结合前文的研究，得到如下一些政策建议：

（1）改善不同地区的投资环境。当东道国企业具备较低生产规模时，投资环境改善对 FDI 技术溢出的边际贡献较大。随着东道国企业规模的逐渐扩大，这种正向边际影响逐渐减弱。因此，当一个地区内资企业实力较弱时，投资环境的改善显得尤为重要，这将极大地促进 FDI 的溢出效应。同时，不同地区投资环境改善的重点是存在差异的。由于东部地区经济发展最快，投资硬环境已经得到了极大改善，因此，促进 FDI 技术溢出的重点将是改善投资软环境；而西部地区经济发展最为迟缓，基础设施等投资硬环境亟待改善，因此，改善投资硬环境是该地区的重点；作为中部地区，经济发展水平处于中间状态，投资硬环境和软环境的改善都应当得到重视。

　（2）提升人力资本水平。应加大教育培训投入，提高国民整体素质以及企业人力资本水平，为跨国公司在华投资的技术溢出创造良好的人力资本条件。应注意到，随着内资工业产出由条件分布的低端向高端变动，人力资本对 FDI 溢出的促进作用越来越显著。因此，随着内资企业实力的壮大，提升人力资本的正向边际贡献将越来越显著。对于我国正处于成长期的企业和产业而言，不断提升自身人力资本水平是促进其健康发展的关键所在。

　（3）注重对幼稚产业的初期保护。当一个地区东道国企业的实力较弱时，盲目地开放市场并引入过度竞争可能会导致外资企业对当地企业的挤出。只有当本土企业发展壮大、具备一定规模之后，东道国企业才可能从市场开放和市场竞争中获益。因此，地方政府应加强对幼稚产业在发展初期的保护。

　（4）"市场换技术"战略的调整。"市场换技术"战略在我国失败的主要原因在于忽视了技术转移在我国发生的关键机制。核心技术是跨国公司的竞争力所在，显然，它们是不会轻易将这些技术转移给东道国国内同行业的竞争者。因此，为了促进技术由 FDI 转移到东道国，必须另辟途径，即考虑行业间的溢出。我国内资企业通过加强与上下游外资企业的协作关系，就可借助其技术支持提升自身竞争力和技术实力，最终从垂直联系中获益。

　（5）加强行业内的研发投入，缩小内外资企业间的技术差距。技术差距的扩大不利于 FDI 的技术溢出。随着内资企业规模增大，技术差距所带来的负向边际影响将增强。因此，对于我国具备一定规模的行业而言，加大研发投入，缩小内外资企业间的技术差距是促进这些行业发展的关键因素。并且，内外资企业之间的技术差距不利于垂直溢出的发生。只有当内资企业具备一定的技术实力时，才会有利于垂直联系的发生。为此，政府有必要提供各种激励措施，促进 FDI 的行业间技术转移与内资企业的自主创新。

（6）行业政策的制定应同时考虑内外资企业的经营动机。内外资企业的经营动机会影响垂直联系的发生。企业的产品市场定位决定了其生产产品的技术、成本等特征，为了获得最大的经济利润，它们会比较选择最佳的合作伙伴，从而影响了垂直联系的发生。

（7）公共信息与交流平台的构建与完善。随着外方所有权的增加，该企业与外国企业建立垂直联系的可能性也会增加。其中的可能原因在于，当跨国公司在东道国进行投资时，它们倾向于引入已有网络的供应商，因为这些供应商更了解其技术、质量和成本需求，并且有能力保持先进的技术和适应跨国公司快速的市场反应策略。对于跨国公司而言，在东道国寻找符合条件的合作伙伴是需要成本的，当这种成本过大时，跨国公司会选择鼓励已有全球供应商进入东道国市场。并且，拥有外方合作伙伴和加入商业协会均有利于垂直联系的发生。其中的原因是，企业的外方合作伙伴可以为该企业提供信息和技术等方面的帮助，而商业协会的存在解决了市场中存在的信息不对称问题、降低了企业间的交易成本，从而促进了企业之间的合作。因此，应当进一步完善公共信息与交流平台，从而促进东道国企业与外资企业之间的合作联系。

（8）促进跨国公司与东道国企业间产业集群的形成。产业集聚会促进垂直联系的发生。在中国特有的国情下，工业园或出口加工区会促进了产业集聚的形成，从而有利于垂直联系的发生。通过产业集聚和专业化分工的细化，内资企业会进一步增强自身的技术水平和竞争实力，同时，产业集聚使得寻找合作伙伴的搜寻成本得到极大降低，从而有利于垂直联系和技术溢出的发生。

（9）创造良好的吸引人才的制度与创业环境。外商投资企业会对企业员工、特别是高级技术人员和管理人员提供比较系统全面的培训。在这种情形下，如果这些曾在外资企业工作的管理人员与技术人员流向了内资企业或投资创业，那么，他们就可以将外资企业的先进技术和管理理念带到内资企业。随着企业经理的管理水平和视野的提高，这极大地降低企业与外国公司进行合作的交易成本，从而有利于垂直联系的发生，并且促进了行业间的技术溢出。

（10）行业政策的制定应具有针对性。一个行业的技术工艺被分解成不同的阶段或服务的可能性越大，发生垂直联系的潜力也越大。因此，促进垂直联系的产业政策应侧重于这类行业。同时，东道国企业所处行业在产业链中的位置也会影响到垂直联系的发生，因此，对于上游行业的东道国企业，应致力于与下游外资企业的后向联系培育。而对于下游行业的东道国企业，应致力于与上游外资企业的前向联系培育。

（11）重视中间投入品的发展，提高中间品的国产化率。中间品的国产化对于后向联系与前向联系的发生都是十分必要的。随着中间品种类和国产化率的提高，这会加强内资企业与下游外资企业之间的生产与技术联系。并且，上游行业的发展会给下游行业提供质优价廉的投入品，从而促进了下游内资企业的发展。进一步的，下游行业的发展又会反过来促进中间品行业的发展。

三、本书创新与研究展望

基于联系效应视角，本书考察了 FDI 对中国工业部门的溢出效应，并得到了一些启示性的结论与建议。与前人研究相比，本书的创新之处如下：

（1）研究方法的创新。运用分位数方法分析 FDI 对中国工业部门的技术外溢效应，这是国内溢出研究中的首次尝试。与普通 OLS 回归相比，分位数方法可以获取因变量条件分布不同位置（分位数）的充分信息，从而可避免对经济问题或现象的片面判断。这极大地丰富了国内关于 FDI 溢出的研究；

（2）研究视角的创新。利用世界银行对中国企业调查的微观数据，笔者从联系效应视角考察了 FDI 对中国工业部门的外溢效应，这对现有的溢出文献是有益的补充。现有的关于 FDI 溢出的研究主要是宏观加总数据。然而，宏观数据模型存在无法看清传导的微观机制、研究样本量偏小，存在识别问题等缺陷，而基于微观数据的研究则可克服上述不足。同时，利用社会核算矩阵（SAM）乘数和投入产出分析方法，笔者探讨了资源供给约束与能耗利用率视角下产业升级核心产业的界定，这是国内研究的首次尝试；

（3）在模型的估计方法上，文中大量应用 bootstrap 方法。在小样本的情形下，bootstrap 方法可得到稳健的分析结果，从而克服常规方法所导致的检验水平扭曲和检验功效低下等问题。因此，该方法的应用使得研究结论更为可靠。

然而，本书也存在一定的局限性与不足之处：

（1）在分析影响垂直联系发生的因素时，只是考虑了其中的部分因素。实际上，东道国金融市场的完善程度也会影响到垂直联系的发生（Alfaro 等，2006）。进一步分析这些因素对 FDI 溢出机制的影响同样具有重要的意义；

(2) 为了促进 FDI 的技术溢出，促进东道国企业与跨国公司间的垂直联系显得尤其重要。然而，随着中国加入 WTO，当前所面临的国际环境也与过去大不相同。特别需要指出的是，强化联系效应的政策空间正在逐渐缩小。例如，在 WTO 的框架下，对进口征收高关税以及本地化要求（local content requirement）都将逐步被淘汰掉。因此，对于中国政府而言，今后面临的问题是，如何在 WTO 框架下设计促进垂直联系的各种政策。同时，这些政策的制定必须符合市场规律，特别的，必须在尊重内外资企业共同利益的前提下，创造和深化两者的联系；

(3) 需要指出的是，只要跨国公司进入东道国，水平和垂直溢出都会发生。唯一的区别在于，两种溢出形式发生的相对强度有所不同。那么，决定两者相对强弱的因素是什么呢？对此问题的探讨将有利于深入了解 FDI 的溢出机制，从而使得政策的制定更具针对性；

(4) 本书的分析还主要局限于 FDI 的技术溢出。实际上，FDI 的制度溢出也是影响东道国企业发展的重要因素。FDI 的进入会使得东道国的法律、金融等制度环境得到一定程度的改善，这种制度的变迁显然会对东道国的企业产生重要影响。由于中国是经济转型国家，对制度溢出的分析显然具有极其重要的意义。

参考文献

[1] Aitken, B. and Harrison, A. Do domestic firms benefit from direct foreign investment? Evidence from Venezuela. American Economic Review, 1999, 89 (3): 605~618.

[2] Akamatsu, K. The Synthetic Principles of the Economic Development of Our Country. The Journal of Economy, 1932, 179~220.

[3] Alfaro, L., Chanda, A., Ozcan K. S. and Sayek, S. FDI and Economic Growth: The Role of Local Markets. Journal of International Economics, 2004 (64): 89~112.

[4] Alfaro, L., Chanda, A., Kalemli-Ozcan, S., et al. How Does Foreign Direct Investment Promote Economic Growth? Exploring the Effects of Financial Markets on Linkages. NBER Working Papers No. 12522, September 2006.

[5] Belderbos, R., Giovanni, C. and Kyoji, F. Backward vertical linkages of foreign manufacturing affiliates: Evidence from Japanese multinationals. World Development, 2001, 29 (1): 189~208.

[6] Blunch, N. H. and Verner, D. Shared sectoral growth versus the dual economy model: Evidence from Cote d'Ivoire, Ghana, and Zimbabwe. African Development Review, 2006, 18 (3): 283~308.

[7] Borensztein, E., Gregorio, J. D. and Lee, J. W. How Does FDI Affect Economic Growth? Journal of International Economics, 1998, 45 (1): 115~135.

[8] Breisinger, C., Thomas, M. and Thurlow, J. Social accounting matrices and multiplier analysis: An introduction with exercises, Food Security in Practice technical guide 5, International Food Policy Research Institute, Washington, DC, 2009.

[9] Buckley, P. J., Clegg, J. and Wang, C. The impact of inward FDI on the performance of Chinese manufacturing ? rms. Journal of International Business Studies, 2002, 33 (4): 637~655.

[10] Caves, R. E. Multinational firms, competition and productivity in host-country markets. Economica, 1974, 41 (5): 176~193.

[11] Chen, H. and Chen, T. J. Network Linkages and Location Choice in Foreign Direct Investment. Journal of International Business Studies, 1998, 29 (3): 445~68.

[12] Chen, T. J., Chen, H. and Ku, Y. H. Foreign Direct Investment and Local Linkages. Journal of International Business Studies, 2004, 35: 320~33.

[13] Cuello, F. A. The identification of structure at the sectoral level: A reformulation of the Hirschman – Rasmussen key sector indices. Economic Systems Research, 1992, 4 (4): 285~296.

[14] Deardorff, A. V. Testing Trade Theories and Predicting Trade Flows. In R. W. Jones and P. B. Kenen (eds.) The Handbook of International Economics. Amsterdam: North – Holland, 1984.

[15] Defourny, J. and Thorbecke, E. Structural path analysis and multiplier decomposition within a social accounting matrix framework. The Economic Journal, 1984, 94 (3): 111~136.

[16] Diao, X. S., Zhang, Y. M. and Chen, K. Z. The global recession and China's stimulus package: A general equilibrium assessment of country level impacts. China Economic Review, 2011, 23 (1): 1~17.

[17] Dicken, P. Global Shift: Transforming the World Economy. London: Paul Chapman, 1998.

[18] Dimelis, S. and H. Louri, Foreign direct investment and efficiency benefits: A conditional quantile analysis. Oxford Economic Papers, 2002 (54): 449~469.

[19] Dunning, J. H. Multinational Enterprises and the Global Economy. Wokingham: Addison – Wesley, 1993.

[20] Ethier, W. and Markusen, J. R. Multinational firms, technology diffusion and trade. Journal of International Economics, 1996, 41 (1): 1~28.

[21] Gerschenberg, I. The Training and Spread of Managerial Know – how: A Comparative Analysis of Multinationals and Other Firms in Kenya. World Development, 1987 (15): 931~939.

[22] Girma, S. and H. Gorg, Foreign direct investment, spillovers and absorptive capacity: Evidence from quantile regressions. Kiel Working Paper No. 1248, 2005.

[23] Girma, S. and H. Gorg. Foreign direct investment, spillovers and absorptive capacity: Evidence from quantile regressions. IIIS Discussion Paper No. 01, 2003.

[24] Giroud, A. and Mirza, H. Multinational Enterprises and Local Input Linkages in Southeast Asia, Paper Proceedings of the Academy of International Business Conference: Stockholm 2004.

[25] Graham; P., Thorpe, S. and Hogan, L. Non – Competitive Market Behaviour in the

International Cokery Coal Market. Energy Economics, 1999 (21): 195~212.

[26] Greene, W. Econometric Analysis, Prentice Hall, Upper Saddle River, New Jersey, 2000.

[27] Grossman, G. and Helpman, E. Innovation and Growth in the World Economy. MIT Press, Cambridge, 1991.

[28] Haddad, M. and Harrsion, A. Are there positive spillovers from direct foreign investment? Evidence from panel data for Morocco. Journal of Development Economics, 1993 (42): 51~74.

[29] Hale, G. and Long, C. FDI spillovers and firm ownership in China: labor markets and backward linkages. Federal Reserve Bank of San Francisco Working Paper Series, No 2006~25.

[30] Hansen, M. W., Pedersen, T. and Petersen, B. MNC Strategies and Linkage Effects in Developing Countries. SMG Working Paper No. 2/2007.

[31] Hatemi, J. A. Export Performance and Economic Growth Nexus in Japan: A Bootstrap Approach. Japan and the World Economy, 2002, 14 (1): 25~33.

[32] Head, K., Ries, J. and D. Swenson. Agglomeration Benefits and Location Choice: Evidence from Japanese Manufacturing Investments in the United States. Journal of International Economics, 1995 (38): 223~47.

[33] Hirschman, A. A generalized linkage approach to development, with special reference to staples. Economic Development and Cultural Change, 1977 (25): 67 - 98.

[34] Hirschman, A. The Strategy of Economic Development. New Haven: Yale University Press, 1958.

[35] Holmes, J. and Schmitz, A. Competition at Work: Railroads vs. Monopoly in the US Shipping Industry. Federal Reserve Bank of Minneapolis Quarterly Review, 2001, 25 (2): 3~29.

[36] Hsing, Y. Blood, Thicker Than Water: Interpersonal Relations and Taiwanese Investment in Southern China, Environment and Planning, 1996 (28): 2241~2261.

[37] Hu, A. G., and Jefferson, G. H. FDI Impact and Spillover: Evidence from China's Electronic and Textile Industries. The World Economy, 2002 (25): 1063~1076.

[38] Hwa, E. C. The contribution of agriculture to economic growth: some empirical evidence. World Development, 1988, 16 (11): 1329~1339.

[39] Javorcik, B. S. Does foreign direct investment increase the productivity of domestic firms? In search of spillovers through backward linkage. American Economic Review, 2004, 94 (3): 605~627.

[40] Kao, C. Spurious Regression and Residual - Based Tests for Cointegration in Panel Da-

ta. Journal of Econometrics, 1999 (90): 1~44.

[41] Keller, W. International Technology Diffusion. Journal of Economic Literature, 2004, 42 (3): 752~782.

[42] Kinoshita, Y. R&D and Technology Spillovers via FDI: Innovation and Absorptive Capacity. William Davidson Institute Working Papers No. 349, 2000,

[43] Kiyota, K., Matsuura, T., Urata, S., et al. Reconsidering the Backward Vertical Linkages of Foreign Affiliates: Evidence from Japanese Multinationals. Working Papers 563, Research Seminar in International Economics, University of Michigan, 2007.

[44] Koenker, R. and Bassett, G. Regression Quantiles. Econometrica, 1978, 46 (1): 33~49.

[45] Kojima, K. Direct Foreign Investment: A Japanese Model of Multinational Business Operation. London: Croom Helm, 1978.

[46] Kokko, A., Tansini, R. and Zejan, M. C. Local technological capability and productivity spillovers from FDI in the Uruguayan manufacturing sector. The Journal of Development Studies. 1996, 32 (4): 602~611.

[47] Kokko, A., Zejan, M. and Tansini, R. Trade regimes and spillover effects of FDI: Evidence from Uruguay. Weltwirtschaftliches Archiv, 2001 (137): 124~149.

[48] Krueger, A. O. Debt, capital flows and LDC growth. American Economic Review, 1987, 77 (2): 159~164.

[49] Krugman, P. R. and Venables, A. J. Globalization and the Inequality of Nations. Quarterly Journal of Economics, 1995 (110): 857~880.

[50] Kugler, M. Spillovers from foreign direct investment: Within or between industries? Journal of Development Economics, 2006, 80 (2): 444~477.

[51] Kugler, M. The Diffusion of Externalities from Foreign Direct Investment: Theory ahead of Measurement. Discussion Paper Series In Economics And Econometrics 0023, Economics Division, School of Social Sciences, University of Southampton, 2001.

[52] Kugler, M. The Diffusion of Externalities from Foreign Direct Investment: Theory ahead of Measurement. Discussion Papers in Economics and Econometrics, University of Southampton, U. K, 2000.

[53] L. R. de Mello Jr. Foreign Direct Investment – led Growth: Evidence from time series and panel data. Oxford Economic Papers, 1999, 51 (1): 133~151.

[54] Lall, S. Vertical Inter – Firm Linkages in LDCs: An Empirical Study. Oxford Bulletin of Economics and Statistics, 1980 (42): 203~206.

[55] Lewis, B. D. and Thorbecke, E. District – level economic linkages in Kenya: Evidence

based on a small regional social accounting matrix. World Development, 1992, 20 (6): 881~897.

[56] Lipsey, R. E. and Sjoholm, F. Foreign direct investment and wages in Indonesian manufacturing, NBER Working Paper, No. 8299, 2001.

[57] Mantalos, P. A Graphical investigation of the Size and Power of the Granger - causality Tests in Integrated - Cointegrated VAR Systems. Studies in Non - linear Dynamics and Econometrics, 2000, 4 (1): 17~33.

[58] Markusen, J. R. and Venables, A. J. Foreign Direct Investment as a Catalyst for Industrial Development. European Economic Review, 1999 (43): 335~356.

[59] Maslow, A. A theory of human motivation. Psychological Review, 1943 (50): 370~396.

[60] Matouschek, N. and Venables, A. J. Evaluating investment projects in the presence of sectoral linkages: theory and application to transition economies. Mimeo, 2003.

[61] Matouschek, N. and Venables, A. J. Evaluating investment projects in the presence of sectoral linkages. Economics of Transition, 2005, 13 (4): 573~603.

[62] McDermott, P. J. Multinational Manufacturing Firms and Regional Development: External Control in the Scottish Electronics Industry. Scottish Journal of Political Economy, 1979, 26 (3): 287~306.

[63] Melitz, M. J. The impact of trade on intra - industry reallocations and aggregate industry productivity. Econometrica, 2003 (71): 1695~1725.

[64] Moore, M. O. Determinants of German manufacturing direct investment: 1980~1988. Review of World Economics, 1993, 129 (1): 120~137.

[65] Moran, T. Parental Supervision: the new paradigm for foreign direct investment and development. Institute for International Economics, Washington, DC, 2001.

[66] O' Farrell, P. N. and O' Loughlin, B. New Industry Input Linkages in Ireland: An Econometric Analysis. Environment and Planning A, 1981, 13 (3): 285~308.

[67] Ozawa, T. Foreign Direct Investment and Economic Development. Transnational Corporations, 1992 (1): 27~54.

[68] Pack, H. Productivity and Industrial Development in Sub - Saharan Africa. World Development, 1993, 21 (1): 1~16.

[69] Parente, L. Technology Adoption, Learning - by - dong, and Economic Growth. Journal of Economic History, 1994 (63): 346~369.

[70] Pedroni, P. Critical Values for Cointegration Tests in Heterogeneous Panels with Multiple Regressors. Oxford Bulletin of Economics and Statistics, 1999 (61): 653~670.

[71] Ramírez, M. D. Foreign direct investment in Mexico: a cointegration analysis. Journal of Development Studies, 2000, 37 (1): 138~162.

[72] Rattso, J. and Torvik, R. Interactions between agriculture and industry: Theoretical analysis of the consequences of discriminating agriculture in sub-Saharan Africa. Review of Development Economics, 2003, 7 (1): 138~151.

[73] Rivera-Batiz, F. and Rivera-Batiz, L. The effects of direct foreign direct investment in the presence of increasing returns due to specialization. Journal of Economic Development, 1990, 34 (2): 287~307.

[74] Rodriguez-Clare, A. Multinationals, Linkages, and Economic Development. American Economic Review, 1996, 86 (4): 852~873.

[75] Romer, P. New goods, old theory and the welfare costs of trade restrictions. Journal of Development Economics, 1994, 43 (1): 5~38.

[76] Scott-Kennel, J. and Enderwick, P. The degree of linkage of foreign direct investment in New Zealand industry. Wellington: Victoria University of Wellington, mimeo, 2001.

[77] Scott-Kennel, J. Foreign Direct Investment: A Catalyst for Local Firm Development? European Journal of Development Research, 2004, 16 (3): 624~52.

[78] Shan, J., Tian, G. and Sun, F. Causality between FDI and economic growth in Foreign Direct Investment and Economic Growth in China (Ed.) W. U. Yanrui, by Edward Elgar Publishers, 1999, 140~156.

[79] Singer, H. Policy implications of the Lima target. Industry and Development, 1979 (3): 17-23.

[80] Sjoholm, F. Productivity Growth in Indonesia: The Role of Regional Characteristics and Direct Foreign Investment. Economic Development and Cultural Change, 1999, 47 (3): 559~584.

[81] Skountzos, T. Social accounting matrix multipliers in a developing economy: the case of Greece. Economics of Planning, 1998, 22 (1~2): 57~70.

[82] Smarzynska, B. K. Determinants of Spillovers from Foreign Direct Investment through Backward Linkages, Washington, DC, The World Bank, 2002.

[83] Swan, P. L. The International Diffusion of an Innovation, Journal of Industrial Economics, 1973, 22 (1): 61~69.

[84] Toda, H. Y. and Yamamoto, T. Statistical inference in vector autoregressions with possibly integrated processes. Journal of Econometrics, 1995, 66 (1~2): 225~250.

[85] Tong, S. Y., and Hu, A. Y. Do Domestic Firms Bene? t from Foreign Direct Investment? Initial Evidence from Chinese Manufacturing. mimeo, The University of Hong Kong, 2003.

[86] Turok, I. , Inward Investment and Local Linkages: How Deeply Embedded is 'Silicon Glen'. Regional Studies, 1993, 27 (5): 401~17.

[87] UNCTAD, World Investment Report 2001: Promoting Linkages, New York, Geneva: United Nations 2001.

[88] Vernon, R. International Investment and International Trade in the Product Cycle. Quarterly Journal of Economics, 1966 (80): 190~207.

[89] Vogel, S. J. Structural changes in agriculture: Production linkages and agricultural demand–led industrialization. Oxford Economic Papers, 1994, . 46 (1): 136 – 156.

[90] Wang, J. Y. and Blomstrom, M. Foreign Investment and Technology Transfer: A Simple Model. European Economic Review, 1992, 36 (1): 137~155.

[91] Weisskoff, R. and Wolff, E. Linkages and leakages: industrial tracking in an enclave economy. Economic Development and Cultural Change, 1977 (25): 607~28.

[92] Williams, D. , Strategies of Multinational Enterprises and the Development of the Central and Eastern European Economies. European Business Review, 1997 (3): 134~138.

[93] Wilson, P. A. Exports and local development: Mexico's new maquiladoras. Austin: University of Texas Press, 1992.

[94] Wooldridge, J. M. Econometric Analysis of Cross Section and Panel Data, MIT Press, Cambridge, MA, 2002.

[95] 丛刚. 大众汽车的技术吝啬与中国的政策之殇. 21世纪经济报道, 2007, 国务院发展研究中心信息网.

[96] 国家发展改革委中国经济导报社. 2007年汽车零部件行业风险分析报告.

[97] 何洁. 外商直接投资对中国工业部门外溢效应的进一步精确量化. 世界经济, 2000 (12): 29~36.

[98] 赫希曼. 经济发展战略. 北京: 经济科学出版社, 1991.

[99] 姜瑾, 朱桂龙. 外商直接投资, 垂直联系与技术溢出效应——来自中国工业部门的经验证据. 南方经济, 2007 (2): 46~56.

[100] 克拉克. 经济进步的条件 (第三版). 伦敦: 麦克米兰出版公司, 1957: 22~24.

[101] 孔俊. 我国制造业中FDI行业内与行业间溢出效应研究: [硕士学位论文]. 杭州: 浙江大学图书馆, 2007.

[102] 库兹涅茨. 各国的经济增长: 总产值和生产结构. 北京: 商务印书馆, 1985: 8.

[103] 赖明勇, 包群, 彭水军, 张新. 外商直接投资与技术外溢: 基于吸收能力的研究. 经济研究, 2005 (8): 95~105.

[104] 赖明勇，包群．技术外溢与吸收能力研究进展述评．经济学动态，2003（8）：75~79．

[105] 李敦瑞．中国现代服务业主导产业选择研究——基于产业关联视角．经济问题，2011（12）：36~39．

[106] 李嘉图．政治经济学及赋税原理．北京：商务印书馆，1981．

[107] 李京文，郑友敬．技术进步与产业结构选择．北京：经济科学出版社，1989．

[108] 李平，随洪光．知识产权保护对外商直接投资溢出效应影响的研究——基于中国高技术产业的实证分析．经济评论，2007（6）：73~77．

[109] 刘起运．关于投入产出系数结构分析方法的研究．统计研究．2002（2）：40~42．

[110] 刘易斯．经济增长理论．北京：商务印书馆，1991．

[111] 罗斯托．从起飞进入持续增长的经济学．成都：四川人民出版社，1988．

[112] 吕政．国际产业转移与中国制造业发展．北京：经济管理出版社，2006，232．

[113] 潘文卿．外商投资对中国工业部门的外溢效应：基于面板数据的分析．世界经济，2003（6）：3~7．

[114] 裴达军．外资"独资"后患：本土汽车零部件面临技术瓶颈．中国商报，2007．国务院发展研究中心信息网．

[115] 配第．政治算术．北京：商务印书馆，1928．

[116] 钱纳里等．工业化和经济增长的比较研究．上海：三联书店，1995．

[117] 任剑婷，韩太祥．中国汽车产业的竞争与技术溢出——基于轿车制造业的分析．上海大学学报（社会科学版），2006（5）：117~123．

[118] 史忠良．产业经济学．北京：经济管理出版社，1998．

[119] 苏东水等．产业经济学．北京：高等教育出版社，2000．

[120] 滕建州．出口引导经济增长假说在我国成立吗？——基于Bootstrap仿真方法的实证分析．南开经济研究，2006（5）：3~11．

[121] 田硕．我国汽车产业自主创新模式研究：[博士学位论文]．长春：吉林大学图书馆，2007．

[122] 田香兰．日韩发展汽车零部件产业的启示．汽车与配件，2007（33）：46~49．

[123] 童江华，徐建刚，曹晓辉，徐芳．基于SSM的主导产业选择基准——以南京市为例．经济地理，2007（5）：733~740．

[124] 王猛．外商直接投资的行业内与行业间技术溢出：[硕士学位论文]．长春：吉林大学图书馆，2007．

[125] 王青．第二产业主导产业的选择与实证分析．财经问题研究，2005（6）：45~51．

[126] 王述英等. 现代产业经济理论与政策. 太原: 山西经济出版社, 1999.

[127] 吴建中. 汽车零部件企业的自主创新. 汽车与配件, 2007 (50): 15~18.

[128] 吴憩棠. 2006 年度全球 500 强中的汽车零部件企业. 汽车与配件, 2007 (37): 39~42.

[129] 肖群稀. 跨国公司技术转移路径与中国汽车工业技术进步: [硕士学位论文]. 上海: 上海社会科学院, 2007.

[130] 宿慧爽. 基于 FDI 的技术转移对我国技术创新的影响研究: [博士学位论文]. 长春: 吉林大学图书馆, 2007.

[131] 许和连, 魏颖绮, 赖明勇等. 外商直接投资的后向链接溢出效应研究. 管理世界, 2007 (4): 24~39.

[132] 杨开然, 关囡. 合资汽车企业遭遇大众汽车的技术封锁. 京华时报, 2007. 国务院发展研究中心信息网.

[133] 姚洋, 章奇. 中国工业技术效应分析. 经济研究, 2001 (10): 13~28.

[134] 张春勋. 我国汽车零部件产业技术创新能力提升路径. 重庆工商大学学报（西部论坛）, 2007 (6): 104~108.

[135] 赵三明. IAC: 在并购中壮大的全球部件供应商. 中国工业报, http://auto.sohu.com/20080215/n255175933.shtml.

[136] 周振华. 产业结构优化论. 上海: 上海人民出版社, 1992.

[137] 朱洪倩, 耿弘. 基于产业关联分析的主导产业（群）选择研究——以浙江制造业为例. 科研管理, 2007 (4): 155~161.